中華文化思想叢書

中國近代國立大學學科建制與發展研究（1895-1937）

下冊

斯日古楞　著

目次

下冊

第五章　民國中期國立大學建制與學科的調整 ……… 183

第六章　國立大學學科的發展 ……………………………… 233

第五章
民國中期國立大學建制與學科的調整

　　高等教育外部關係規律說明，高等教育作為社會子系統，必然受到社會生產力發展水準、政治經濟制度以及文化傳統等因素的制約。民國初年政局不穩定，地方秩序未安定，工商業剛起步，加上繼續前清債權，導致整個國家經濟拮据與發展遲緩。因此大學的多學科綜合設置規定，超出了社會現實承受力，使大學的發展變得緩慢。一九一七年〈修正大學令〉放寬大學學科設置標準，一九二二年新學制明確規定了大學設數科或一科均可。隨著大學學科設置標準的降低，出現了單科性大學自由發展的局面。國立大學數量的驟增並沒有滿足社會對高品質人才的需求，南京國民政府成立後重新釐定大學的多學科標準，並以多學科「院一系」建制為國立大學基本學科建制。此次國立大學學科調整有助於人們理性層面上準確把握大學的本質。

第一節　單科性國立大學的嘗試

　　一九一七年〈修正大學令〉到一九二二年新學制，單科大學的設立得到制度保障，不僅鼓勵高等師範學校升格為師範大學，也為單科為特色的專門學校轉型為大學提供了條件。一九二二至一九二六年間單科性國立大學從一所增加到十一所，在國立大學中佔據主導地位，國立大學出現單科、多科並存局面。然而單科性國立大學的增設並沒有帶來高等教育的良性發展，反而造成教育資源的浪費。

一　單科性國立大學產生的原因

　　由於大學學科設置標準的降低，國立大學數量驟增，單科性國立大學數量隨之攀升。民初〈大學令〉規定，大學學科設置或文、理二科並設，或文科兼法、商二科，或理科兼醫、農、工三科或二科或一科。一九一七年一月二十七日召開的國立高等學校校務討論會上蔡元培先生提出，現行大學學科規定模仿日本，大學和高等專門學校均設法、醫、農、工、商諸科，重複設置導致資源浪費。他主張：「大學設文、理二科。其法、醫、農、工、商五科，別為獨立之大學。其名為法科大學、醫科大學等。其理由有二：文、理二科，專屬學理；其它各科，偏重致用，一也。文、理二科，有研究所、實驗室、圖書館、植物園、動物院等種種之設備，各為一區，已非容易。若遍設各科，而又加以醫科之病院、工科之工廠、農科之試驗場等，則範圍過大，不能各擇適宜之地點：一也。」[1]

　　二月二十三日教育部會議討論通過上述主張，一九一七年九月二十七日頒佈〈修正大學令〉，把大學學科設置標準降低到「設二科以上者得稱為大學，其設一科者稱某科大學。」[2]通過〈修正大學令〉，制度層面上把大學學科設置標準降低到數科或一科，允許設置單科大學。

　　一九二二年十一月一日教育部公佈〈學校系統改革案〉，規定「大學校設數科或一科均可，其單設一科者，稱某科大學校。依舊制

1　蔡元培：〈大學改制之事實及理由〉，收入璩鑫圭、唐良炎：《中國近代教育史資料彙編‧學制演變》（上海市：上海教育出版社，2007年），頁831。

2　〈教育部公佈修正大學令〉（1917年9月27日部令第64號），收入潘懋元、劉海峰：《中國近代教育史資料彙編‧高等教育》（上海市：上海教育出版社，2007年），頁372。

設立之高等師範學校，應於相當時期內提高程度，收受高級中學畢業生，修業年限四年，稱為師範大學校。因學科及地方特別情形，得設專門學校，高級中學畢業生入之，修業年限三年以上。年限與大學校同者，待遇亦同。」[3]一九二二年新學制將大學學科設置標準確定為設數科或一科均可，大學學科設置不再強調多學科性或多學科綜合性，但凡能設一科的也能充當大學。一九二四年二月二十三日〈國立大學校條例令〉再次明確規定「國立大學校得設數科或單設一科。」[4]放寬了大學學科設置標準，導致了國立大學數量的驟增。

「民七至民十六十年間，大學教育各項統計，無從稽考。」[5]這對國立大學數量的逐年核對帶來一定的困難。以一九二四年《申報》刊登的教育資料、一九二五年中華教育改進社教育統計和一九二六年教育部高等教育統計為根據，可以推算出一九二二至一九二六年間國立大學數量。通過國立大學數量規模與發展速度的分析，瞭解此期間國立大學發展的真實面貌。

據一九二四年廣州通信，當時統計在案的國立大學共十六所：「吾國國立大學共有北京大學、法政大學、工業大學、美術專門、農業大學、師範大學、女子高師、醫科大學、瀋陽高師、山西大學、東南大學、暨南商大、南京高師、武昌師大、成都高師、廣東大學等十六所。」[6]

3　〈大總統公佈學校系統令〉（1922年11月1日），收入中國第二歷史檔案館編：《中華民國史檔案資料彙編・第三輯教育》（南京市：江蘇古籍出版社，1991年），頁105。

4　教育部公佈：〈國立大學校條例令〉（1924年2月23日），收入中國第二歷史檔案館編：《中華民國史檔案資料彙編・第三輯教育》（南京市：江蘇古籍出版社，1991年），頁174。

5　辛樹織：《第一次中國教育年鑒・第二冊丙編教育概況上（民國二十三年）》（臺北市：傳記文學出版社，1971年），頁340。

6　〈國立大學聯合會之發起〉，《申報》（1924年7月1日），第3版。

　　上述十六所國立大學中美術專門、南京高師和成都高師的國立大學身份值得質疑。美術專門全稱北京美術專門學校，建校於一九一八年四月，一九一九年調整為本科，一九二二年停辦中等部和師範部，但在一九二四年時還是專門學校，沒有升格為大學，並於一九二五年三月，學潮的緣故教育部令其停辦。南京高師早在一九二三年秋，歸併於國立東南大學，「實行新學制後之東南大學，與南高關係，經眾談論，以新學制已定，高師得提高程度，成為師範大學，擬將高師各部科依其性質，歸入東南大學。」[7]成都高師在一九二四年經歷一段改辦國立成都大學的風波，終因成都高師師生的強烈抵制與反抗，國立成都大學未能歸併成都高師。一九二七年「九月二十六日，國民政府教育行政委員會由蔡元培領銜以一四四號批文通知，該會九月十六日一百一十一次會議討論通過，同意成都高師改大為『國立成都師範大學』。」[8]由於此次統計結果不是出自北京政府教育部，因此沒有把北洋大學放入國立大學範疇。按照當時代表國家的唯一合法政府為依據，北洋大學應當歸屬於國立大學。因此，一九二四年國立大學共有十四所。

　　通過分析上述十四所國立大學的成立時間，便可推測出一九二二年和一九二三年國立大學數量。國立北京大學、國立東南大學、北洋大學和山西大學是民初四所國立大學。其餘十所國立大學中，北京法政大學和北京農業大學是一九二三年由原來的專門學校改組而成，北京工業大學和北京醫科大學是一九二四年由原來的專門學校改組而成。一九一二年成立的北京高等師範學校於一九二三年七月改為國立北京師範大學，一九一八年成立的瀋陽高等師範學校於一九二三年四

7　〈國立東南大學校董會志（續）〉，《申報》（1922年12月22日），第4版。

8　四川大學校史編寫組：《四川大學史稿》（成都市：四川大學出版社，1985年），頁92。

月二十六日，與奉天省公立文學專門學校合併改組為東北大學[9]，一九一三年成立的武昌高等師範學校於一九二三年九月改為國立武昌師範大學，一九一九年成立的國立北京女子高等師範學校於一九二四年五月改組為國立北京女子師範大學。國立廣東大學是一九二四年二月，由國立廣東高等師範學校、廣東公立法科大學、廣東公立農業專門學校合併而成，國立暨南大學商科大學是一九二二年從原來的國立東南大學合辦的上海商科大學中獨立出來。

　　一九二二年國立大學總數達到五所。一九二三年增設北京法政大學、北京農業大學、國立北京師範大學、東北大學和武昌師範大學等五所，國立大學總數達到十所，在前一年基礎上增長兩倍。

　　一九二五年（民國十四年）中華教育改進社統計的國立大學共計二十三所，見表5-1。一九二六年七月教育部公佈的國立專門以上學校統計，見表5-2。

表5-1　民十四年（1925）全國大學情況統計表（國立大學部分）

	校名	教職員數	學生數	歲出經費數（元）
國立	國立北京大學	366	1490	691168
	北洋大學	48	398	226040
	國立東南大學	234	1217	440000
	國立北京交通大學	104	383	147360
	交通部唐山大學	38	233	99661
	南洋大學	49	394	320000
	國立北京師範大學	219	839	447320

9　新成立的東北大學由王永江任校長，瀋陽高等師範學校改辦成大學理工科，奉天省公立文學專門學校改辦成大學文法科。

	校名	教職員數	學生數	歲出經費數（元）
國立	國立北京政法大學	140	867	121780
	國立北京農業大學	38	260	10740
	國立東南大學分設上海商科大學	46	266	67000
	國立同濟大學	26	159	375743
	國立北京女子師範大學	101	172	132840
	國立武昌師範大學	-	-	-
	國立北京醫科大學	46	241	106779
	國立北京工業大學	91	478	207700
	國立政治大學	-	-	-
	河海工程大學	27	194	50906
	國立西北大學	38	174	74202
	國立成都大學	75	403	246000
	國立廣東大學	489	2289	2797012
	國立北京女子大學	-	-	-
	清華大學	76	391	607114
	國立武昌大學	-	-	-
	國立暨南學校	71	122	106000

資料來源：《第一次中國教育年鑒・第二冊丙編教育概況上》（臺北市：傳記文學出版社，1971年），頁339。

表5-2　九二六年七月教育部公佈國立專門以上學校一覽表

校名	校長	校址
北京大學（北京）	蔡元培 蔣夢麟代	後門內漢花園（第一院） 景山東街（第二院） 東安門北河沿（第三院）
北京師範大學（北京）	張貽惠	宣外琉璃廠
北京女子大學（北京）	胡敦復	教育部街
北京女子師範大學（北京）	-	宣內石駙馬大街
北京法政大學（北京）	屠孝實代	宣內李閣老胡同
北京農業大學（北京）	許璿	阜成門外羅道莊
北京工業大學（北京）	馬君武	西城祖家街
北京醫科大學（北京）	孫柳溪	前門外後孫公園
山西大學（太原）	王祿勳	山西太原首義門街
東南大學（南京）	-	南京城內北極閣前
東南大學分設上海商科大學	-	上海法租界霞飛路
西北大學（西安）	李協	西安城東木頭街
武昌大學（武昌）	張繼煦	武昌城內造幣廠間壁
武昌商科大學（武昌）	郭泰祺	武昌城內三道街
同濟大學（上海）	阮尚介	上海吳淞鎮
政治大學（上海）	張嘉森	上海吳淞商埠局舊址
北洋大學（天津）	劉振華	天津西沽村
北京藝術專門學校	林風眠	西城中京畿道
暨南學校	姜琦	上海西鄉真茹（男子部）；南京薛家巷（女子部）
成都高等師範學校	張瀾	成都舊皇城內

資料來源：中國第二歷史檔案館編：《中華民國史檔案資料彙編‧第三輯教育》（南京市：江蘇古籍出版社，1991年），頁199-200。

　　由研究團體和教育部統計的國立大學數量在兩年之間有很大差距，以教育部統計資料為主要參考，一九二五年中國教育改進社統計的國立大學中，國立北京交通大學、交通部唐山大學、南洋大學、河海工科大學和清華大學（當時還稱清華學校）分別由交通部、水利部和外交部直轄，被政府劃入非國立公立學校範圍之中。其中北京交通大學、交通部唐山大學、南洋大學原為交通大學分校，一九二〇年十二月十五日北京電：「交部議將北京郵電學校、鐵路管理學校、上海唐山兩工校，合併改為交通大學。」[10]一九二二年秋，北京、唐山兩校分立，唐山校區改稱交通部唐山大學，北平校區改稱北京交通大學，上海本校改為交通部南洋大學。河海工科大學是一九二四年由水利局河海工程專門學校改組而成。清華學校屬外交部管轄，校長由外交部所派，「十七年八月國府會議決議改為國立清華大學。」[11]國立暨南學校和國立成都大學一九二五年時也不屬於國立大學範疇。暨南學校於一九一八年春組織成立，一九二二年改組成暨南商大，一九二七年夏改組為國立暨南大學。一九二六年十二月教育部才承認成都大學的國立身份，「教部四日致電四川軍事長官，承認該校為國立，另函聘任張瀾為校長，所有成都高師校長一職，仍由部加委，以原校長充任云。」[12]並且此時的成都大學受到成都高等師範學校師生不改為「普通大學」的堅決抵制，並未能收並成都高等師範學校，二者是各自為政的獨立體。一九二五年國立大學統計中還有一個疏漏就是將國立武昌師範大學與國立武昌大學並列起來，實際上，武昌師範大學於一九二四年秋改組為國立武昌大學。按照一九二六年教育部統計，山西大學仍歸屬於國立大學。

---

10 〈北京電〉，《申報》（1920年12月16日），第3版。

11 辛樹幟：《第一次中國教育年鑑‧第四冊丁編學校教育統計（民國二十三年）》（臺北市：傳記文學出版社，1971年），頁1525。

12 〈教部承認成都大學為國立〉，《申報》（1926年12月29日），第2版。

　　一九二五年全國國立大學總數十七所，分別是國立北京大學、北洋大學、國立東南大學、國立東南大學分設上海商科大學、國立北京師範大學、國立北京法政大學、國立北京農業大學、國立北京醫科大學、國立北京工業大學、國立北京女子師範大學、國立北京女子大學、國立廣東大學、國立同濟大學、國立政治大學、國立武昌大學、國立武昌商科大學、國立西北大學、山西大學。一九二四年國立大學統計中的暨南商大和東北大學未出現在一九二五年國立大學統計中，究起原因，暨南商大在一九二四年江浙戰起，暫時停辦後沒有進入教育統計，東北大學在中華教育改進社的統計中歸屬在省立大學範圍中。

　　一九二六年教育部國立專門以上學校統計中，除了北京藝術專門學校、暨南學校和成都高等師範學校暫不屬於國立大學範圍之外，一九二六年上半年國立大學總數十六所。很明顯，此次統計中未把廣東大學計入國立大學行列中，也是對其「國家」的代表性提出了質疑，這從一個側面反映出「國立廣東大學」未得到教育部的認可。政治上的分裂對國立大學的統計帶來一定的阻礙，充分體現出軍閥割據時代的特色。若從統計口徑的一致性角度考慮，一九二六年國立大學統計中廣東大學該有一席之地。一九二六年國立大學總數仍十七所，與上一年度相同。

　　國立大學數量雖比原始統計有所減少，但比一九二一年增長迅猛。一九二二至一九二六年國立大學總數從五所增加到十七所，增長三點四倍。這一時期公立大學、國立大學和私立大學的數量變化曲線圖，見圖5-1。

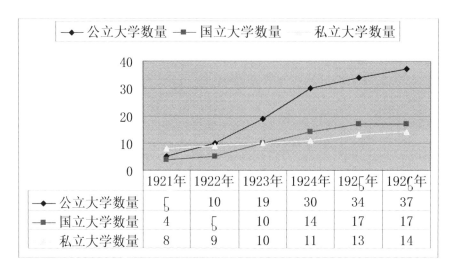

圖5-1　一九二二至一九二六年公立、國立、私立大學數量比較圖

注：公立大學和私立大學資料來源於教育部教育年鑑編纂委員會：《第五次中華民
　　國教育年鑑》（臺北市：正中書局，1985年），頁876-877。

如圖所示，國立大學數量在一九二二至一九二四年增長幅度較大，平
均每年增加四－五所。相較於國立大學數量的增長幅度，私立大學數
量每年基本保證增加一所。當然進入官方統計的私立大學均屬於教育
部認可備案的大學，這裏沒有計算未備案的其它私立大學。三組曲線
圖中，公立大學和國立大學的數量增幅較明顯，國立大學作為公立大
學重要組成部分，對公立大學數量的增長自然產生了較大影響。

　　同樣以一九二一至一九二六年國立大學和私立大學數量為基礎，
計算其平均增長率（詳見表5-3），國立大學數量年平均增長百分之三
十三點四，私立大學數量年平均增長百分之十一點九，國立大學平均
增長率超出私立大學近三倍。這也充分說明，大學學科設置標準降低
後，國立大學數量增幅大。

表5-3　國立大學、私立大學數量平均增長率

年度	國立大學數量	每年與前年的比率	每個比率的常用對數 logx	私立大學數量	每年與前年的比率	每個比率的常用對數 logx
1921	4	（基數）		8	（基數）	
1922	5	1.25	0.097	9	1.13	0.053
1923	10	2	0.301	10	1.11	0.045
1924	14	1.4	0.146	11	1.1	0.041
1925	17	1.21	0.083	13	1.18	0.072
1926	17	1	0	14	1.08	0.033
總和			0.627			0.244
除以5			0.125			0.049
反對數值 Antilog			1.334			1.119
平均增長			33.4%			11.9%

二　單科性國立大學數量的驟增

　　一九二一年四所國立大學中除了北洋大學是單科性大學（工科大學）之外，其餘三所屬於多學科或多學科綜合性大學，國立北京大學設文、理、法三科，國立東南大學設文理、教育、農、工、商五科，山西大學設文、法、工三科。按照百分比例，單科性國立大學占國立大學總數的百分之二十五。一九二二年增加的暨南商科大學是一所典型的單科性國立大學，單科性大學比例上陞到百分之四十。

　　一九二三年增加的五所國立大學中，東北大學是由專門學校與高等師範學校合併而成，一九二三年七月東北大學「新招收文法科的英

文、俄文、政治、法律四個系和理工科的數學、物理、機械、電工、土木五個系的預科生三〇〇餘名。」[13]東北大學當時設置了理工、文法兩科。北京法政大學和北京農業大學是從原來的專門學校升格為大學，北京師範大學、武昌師範大學是由原來的高等師範學校升格為大學。當時北京政府教育部並不鼓勵專門學校升格為大學。以北京工業專門學校為例，「教部則因改大後增加經費，亦遷延不批。」[14]由於一九二三年秋北京工業學校已經招大學部新生，校長俞同奎因申請大學遲遲未批而提出辭職，迫於各方壓力，教育部最終以不增加經費為條件，批准北京工業專門學校改稱國立北京工業大學。據「最近之國立法大」記載，「本校雖已改為大學，然預算仍照專門學校時代。」[15]事實上專門學校改稱大學，其經費、設備、師資、學科設置等各方面幾乎沒有改進和發展。因此可以推斷專門學校升格而成的大學一般還是屬於單科性大學。

不僅如此，按照陶行知先生的說法高等師範學校升格的師範大學也屬於單科性大學，「高等師範入學之資格，畢業之程度，既與大學同似，宜以單科大學看待他。因為這種機關不止培養師資，簡直就稱他為教育科大學。」[16]如果把專門學校和高等師範學校升格而成的大學理解為單科性大學，一九二三年國立大學中單科性國立大學比例可以上升到百分之六十。國立北京大學保持文、理、法科，國立東南大學保持文理、教育、工、農、商科，山西大學保持文、法、工科，東北大學設置理工、文法科之外，北洋大學、暨南商科大學、北京法政

---

13 王振乾、丘琴、姜克夫：《東北大學史稿》（吉林市，東北師範大學出版社，1988年），頁5。

14 〈北京工業學校改為大學〉，《申報》（1924年3月4日），第2版。

15 〈最近之國立法大〉，《申報》（1924年3月2日），第3版。

16 陶知行：〈論新學制與師範教育（1922）〉，收入潘懋元、劉海峰：《中國近代教育史資料彙編‧高等教育》（上海市：上海教育出版社，2007年），頁197。

大學、北京農業大學、國立北京師範大學和武昌師範大學均屬於單科性國立大學，學科門類涉及到工、商、法、農、教育等科，均屬於應用學科範疇。

同樣一九二四年新增四所國立大學中北京工業大學、北京醫科大學是由專門學校升格而成的工科、醫科單科性大學，北京女子師範大學是由高等師範學校升格而成的教育科大學，只有一九二四年二月成立的國立廣東大學屬於新設多學科綜合性大學，開辦之初設置了文、理、法、農四科。從而一九二四年十四所國立大學中單科性大學增加到九所，國立大學總數中單科性大學比例占到百分之六十四。

一九二五、一九二六年新增五所國立大學分別是國立同濟大學、國立政治大學、武昌商科大學、西北大學和北京女子大學。其中國立同濟大學和國立政治大學是專門學校升格而成：國立同濟大學的前身是私立同濟醫工專門學校，一九一七年由國家給費維持後，一九二三年改組為同濟大學，設置工、醫兩科；國立政治大學是一九二五年十月一日「國務會議，通過上海自治學院改稱國立政治大學，」[17] 擬任張嘉森為校長，經費按照原案由江蘇國庫項下支撥。武昌商科大學是一所典型的單科性大學。國立西北大學勉強算作多學科大學，當時設農、礦、文三科，相當於學制規定的農、工、文三個學科門類。北京女子大學是一九二五年八月，「教育部下令解散女師大，用其校舍改辦國立女子大學，」[18] 但由於北京女子師範大學師生的強烈反抗，教育部被迫於一九二五年十二月下令恢復北京女子師範大學，師生索回了被女子大學佔領的校舍，從而北京女子大學遷往教育部東院繼續辦學。從其校史演變看，當時北京女子大學也屬於教育科大學的範疇。

17　〈自治學院改稱國立政治大學〉，《申報》（1925年10月4日），第3版。
18　〈國立北京女子師範大學〉，收入吳惠齡：《北京高等教育史料第一集（近現代部分）》（北京市：北京師範大學出版社，1992年），頁308。

一九二四年統計中的暨南商大因一九二四年江浙戰起沒有進入教育統
計，一九二五年後東北大學劃入省立大學範圍。這樣以來，一九二五
年國立大學總數十七所，其中原來的單科性大學和由專門學校或高等
師範學校升格成的大學共有十一所，單科性國立大學數量占國立大學
總數的百分之六十五。多學科國立大學只有國立北京大學、國立東南
大學、山西大學、國立廣東大學、同濟大學、國立西北大學六所。

　　綜合上述分析結果，統計一九二一至一九二六年度單科性國立大
學總體情況，見表5-4。

表5-4　一九二一至一九二六年度單科性國立大學統計表

年度	新增單科性國立大學	單科性國立大學數量	國立大學總數	國立大學中單科性大學所佔比例
1921	北洋大學	1	4	25%
1922	暨南商科大學	2	5	40%
1923	北京法政大學、北京農業大學北京師範大學、武昌師範大學	6	10	60%
1924	北京工業大學、北京醫科大學、北京女子師範大學	9	14	64%
1925	國立政治大學、武昌商科大學北京女子大學	11	17	65%
1926	-	11	17	65%

注：暨南商大因一九二四年江浙戰起，一九二五年國立大學統計中未出現，從而一
　　九二五年十一所單科性國立大學中不包括暨南商大。

　　隨著大學學科設置標準的降低，一九二一至一九二六年國立大學
中單科性國立大學比例從一開始的百分之二十五逐年增長到百分之四
十、百分之六十、百分之六十四和百分之六十五，超出多學科國立大

學總數近兩倍。國立大學學科設置出現單學科、多學科並存局面，且單科性大學數量在國立大學中佔據主導優勢。

　　單科性國立大學數量的驟增現象並不能代表此時國家辦大學的實力。增設國立大學有利於高級人才的培養，無疑是件好事，但以大學學科設置標準降低為前提，大量設置單科性國立大學，並不能代表高等教育的發展水準，只能說明當時大學發展出現的無政府狀態。正如一九三二年七月二十五日時任教育部長朱家驊所言：「民十以來，只見改大運動之高唱，而大學實質之進步則鮮有見及。」[19]「數量雖增，而內容則愈趨愈下，甚至借辦學以斂錢，以開辦大學為營業者有之。而全國大學生，自民五至民十四約增六倍。流品之雜，程度之底，自不待言。」[20]大學學科設置標準的降低帶來的直接後果是導致國立大學良莠不齊現象，既有單科性國立大學，又有多學科國立大學，國立大學發展進入無計劃、無組織、自由放任的惡性循環中。

　　二十世紀二〇年代前半期高等教育發展極為複雜與混亂，與此時政局紛爭與動盪甚為密切。從而造成在提及國立大學時，它不再是簡單意義上國庫供給，政府任命校長，教育部統轄，生源面向全國，人才致力於國家發展的高等教育機構那麼簡單，往往夾雜更多的利益紛爭與政治企圖。國立大學的建立某種意義上起到國家的象徵意義。「國立二字雖無實利，但也決非虛名，而具有某種程度上的象徵保護作用……國立大學把『國家』視為一種象徵性的保護力量，而對於『割據』的『軍閥』來說，『國家』的說服力雖然脆弱，卻也是一種可以用來增強象徵權勢的資源。」[21]同一個國家在軍閥割據時代分裂

---

19 朱家驊：〈對政府整理大學辦法之說明〉，《申報》（1932年7月25日），第2版。

20 辛樹織：《第一次中國教育年鑒‧第二冊丙編教育概況上（民國二十三年）》（臺北市：傳記文學出版社，1971年），頁341。

21 王東傑：〈「國家」的地方意義：20世紀20年代成都兩所大學對「國立」名分與實利的競爭〉，《社會科學研究》2004年第5期（2004年），頁118。

成不同政府代表的國家。這是近代中國尤其是二十世紀二〇年代中國不可迴避的時代特徵，表現在高等教育領域，使國立大學的研究變得越發複雜，夾雜濃厚的政治色彩，強大的利益衝突中學科已被忽略或意義不顯著，因此對這一特殊歷史時期國立大學學科及學科建制問題不再做詳盡分解。

第二節　國立大學多學科的復歸

　　南京國民政府實施三民主義教育方針，高等教育發展進入規範化發展道路，宏觀上學校佈局、結構、法制建設趨於合理，微觀上學科建設、課程與教學管理得到進一步完善。南京國民政府成立後國立大學曾先後由中華民國大學院及國民政府教育部統籌管理。大學院大學區制的試驗雖然僅僅兩年，卻終結了單科性國立大學，促進國立大學多學科的復歸。

一　國立大學的大合併

　　一九二七年六月七日，國民政府第一〇二次政治會議，採納蔡元培先生變更教育行政制度的提議，仿照法國採取大學區制，以大學區為教育行政單元，大學院替代教育部，大學區替代地方教育廳，管理全國教育事務。國民政府同日核議施行的〈大學區組織條例〉規定，全國按省份及特別區定若干大學區，設校長一人，負責本區一切教育與學術事宜。

　　一九二七年六月十三日國民政府第一〇五次政治會議決議，組織中華民國大學院為全國最高學術教育行政機關，十月十二日蔡元培任院長。大學委員會是中華民國大學院的立法機關、主要負責制定教育

方針政策，選定大學院長、聘任國立大學校長以及設立專門委員會等
事宜。大學院下設秘書處、總務處、高等教育處、普通教育處、社會
教育處和文化事業處。其中高等教育處職掌大學、專門學校、留學、
學位考試和各種學術機關事項。此次改革的目的是改良教育行政制度
的不良現象，實現教育學術化和學術研究化。「教育行政與教育學術
合而為一，是謂『教育學術化』。教育學術與教育研究合而為一，是
謂『學術研究化』。反詞證之，苟無研究，便無學術，苟無學術，便
無教育。」[22]

　　大學區制規定，在每個大學區設立大學一所，即同一所轄區域中
只能設立一所大學，該規定無形中促成了原來在同一區域設立的大學
的合併與整合。「國民政府成立以後，十六、十七年度國立大學及學
院重新改組者有中央大學（原名第四中山大學，旋改江蘇大學，後定
今名）、北平大學（原名中華大學，後改今名）、武漢大學（原名第二
中山大學）等三校；新設者有勞動大學、浙江大學（原名第三中山大
學）、國立藝術院、國立音樂院等四校；改設者有暨南大學、同濟大
學、清華大學等三校；原校繼續辦理者有中山大學（即廣東大學所改
稱）、交通大學、廣東法科學院等三校。」[23]其中國立大學十所：中央
大學、北平大學、武漢大學、勞動大學、浙江大學、暨南大學、同濟
大學、清華大學、中山大學和交通大學。排除一九二八年新設的勞動
大學和改組的武漢大學、清華大學、交通大學等四所，一九二七年國
立大學共計六所，相較於一九二六年底一九二七年初十七所國立大學
數量減少近三分之二。

---

22 〈大學院組織緣起〉（1927年9月），收入中國第二歷史檔案館編：《中華民國史檔案
　　資料彙編・第五輯第一編教育（一）》（南京市：江蘇古籍出版社，1994年），頁31。
23 辛樹織：《第一次中國教育年鑒・第二冊丙編教育概況上（民國二十三年）》（臺北
　　市：傳記文學出版社，1971年），頁341。

一九二六年七月教育部統計的十七所國立大學在一九二七年初合併兩所，新增一所，數量保持不變。一九二六年十月國民革命軍進抵武漢，國立武昌大學暫告停頓，十二月按照武漢政府令組建國立中山大學，「武大、法大、醫大、文大、商大五校合併，改組中山大學，徐謙等為籌備委員。」[24]準確來說，這裏的中山大學是國立第二中山大學，它是「將原有之國立武昌大學、武昌商科大學、醫科大學、及私立文科大學、法科大學概行合併，分設三院於武昌漢口兩地，由徐謙先生任校長，十六年三月正式開學。」[25]十七所國立大學中國立武昌大學和國立武昌商科大學合併為第二中山大學，新增一所國立成都大學，一九二六年十二月四日北京政府教育部致電四川軍事長官，承認成都大學為國立大學。

一九二七年七月開始國民政府試行大學區制，對北京、南京等高等教育機構較集中地區的大學進行了一次大合併，導致國立大學數量驟降。一九二七年七月江蘇試行大學區制，江蘇教育廳與東南大學、河海工科大學、上海商科大學、江蘇法政大學、江蘇醫科大學、南京工業專門學校、蘇州工業專門學校、上海商業專門學校、南京農業學校等八校合併成立第四中山大學。原來的國立東南大學改組進入第四中山大學，一九二七年七月二十三日張乃燕任校長。一九二七年七月二十一日北京電，「教部決定改國立九校為北京大學院，劉哲自兼院長，下分九學科，分任各校校長為學長。（二十日下午九鐘）」[26]一九二七年八月六日，北京軍政府大元帥令原來的國立北京大學、國立北京師範大學、國立北京法政大學、國立北京農業大學、國立北京工業大學、國立北京醫科大學、國立北京女子大學、國立北京女子師範大

---

24 〈漢口專電〉，《申報》（1926年12月15日），第2版。

25 《學府紀聞・國立武漢大學》（臺北市：南京出版公司，1981年），頁6。

26 〈北京電〉，《申報》（1927年7月21日）。

學和國立北京藝術專門學校（1925年8月奉令改組而成）等北京國立九校改組合併為國立京師大學校，「一九二七年九月二十日，京師大學校在教育部禮堂舉行總開學典禮。」[27]通過合併原來北京地區八所國立大學改組為一所國立大學。一九二七年冬大學院改組停辦第二中山大學。第二中山大學，也稱國立武昌中山大學，「初為國立高等師範；十二年六月改為國立師範大學；十三年秋改為國立武昌大學；十五年秋改為國立武昌中山大學；十六年冬停辦」。[28]

　　剩下的七所國立大學中，國立同濟大學和國立中山大學保持不變，而山西大學、北洋大學、成都大學、政治大學和西北大學在南京國民政府教育統計中未歸入國立大學範圍。其中西北大學由於一九二六年四月西安被圍，百業停滯，一九二七年一月「因規模過大學生過少，經費人才兩難困難……即以本校所有一切校產經費改辦中山學院。」[29]對北京政府教育部承認的山西大學、北洋大學、成都大學和政治大學在內的一部分國立大學南京國民政府未予認可。山西大學、成都大學歸屬在原校繼續開辦的省立大學範圍內，而國民政府高等教育機構統計中未出現北洋大學和政治大學。

　　綜上所述，通過大學合併調整與國民政府的重新認定，一九二七年初十七所國立大學到年末減少到四所。究其根源與國民政府試行的大學區制和南京政府與北京政府的對峙與矛盾不無關係。一九二七年底國立大學共計六所，分別是國立第四中山大學、國立京師大學校、國立同濟大學、國立中山大學、國立第三中山大學和國立暨南大學。

27　〈北京近代高等教育大事記（1862-1949）〉，收入吳惠齡：《北京高等教育史料第一集（近現代部分）》（北京市：北京師範大學出版社，1992年），頁406。

28　辛樹織：《第一次中國教育年鑒‧第四冊丁編學校教育統計（民國二十三年）》（臺北市：傳記文學出版社，1971年），頁1525。

29　西北大學校史編寫組：《西北大學校史稿》（西安市：西北大學出版社，1987年），頁22。

其中國立第三中山大學和國立暨南大學屬於新設和改設的國立大學。
一九二八年增加的四所國立大學分別是國立勞動大學、國立武漢大
學、國立清華大學和國立交通大學。其中國立勞動大學為新設國立大
學之外，其餘均改設而成的國立大學。

二　大學區制下的大學改組

　　大學區制開始在江蘇和浙江兩省試行，一九二九年增設北平大學
區，因此大學區大學主要包括國立第四中山大學、國立第三中山大學
和國立北平大學，其學科設置凸顯出多學科綜合性特徵。

　　國立第四中山大學「一九二八年三月依照大學委員會決定，改名
江蘇大學，同年五月，又依照大學委員會決議，定名為國立中央大
學。」[30]第四中山大學時期組織機構設有教育行政院、大學部和研究
院。教育行政院內設秘書處、高等教育處、普通教育處和擴充教育
處。大學本部設有九學院：「自然科學院、社會科學院、文學院、哲
學院、教育學院、醫學院、農學院、工學院、商學院。」[31]其中自然
科學院、社會科學院、文學院、哲學院、教育學院、農學院和商學院
由國立東南大學文、理、農、商、教育五科以及省立法大改組而成，
醫學院由省立醫專改組而成，工學院由河海工科大學、南京工業專門
學校和蘇州工業專門學校改組而成。一九二八年七月二日，國立中央
大學張乃燕校長呈大學院〈修改大學本部各學院名稱〉文中說明「自
然科學院名義太覺廣漠，譯名殊欠愜當，茲擬易名理學院，庶名實相
符，且足以表示崇尚科學之意。社會科學院名義亦覺稍廣泛……茲擬

---

30 辛樹織：《第一次中國教育年鑒‧第二冊丙編教育概況上（民國二十三年）》（臺北市：傳記文學出版社，1971年），頁357。

31 唐鉞、朱經農、高覺敷：《教育大辭書》（上海市：商務印書館，1930年），頁958。

易名法學院，以資醒目。哲學院現有學生十一人，學程只哲學一系單設一院，而將其學生歸入文學院，定名為哲學系。」[32]至此，國立中央大學將自然科學院改稱理學院，社會科學院改稱法學院，哲學院裁併於文學院，形成文學院、理學院、法學院、教育學院、醫學院、農學院、工學院和商學院等八大學科門類的學科組織。從學科設置角度看，超出〈大學令〉和〈國立大學校條例〉規定的文、理、法、農、工、商、醫七科範圍，多增設了教育科。學科門類既有文理綜合性，也有基礎學科與應用學科相結合的特點，構成大學學科多而全的特色。

　　國立北平大學在一九二七年時稱國立京師大學校。一九二七年八月三十一日部令第一三八號〈國立京師大學校組織總綱〉規定，國立京師大學校分設文科、理科、法科、醫科、農科、工科、師範部、女子第一部、女子第二部、商業專門部、美術專門部等十一個科、部。商業專門部和美術專門部修業年限為三年之外，其餘各科、部修業年限為四年。各科、部設學長一人，負責各科、部教學與行政事務。其中文、理、法三科是原來國立北京大學和國立北京法科大學合組而成，文科學長胡仁源、江瀚，理科學長秦汾，法科學長林修竹，下設十八個學系。文科有國文、哲學、教育、心理、史學、英文、法文、德文、俄文、東方文學等十系，理科有物理、化學、數學、地質、生物等五系，法科有政治、經濟、法律三系。國立京師大學校還設立國學研究館，研究館下設總務部、編輯部和研究部，具體研究部包括哲學組、史學組、文學組、考古學組、語言文字學組和藝術組。一九二八年六月國立京師大學校改稱國立中華大學，蔡元培為大學院院長兼校長，未到任由李煜瀛署理。一九二八年六月二十日南京國民政府改

---

32 南京大學校慶校史資料編輯組、學報編輯部編輯：《南京大學校史資料選輯》（南京市：南京大學印刷廠（內部發行），1982年），頁228。

北京為北平，九月以北平政治分會所轄區域為北平大學區，「九月二十五日中華民國國民政府指令一○○五號，國立中華大學改為北平大學，」[33]並將前外交部俄文法政專門學校、天津北洋大學、保定河北大學併入，李煜瀛任校長。大學本部分設十一個學院：文學院、理學院、法學院、第一第二兩工學院、第一第二兩師範學院、農學院、醫藥院、女子學院、藝術學院。「文學院院長陳大齊，理學院院長王星拱，法學院院長謝瀛洲，農學院院長蕭時進，醫藥院院長徐詠如，第一工學院院長俞同奎，第二工學院院長茅以升，第一師範學院院長張怡惠，第二師範學院院長徐炳旭，藝術學院院長徐悲鴻。」[34]不論在京師大學校時期還是北平大學時期，其學科均多而全面，文、理、法、工、農、商、醫俱全，還有教育學科的師範部或師範學院。學科門類同樣呈現出文理綜合、基礎學科與應用學科相結合的特點。

「十六年春中央決議設立浙江大學研究院，經費浩繁，改先籌辦大學，遵大學區制，將定名為第三中山大學，該省工專農專教育廳均附屬焉。」[35]第三中山大學於一九二七年八月一日正式成立，八月三日，根據國民政府教育行政委員會命令，「第三中山大學冠名『國立』二字。」[36]蔣夢麟任校長，大學分研究學院、勞農學院、勞工學院、大學本科和行政處等五部。其中勞農學院和勞工學院是原來的省農業專門學校和工業專門學校改組而成，新設立研究學院和大學本科。一九二八年二月國立第三中山大學改稱浙江大學，五月起定名為

33 王學珍等：《北京大學紀事：1898-1997》（北京市：北京大學出版社，1998年），頁157。

34 〈北平大學組織之一斑〉，《申報》（1928年11月），第3版。

35 辛樹織：〈第一次中國教育年鑑‧第四冊丁編學校教育統計（民國二十三年）〉（臺北市：傳記文學出版社，1971年），頁1525。

36 王玉芝、羅衛東主編：《浙江大學校史簡本》（杭州市：浙江大學出版社，2010年），頁15。

國立浙江大學，「十八年六月大學區制停止，教育廳分立現校仍繼續辦理。」[37]國立浙江大學一九二八年秋，成立文、理學院，一九二九年一月勞農學院改為農學院，大學區制時期主要設立文、理、農三學院。相較於國立中央大學和國立北平大學，國立浙江大學屬於新設的大學，因此很難達到上述兩所大學所具有的多而全的學科佈局，但還是屬於多學科文理綜合性大學。

三　非大學區國立大學多學科改組

大學區大學就是國立大學，而沒有試行大學區制地區的大學有國立大學、省市立大學、私立大學等多種劃分。不同於大學區大學多學科文理綜合性，沒有採用大學區制地區的國立大學學科設置方面體現出各自的特色。

（一）原設國立大學的學科設置

原本設想在廣東、浙江、江蘇三省試行大學區制，「惟廣東方面，中山大學由廣大改辦時籌備經年，成立未久，一旦改制，未免變更太速，且現距下學年開學不遠，籌備亦恐不及，似應照原提案人建議，准其暫緩實行。」[38]這樣廣東暫緩實行大學區制，國立中山大學成為名副其實的大學區制時期保留原來學科特色的國立大學。

國立中山大學與大學區大學同樣經歷了易名過程。中央政治會議

---

37 辛樹織：《第一次中國教育年鑒・第四冊丁編學校教育統計（民國二十三年）》（臺北市：傳記文學出版社，1971年），頁1525。

38 教育行政委員會：〈關於廣東暫緩試行大學區制呈〉（1927年6月24日），收入中國第二歷史檔案館編：《中華民國史檔案資料彙編・第五輯第一編教育（一）》（南京市：江蘇古籍出版社，1994年），頁30。

第一百一十一次會議通過「廣州中大定名為國際第一中山大學。」[39]
一九二七年底大學院大學委員會議通過「凡國立大學冠以總理之名，
而別以次第者，皆將改以所在省之名名之，惟第一中山大學，則獨稱
中山大學，以為總理永久之紀念。」[40]一九二八年一月二十七日南京
國民政府〈修正大學區組織條例〉再次明確規定，除了在廣州的中山
大學保留其名外，其它大學區大學以地名命名。至此第二、第三、第
四中山大學陸續改稱國立武漢大學、國立浙江大學和國立江蘇大學
（即國立中央大學），而國際第一中山大學重新稱為國立中山大學。

　　國立中山大學因未改制，其大學本科學科設置還是保留原來的
文、理、法、農、醫等五大學科門類。加上充分的教育經費保障，國
立中山大學學科不亞於多所大學合組而成的大學區大學學科，同樣表
現出多學科文理綜合性特點。一九二七年六月戴傳賢長校後擴充各學
科設備，加強各學科研究所建設。一九二七年七月文科語言歷史研究
所成立；一九二八年四月理科化學工業研究所成立；一九二八年六月
法科編譯所成立；一九二八年七月農科農林植物研究所成立；一九二
九年春醫科藥物研究所成立；一九二九年三月理科天文臺落成。

　　國立同濟大學前身是私立同濟醫工專門學校，雖然「同濟醫工專
門學校，十六年三月改為國立同濟大學，」[41]但是從一九一七年開始
已由國家給費維持，一九二三年改組為同濟大學，且在一九二五年中
華教育改進社國立大學統計和一九二六年教育部國立大學統計中已有
自己的一席之地。因此，同濟大學不屬於一九二七年新增國立大學，
從國家經費辦理角度看，一九二三年已經改設為國立大學。國立同濟
大學主要設醫科和工科，因為同濟醫工專門學校源頭可以追述到一九

39　〈中央政會紀要〉，《申報》（1927年7月6日）。

40　〈中山大學將依省份改名〉，《申報》（1927年11月28日），第2版。

41　〈全國國立省立大學之沿革〉，《申報》（1934年2月19日，第4版。

〇七年德國醫生在上海創辦的德文醫學堂，五年後的一九一二年增設
工學堂。即便其學科不是文理綜合，也沒有達到門類齊全的程度，卻
是特色鮮明，是當時中國社會急需的應用學科。

（二）改設國立大學的學科設置

　　改設國立大學包括國立暨南大學、國立武漢大學、國立清華大學
和國立交通大學。暨南學校一九二七年夏改設為國立暨南大學，原來
商科改為商學院，一九二八年已有文哲、社會科學，自然科學，商
學、藝術五學院。一九二八年九月鄭洪年校長經過悉心考慮，將各學
院名稱加以修訂，「文哲學院易名為文學院，仍列哲學系，而將社會
科學院之教育心理、歷史社會二學系亦屬之，以諮充實，社會科學院
之名義太廣泛，對於研習政治、經濟及法律之學生，將來服務法官律
師等職，不易使人明瞭，特改為法學院，自然科學院譯名欠精確，現
易為理學院，以示崇尚科學，而符名實。」[42]學院稱謂調整後國立暨
南大學設文學院、理學院、法學院、商學學院和藝術學院，一九二九
年興辦農學院，學科門類達到文、理、法、商、農、藝術等六大門
類。且藝術門類的設置超出〈國立大學校條例〉中規定的大學學科編
制的範圍。

　　國立武漢大學是在武昌中山大學基礎上改組而成。國立武昌中山
大學「十六年冬停辦；十七年九月改為國立武漢大學；被併入者有商
醫兩大學及私立各校。」[43]國立武漢大學籌備委員會一九二八年七月
成立，同年九月成立國立武漢大學，暫以武昌中山大學院址為校舍，
設置三學院五個學系：「（一）文學院設中國文學系、外國文學系；

42　〈暨大修正各學院名稱〉，《申報》（1928年9月27日），第3版。

43　辛樹織：《第一次中國教育年鑒·第四冊丁編學校教育統計（民國二十三年）》（臺
　　北市：傳記文學出版社，1971年），頁1525。

（二）社會科學院設政治經濟學系；（三）理工學院設數學系、化學系。」[44]一九二九年三月增設工學院，暫設土木工程學系，將理工學院改為理學院，數學系、化學系之外增設生物學系，同年五月社會科學院改稱法學院，增設法律學系，文學院增設哲學系。至此國立武漢大學設置四學院九學系，學科門類達到文、理、法、工科四大門類。

國立清華大學由清華學校改設而成。清華學校由外交部管轄，校長由外交部選派，「雖事實上遇重大問題，不能不徵美使館之同意，而理論上固完全為國立學校。」[45]一九二五年清華學校設立大學部，招收四年制大學生。「一九二八年八月，國民政府接管後，清華正式改名為『國立清華大學』，羅家倫為校長。」[46]一九二八年九月三日大學院發佈〈國立清華大學條例〉三十一條，條例規定大學設本科與研究院，大學本科分若干學系。「一九二九年五月十日，國民政府第二十八次國務會議通過將清華歸教育部專轄。」[47]一九二六年六月〈國立清華大學規程〉規定，清華大學本科分文、理、法三院共十五系：文學院內設中國文學系、外國文學系、哲學系、歷史學系、社會人類學系，理學院內設物理學系、化學系、算學系、地理學系、生物學系、心理學系、土木工程學系（附屬），法學院內設法律學系、政治學系、經濟學系，「但法律學系一直到一九三二年二月教育部才『准予備案』設立，到一九三四年又把它取消了。」[48]因此，國立清華大學在當時設置了文、理、法三個學科門類，中國文學、外國文學、哲學、歷史學、社會人類學、物理學、化學、算學、地理學、生物學、

44 《學府紀聞・・國立武漢大學》（臺北市：南京出版公司，1981年），頁6。

45 〈清華之現在與將來〉，《申報》（1924年3月27日），第3版。

46 吳惠齡：《北京高等教育史料第一集（近現代部分）》（北京市：北京師範大學出版社，1992年），頁35。

47 清華大學校史編寫組：《清華大學校史稿》（北京市：中華書局，1981年），頁99。

48 清華大學校史編寫組：《清華大學校史稿》（北京市：中華書局，1981年），頁112。

心理學、土木工程學、政治學系、經濟學等十四門一級學科。

　　一九二八年九月，上海、唐山、北平的第一、第二、第三交通大學合組改稱國立交通大學，分設上海的國立交通大學設置電機工程學院、機械工程學院和交通管理學院，唐山設土木工程學院，北平設交通管理學院分院。同年交通部分交通、鐵道兩部，十一月七日正式成立鐵道部，「交通大學劃歸鐵道部管轄，由孫科任校長。」[49]一九二九年七月二日，鐵道部公佈交通大學暫行組織大綱，改上海交通管理學院為鐵道管理學院，「自鐵道部部長孫科為該校校長後，即允許學生於下學期添辦土木工程學院。」[50]因經費來源與學校隸屬關係，交通大學開設的學科主要與交通事業有關聯的工科與商科，電機工程、機械工程和土木工程均屬於工科，而鐵道管理歸屬於商科。所以，國立交通大學學科設置從學科門類上主要是工科和商科，與國立同濟大學類似，不設文理綜合，保留自己的學科特色。

（三）新設國立大學的學科設置

　　新設國立大學只有國立勞動大學。勞動大學籌備委員會一九二七年五月二十九日召開聯席會議，議決勞工學院從本年九月份開始招生，同時組成勞農學院籌備委員，並以原上海大學校址為院址，任命易培基為校長。「一九二八年，上海大學被國民黨政府關閉，在原校址上創建了國立勞動大學。這所大學設立的目的是要試圖用一種無政府主義的方法發展社會科學理論，以對抗原來上海大學的那種馬克思主義思想體系。」[51]一九三〇年教育部派謝樹蘋及數名工程師前去視

49　《學府紀聞・國立交通大學》（臺北市：南京出版公司，1981年），頁39。

50　〈交大學生請求添辦土木工程學院〉，《申報》（1929年6月18日），第3版。

51　〔加〕許美德撰，許潔英譯：《中國大學1895-1995：一個文化衝突的世紀》（北京市：教育科學出版社，1999年），頁86。

察調研，「現該部將該大學重行改組，本年暑假停止招生，已呈行政院備案。」[52]據教育部一九三一年十二月〈國省立大學分科統計〉，國立勞動大學設工、農、社會科學三院。一九三二年六月教育部停辦國立勞動大學通告中記載，土木系四年級學生三十八人畢業，電機系、農藝系、園藝系、農業化學系、經濟系三年級學生一〇〇名。以此推斷，國立勞動大學一九二八年設立了勞工學院土木系，一九二九年增設了勞工學院電機系，勞農學院農藝系、農業化學系和社會科學學院經濟系，學科門類上主要是工、農、法三科，下設一級學科包括土木工程、電機工程、農藝、園藝、農業化學和經濟學。

相較於大學區大學的多學科文理綜合性特點，非大學區國立大學學科設置基本保證兩科以上學科門類的基礎上發展了特色學科。無論是大學區大學多學科文理綜合的學科設置，還是非大學區國立大學保持自己特色的學科設置，學科設置上終結了單科性國立大學的時代，每所國立大學至少有兩科或兩科以上學科門類。其學科設置基本還是符合大學區制時期大學分科情況。「大學分科，大致設文理、法、醫、工、農五學院。文理學院得設文學、哲學、史學、心理學、教育學、數學、物理、化學、生物、地理學等系，而文學、哲學、史學、數學、物理、化學為必設之系。法學院得設法律、政治、經濟等學系。凡不設法學之大學，政治、經濟兩系為文理學院必設之系。醫學院不分系，得附設藥學科。工學院得設土木工程、機械工程、電機工程、化學工程、建築學、採礦冶金等學系。農學院得設農學、林學、獸醫學、畜牧、蠶桑等系。」[53]

大學區制試行不到一年，反對聲此起彼伏。一九二八年六月中央大學區中等學校聯合會常務委員上海中學校長鄭通和、南京中學校長沈

---

52 〈勞動大學改組〉，《申報》（1930年6月6日），第2版。

53 〈大學分科設校之概要〉，《申報》（1928年9月13日），第5版。

履、鎮江中學校長薛德焴從江蘇大學區制試行一年以來出現的忽略中等教育問題出發，建議變更大學區制。一九二九年六月十七日，第三屆中央執行委員會第二次全體會議討論關於大學區制之存廢問題一案，最終決議停止試行大學區制，並於七月一日國民政府出臺停止大學區制令。取消大學區制後，原來的教育行政權歸於地方教育廳，大學照常辦理。

第三節　國立大學多學科「院—系」建制的確立

南京國民政府教育部一九二九年頒佈〈大學組織法〉，大學的多學科標準得以復歸，大學學科設置不僅達到三個學科門類的基本要求，學科佈局要求達到文理綜合或社會科學與自然科學相平衡的標準，還規範了大學的「院—系」建制。隨著大學學科制度的完善，國立大學普遍採用「院—系」建制，學科建制進入規範有序的發展階段。這一時期國立大學多學科「院—系」建制呈現出基礎學科院系設置普遍而全面，應用學科院系設置不均衡的總體特徵。

一　大學多學科標準與「院—系」建制的規定

一九二八年八月國民黨二屆五中全會上，經亨頤等人提出設立教育部的提案，郭春濤、劉守中等人也提議撤銷大學院改設教育部。「十七年十月國民政府行政院成立，改大學院為教育部，於十一月三十日公佈教育部組織法，即於是時正式成立教育部，」[54]一九二八年十月十四日任命蔣夢麟為教育部部長，統籌管理全國教育事務。

---

54 〈教育部成立二年來的工作概況〉（1930年），收入中國第二歷史檔案館編：《中華民國史檔案資料彙編・第五輯第一編教育（一）》（南京市：江蘇古籍出版社，1994年），頁124。

　　國民政府教育部，為了限制一九二二年以來出現的大學的無序發展局面，於一九二九年七月二十六日頒佈〈大學組織法〉，明確規定大學以研究高深學術，養成專門人材的培養目標，大學分設文、理、法、教育、農、工、商、醫各學院，凡具備三學院以上才能稱為大學，不到三學院的稱為獨立學院。此次規定突破了一九一七年〈修正大學令〉、一九二二年〈學校系統改革案〉以及一九二四年〈國立大學校條例〉中大學設數科或一科均可的規定，提高了大學學科設置標準，再次強調了大學的多學科性。不同於民初〈大學令〉七科設置，一九二九年大學學科制度中增設了教育科，並特別強調自然科學學科建設，「大學教育注重實用科學之原則，必須包含理學院或農、工、商、醫各學院之一。」[55]不僅大學學科設置數量達到三個學科門類的基本要求，學科佈局要求達到文理綜合或社會科學與自然科學相平衡的標準。

　　〈大學組織法〉的頒佈實施不僅區分出大學與獨立學院的界限，還規範了大學學科建制，學院正式成為大學的學科組織機構，下設各學系，構成「院一系」建制，簡稱學院制。「學院制就是在大學之下設立學院，學院之下再設系，學院在大學內享有較大的自主權。這是一個分權的組織結構形式，適用於規模較大的多科性大學。」[56]從世界範圍看，學院的產生歷史較早，「在歐洲中世紀，所謂學院（如College、Faculty），最初其實是按照學科對學生進行管理的基本單位，後來才充實成為以學科為單位從事教學科研的組織。」[57]在中國

---

55 教育部公佈：〈大學規程〉（1929年8月14日），收入中國第二歷史檔案館編：《中華民國史檔案資料彙編‧第五輯第一編教育（一）》（南京市：江蘇古籍出版社，1994年），頁174。

56 薛天祥：《高等教育管理學》（上海市：華東師範大學出版社，1997），頁211-212。

57 周川：〈高等學校建制的組織學詮釋〉，《教育研究》2002年第6期（2002年），頁70。

「早在一九二三年，蔣夢麟在代表杭州大學董事會擬就的《杭州大學章程》中，就曾設計了一個非常清晰的『校、院、系』組織體系。該章程較多地借鑒了美國高等教育的模式，是近代中國較早對『校─院─系』建制進行建構的嘗試。」[58]

〈大學組織法〉規定各學院設院長一人，由校長聘任，各系設主任一人，由院長商情校長聘任。院長綜合管理院務，系主任主要辦理本系教務工作。各學院由院長、系主任、事務主任組成院務會議，計劃本院學術事宜，並審議全院一切事宜。同樣各系設系教務會議，由全係教員組成，系主任為主席，計劃本系學術設備事宜。學院在學校組織中發揮承上啟下的作用，院一級組織在當時沒有多少實權，它只是介乎校長與系主任之間的一個轉承與協商的機構。學系真正意義上成為大學基層學術組織，直接面對教學、科研等學術活動。這一點可以從一九三一年國立大學院系統計資料中得到證實，當時絕大多數國立大學院長，兼任該院某系主任一職來看，掌握教學實權的不是院長一級，而是系主任一級。院系的設立與廢止事項由校務會議審議。一九二九年八月十四日頒佈的〈大學規程〉第二章規定的大學學科編制如下：

> 大學文學院或獨立學院文科，分中國文學、外國文學、哲學、史學、語言學、社會學、音樂學及其他各學系。
> 大學理學院或獨立學院理科，分數學、物理學、化學、生物學、生理學、心理學、地理學、地質學及其他各學系，並得附設藥科。

58　周川：〈中國近代大學建制發展分析〉，《北京大學教育評論》2004年第3期（2004年），頁90。

大學法學院或獨立學院法科，分法律、政治、經濟三學系，但得專設法律學系。

大學或獨立學院之有文學院或文科而不設法學院或法科，及設法學院或法科而專設法律學系者，得設政治、經濟二學系于文學院或文科。

大學教育學院或獨立學院教育科，分教育原理、教育心理、教育行政、教育方法及其他學系，大學或獨立學院之有文學院或文科而不設教育學院或教育科者，得設教育學系于文學院或文科。

大學農學院或獨立學院農科，分農學、林學、獸醫、畜牧、蠶桑、園藝及其他各學系。

大學工學院或獨立學院工科，分土木工程、機械工程、電熱工程、化學工程、造船學、建築學、採礦、冶金及其他各學系。

大學商學院或獨立學院商科分銀行、會計、統計、國際貿易、工商管理、交通管理及其他各學系。

大學醫學院或獨立學院醫科不分系。[59]

二　國立大學「院—系」建制的特點

一九二九年國立大學數量增加至十二所，新增二所大學分別是一九二九年六月和八月從國立北平大學獨立出來的國立北平師範大學和國立北京大學。一九三〇年新增國立青島大學。該校於一九三〇年九月十九日正式成立，「定二十日舉行開學典禮，校長楊振聲宣誓就

---

59 教育部公佈：〈大學規程〉（1929年8月14日），收入中國第二歷史檔案館編：《中華民國史檔案資料彙編‧第五輯第一編教育（一）》（南京市：江蘇古籍出版社，1994年），頁174-175。

職。」[60]一九三一年十一月九日，原有國立成都師範大學、國立成都
大學和公立四川大學合併為國立四川大學[61]，從而國立大學總數達到
十四所。由於一九二八年成立的國立勞動大學一九三二年停辦，一九
三一年度國立大學概況中也沒有對它的詳細介紹，因此以國立勞動大
學之外的十三所國立大學一九三一年的「院－系」建制為依據，分析
其主要特點。

（一）多學科性

本科教育層面上南京國民政府時期高等教育機構有大學和獨立學
院，國立大學學科建制與國立獨立學院比較，最顯著的特點是多學科
性，見表5-5。

表5-5　全國二十年度（1931）國立大學概況

校名	校址	本科		專科	
		院	系	科	組
國立中央大學	南京	8	38	2	4
國立北平大學	北平	7	34	1	1
國立中山大學	廣州	5	23	2	2

60　〈青島大學近日開學〉，《申報》（1930年9月20日），第3版。

61　國立成都師範大學與國立成都大學雖稱「國立」大學，其身份極為特殊。其中國立
　　成都師範大學於一九二八年九月六日，經國民政府教育行政委員會討論通過，同意
　　成都高師改為「國立成都師範大學」，但辦學經費明確規定仍用省款。成都大學於
　　一九二六年十二月被前教育部承認為國立大學，但在南京國民政府國立大學統計中
　　未歸入國立大學的範圍。因此，到了一九三一年十一月九日，合併國立成都師範大
　　學、國立成都大學和公立四川大學為國立四川大學後才獲得真正的國立大學資格。
　　詳見四川大學校史編寫組：《四川大學史稿》（成都市：四川大學出版社，1985
　　年），頁139。

校名	校址	本科		專科	
		院	係	科	組
國立武漢大學	武昌	4	13	-	-
國立清華大學	北平	3	14	-	-
國立北平師範大學	北平	3	11	-	-
國立浙江大學	杭州	3	18	-	-
國立北京大學	北平	3	14	-	-
國立暨南大學	上海	5	18	2	2
國立同濟大學	上海	2	2	-	-
國立交通大學	上海北平唐山	5	16	-	-
國立四川大學	成都	4	11	3	6
國立山東大學	青島濟南	3	8	-	-
合計	13	55	222	10	15

資料來源：辛樹織：《第一次中國教育年鑒‧第四冊丁編學校教育統計（民國二十三年）》（臺北市：傳記文學出版社，1971年），頁1516-1517。

如表所示，除了國立同濟大學只設置兩學院之外，其餘國立大學學院設置均符合〈大學組織法〉的規定，至少有三學院，最多的達到八學院。一九三一年國立獨立學院包括國立北洋工學院、中法國立工學院[62]和廣東法科學院。國立北洋工學院設三系，土木工程系、採礦冶金係和機械工程系，屬於工科學院。中法國立工學院大學部只有土木鐵道學系和電氣機械學系。廣東法科學院設一系。學科門類上此時國立獨立學院均屬於典型的單科院校。

---

62 中法國立工學院的前身是中法工業專門學校，一九二九年奉部令更名為中法國立工業專科學校，一九三〇年呈部準改稱中法國立工學院，設在上海。

（二）基礎學科院系設置普遍而全面

十三所國立大學中九所大學獨立設置了文學院與理學院，二所大學設置了文理學院，只有國立交通大學未設文學院，國立同濟大學未設文、理學院。國立浙江大學和國立北平大學設文理學院，國立浙江大學文理學院下設外國文學、歷史與政治、經濟、教育、數學、物理、化學、生物、心理學等九個系，國立北平大學女子文理學院下設數學、物理、化學、體育、國文、英文、哲學、經濟、史學、音樂等十個系。

獨立設置文學院的國立大學共計九所，其下設各學系如下：國立中山大學文學院下設中國語言文學、哲學、史學、英吉利語言文學、社會、教育學系；國立中央大學文學院下設中國文學、外國文學、哲學、史學、社會學系；國立北京大學文學院下設國文學、外國文學、哲學、史學、教育學系；國立清華大學文學院下設中國文學、外國語文、哲學、歷史、社會學及人類學系；國立北平師範大學文學院下設國文、英文、史學、社會學系；國立暨南大學文學院下設中國語文、外國語文、歷史、社會學系；國立武漢大學文學院下設中國文學、外國文學、史學、哲學教育學系；國立青島大學文學院下設中國文學、外國文學系；國立四川大學文學院下設中國文學、英文學、史學系。

其中國立中山大學文學院學系設置最全面，國立青島大學由於剛剛成立，文學院學系設置最少，只有中國文學和外國文學系。其餘國立大學文學院下設學系基本符合〈大學規程〉規定的文學院分中國文學、外國文學、哲學、史學、語言學、社會學、音樂學等學系的規定。惟獨國立清華大學設置了社會學及人類學系，人類學在一九一三年〈大學規程〉中屬於哲學和歷史學門類下設具體科目之一，全稱「人種與人類學」，此時從一門課程提升為一級學科，雖然與社會學合在一起，也能看到其學科地位的提升與發展。

　　獨立設置理學院的國立大學十所，其下設各學系如下：國立中山大學理學院下設數學天文、物理、化學、生物、礦物地質、地理、化學工程、土木工系；國立中央大學理學院下設算學、物理學、化學、地理學、地質學、動物學、植物學、心理學系；國立北京大學理學院下設數學、物理、化學、生物、地質、心理學系；國立清華大學理學院下設算學、物理、化學、生物、地理、心理、土木工程系；國立北平師範大學理學院下設數學、物理、化學、生物、地理學系；國立四川大學理學院下設數學、物理、化學、生物學系；國立武漢大學理學院下設數學、物理、化學、生物學系；國立青島大學理學院下設數學、物理、化學、生物學系；國立暨南大學理學院下設數學、理化、生物學系；國立交通大學科學學院下設數學、物理、化學系。

　　其中國立中山大學和國立中央大學理學院學系設置最全，達到〈大學規程〉規定的大學理學院分數學、物理學、化學、生物學、生理學、心理學、地理學、地質學及其它各學系的基本要求。國立中山大學在一九三一年秋增設土木工程和化學工程兩系，理學院改稱理工學院。國立中央大學延續了國立東南大學時期把生物學系分化為植物學和動物學兩系的做法。國立清華大學理學院在算學、物理、化學、生物、地理、心理之外，增設工科的土木工程系。國立交通大學一九三〇年「增設科學學院，下設數學、物理、化學三系。」[63]實際上各系設置時間上先設置了物理、化學兩系，據一九三〇年九月四日《申報》刊載，「今年先行成立物理化學兩系，以後再陸續辦數學系地質系，以完成理學院。惟該校以理學院名稱太通俗，改稱自然科學院。」[64]自然科學院院長徐明材，物理系主任裘維裕，化學系主任柯

63　《學府紀聞‧國立交通大學》（臺北市：南京出版公司，1981年），頁40。

64　〈交大自然科學院成立〉，《申報》（1930年9月4日增刊）。

成懋，並定於一九三〇年九月七至十日在上海招十名新生，到一九三一年改稱科學學院，裘維裕任院長。

（三）應用學科院系設置不均衡

法、教育、農、工、商、醫等應用學科門類中設立法學院的國立大學最多，達到八所，只有國立同濟大學、國立交通大學、國立青島大學、國立浙江大學和國立北平師範大學未設置法學院。國立清華大學法學院卻未設法律學系，與〈大學規程〉規定的大學法學院，分法律、政治、經濟三學系，但得專設法律學系的要求不符。國立中山大學、國立武漢大學法學院在法律、政治和經濟學系之外，多設置商學系。國立北平大學法學院多設置了俄文法政系。

設置工學院的國立大學占國立大學總數的一半。國立中山大學一九三一年秋增設土木工程和化學工程兩系，與理學院合設為理工學院。國立中央大學、國立同濟大學、國立武漢大學、國立浙江大學和國立北平大學獨立設置了工學院。國立交通大學更是以工科為特色，獨立設立了土木工程學院、機械工程學院和電機工程學院。國立大學工學院下設學系中設置最多的是土木工程學系、依次為化學工程學系、電機工程學系、機械工程學系和建築工程學系。對比一九二九年的〈大學規程〉規定，大學工學院，分土木工程、機械工程、電熱工程、化學工程、造船學、建築學、採礦、冶金及其它各學系的要求，沒有一所國立大學工學院設置造船學和採礦冶金學系，說明國立大學工學院在該研究領域的發展還很不成熟。

大學學科體系中增加教育科是〈大學組織法〉與〈國立大學校條例〉在學科設置上的明顯區別。也是國立大學院系設置上的一大亮點。獨立設置教育學院的國立大學有五所，其院系設置如下：國立青島大學教育學院下設教育行政、鄉村教育系；國立中央大學教育學院

下設教育學、教育心理學、教育行政、教育社會學四系，體育、藝術教育科，體育、藝術兩專修科；國立四川大學教育學院下設教育學系，體育藝術專修科和預科；國立北平師範大學教育學院下設教育、體育學系；國立暨南大學教育學院下設教育、心理學系，師資專科。

　　一九三〇年時國立青島大學教育學系歸屬在文學院中，「二十年二月，校務會議決議，自下年期，將教育學系擴充為教育學院。五月，校務會議議決教育學院先成立教育行政系及鄉村教育系。」[65]在國立大學學科建制中教育學院系的設置相對要比文、理、法、工、農、商等學科門類晚，從而導致國立大學教育學院下設系五花八門。〈大學規程〉規定，大學教育學院，分教育原理、教育心理、教育行政、教育方法及其它學系。國立大學教育學院中最常見的是教育學系、教育行政系和教育心理系，除此之外有鄉村教育系、教育社會系和心理學系等。心理學系按照〈大學規程〉規定，屬於自然科學領域，應歸屬在理學院中，如國立中央大學、國立北京大學和國立清華大學理學院均設有心理學系，國立暨南大學卻把心理學系設置在教育學院中。除了獨立設置教育學院之外，國立中山大學、國立北京大學、國立武漢大學和國立浙江大學也有教育學系，歸屬在文學院中。由此可見，教育學學科地位極不穩定，從國立大學中的學科建制看，教育學有時提升到學科門類的高度，有時處於一級學科的地位，甚至有時成為具體課程之一，某種意義上說明其學科發展的不成熟性。

　　國立大學的農、商、醫學院設置較薄弱。設置農學院的國立大學只有國立中央大學、國立北平大學、國立中山大學和國立浙江大學四所。設置醫學院的有國立中央大學、國立北平大學、國立同濟大學和國立中山大學四所。其中國立中央大學和國立北平大學通過大學區制

---

65 辛樹織：《第一次中國教育年鑒‧第二冊丙編教育概況上（民國二十三年）》（臺北市：傳記文學出版社，1971年），頁349中、下欄。

大學時期合併眾多單科大學，形成了農、商、醫學在內的多學科綜合性特徵。相較於農學院和醫學院，設置商學院的國立大學是最少的。國立北平大學商學院原本是俄文法政學院，「北平大學之俄文法政學院，應自本年起逐年結束，不再招新生。」[66]一九三一年雖改稱商學院，其學系設置與大學規程並不符合，反而與法學院建制比較接近。國立交通大學設有管理學院，主要是鐵道管理專業，學科門類上歸屬於商科。獨立設置商學院的國立大學其實只有國立暨南大學、國立中央大學和國立交通大學三所。

三　個案：國立大學「院―系」建制的萌芽與改革

（一）國立廣東大學始創「院―系」建制

一九二四年成立的國立廣東大學最先採用「院―系」建制，成為中國近代國立大學「院―系」建制的萌芽。一九二四年二月十五日《申報》香港電，法大、農專、高師將改並廣大，鄒魯任校長。國立廣東大學是由廣東高等師範學校、廣東公立法科大學、廣東公立農業專門學校合併而成。如同國立東南大學借助南京高等師範學校的國立屬性建立起國立大學一樣，國立廣東大學以廣東高等師範學校為本部建立大學，同樣借助其國立屬性。

> 廣大以高師為校本部，不僅是高師有辦文理科的基礎，也是因為在國立高師的基礎上發展起來的大學可繼承高師國立的名分。要辦「國立的」大學，就涉及到設立這所國立大學的政府是中央的。對國民黨政府來說，國立大學的名分就變得非常重要了。

66　〈教部令整頓平大師大〉，《申報》（1931年2月12日），第4版。

　　事實上，獨立於北洋政府的廣東政府建立國立化大學，本是國
家已成為「虛懸」的明證，但反過來又顯示出國民黨政府力求
通過教育，在更高的基準上謀求自身合理性的傾向和姿態。[67]

可見，特殊歷史條件下的國立大學往往擔負著一定的政治使命或無形
中成為政治家的工具。

　　據〈廣東大學籌備情形〉報導，鄒魯擔任籌備會主任，接管廣東
公立法科大學、廣東公立農業專門學校後聘梁龍碩士為法科主任，鄧
植儀為農科主任。梁龍博學多識，曾留學日、英、德、法等國，學習
過博物學、政治經濟、文學，先後獲得政治經濟學士和文學碩士，也
參加過巴黎和會、太平洋會議和萬國會議。公立農業專門學校原來九
個系，合併後只保留了農學主任鄧植儀和林學主任黃枯桐，其餘七位
主任改為教員，原校長鄧植儀碩士為農科主任。廣東高等師範學校改
辦成廣東大學的文、理科，文科學長楊壽昌，理科學長徐甘棠，另增
設工科。

　　國立廣東大學開辦之初擬設文、理、法、農、工五科。「其中文
理二科系就高師改辦，法科就法大改辦，農科就農專改辦，惟工科從
新組設。五科之中，當以文科較為完備，農科次之，理法工三科又次
之。」[68]上述五科中「當時工科則尚無本科生，暫未成立，」[69]工科
在廣東大學時期因經費所限未辦成。因此，國立廣東大學創辦之初只
有文、理、法、農四科，「一九二五年七月以後增加了醫科，」[70]醫科

67 李興韻、袁徵：〈國立廣東大學的成因與格局變動〉，《華南師範大學學報（社會科
　　版）》2006年第3期（2006年），頁134。

68 〈廣東大學五科之內容〉，《申報》（1924年7月15日），第3版。

69 唐鉞、朱經農、高覺敷：《教育大辭書》（上海市：商務印書館，1930年），頁71。

70 梁山、李堅、張克謨：《中山大學校史》（上海市：上海教育出版社，1983年），頁6。

是在接收公立醫科大學基礎上建立的，至此國立廣東大學設立文、理、法、農、醫五科學院。一九二五年九月十九日開始上課，十一月十一日舉行學校成立大典。

　　國立廣東大學本想沿用廣東高等師範學校舊制，分總務、教務和舍務三處。經籌備委員會議商議，保留舍務處，增設會計處，將總務處改為秘書處，「教務處則改為各學院學長室，內部組織略與前同，又特設預科學長室一，專理預科事宜。」[71]各學院設教授會，由各科教授組成，是學院學術事務的決策機構。各系也設教授會，由各系教授組成，負責處理本系學術事宜。改變原來全校統一的教務管理，各學院為單位獨立負責教務工作，教學管理權力下放到各學院中，從而形成教學的學院—學系二級管理模式，既不同於京師大學堂科一級管理，也不同於國立北京大學學校—學系二級管理，更不同於國立東南大學學校—科—系三級教學管理模式，形成獨特的學科建制。

　　國立廣東大學設立「各學院學長室」，下設各系主任，各科採用了學院—學系建制。從採用「文科學院」、「理科學院」、「法科學院」、「農科學院」「醫科學院」的稱呼來看，同樣證明各科採用了學院制。以《第一次中國教育年鑑》國立中山大學各學院沿革略表為根據，「國立廣東大學文科學院」、「國立廣東大學理科學院」、「國立廣東大學農科學院」創設時間是民國十三年（1924）夏，民國十五年（1926）秋改名為「國立中山大學文科」、「國立中山大學理科」和「國立中山大學農科」；「國立廣東大學法科學院」，創設時間是民國十三年夏，民國十五年四月改名為「國立中山大學法科學院」，民國十五年秋改名為「國立中山大學法科」；「國立廣東大學醫科學院」創設時間是民國十五年春，民國十五年秋改名為「國立中山大學醫

71　〈廣東大學最新消息〉，《申報》（1924年9月29日），第2版。

科」。這一點可以證明國立廣東大學時期實行過學院制，改稱國立中山大學後恢復了「科一系」建制。

〈國立廣東大學組織系統表〉顯示，當時文科學院內設中國文學、英國文學、史學、哲學和教育學系；理科學院內設數學、物理、化學、生物學和地質學系；法科學院內設法律學、政治學、經濟學和商學系；農科學院內設農藝學、農藝化學和林學系；醫科學院內設解剖學、生理學、病理學、外科學內科學五系。改辦中山大學前國立廣東大學本科設文、理、法、農、醫五科學院。除了上述各學院之外，「陳公博代理校長時代，更於晚間設立專修學院，以便中等畢業而服務社會日間不能求高等教育機會者而設，自開辦之後，學員約千餘人，成績也頗佳。」[72]這也是國立廣東大學社會服務職能的一種表現。

一九二五年三月十二日孫中山先生在北京因病逝世，為了紀念孫中山先生，國立廣東大學擬改辦國立中山大學，「廣大改中山大學，動議已在前年。」[73]由於廣州當局頻發政黨更變，學校常捲入其中，每次政變，學校就發生一次學潮，至此學校學務維持困難，也沒有精力顧及改辦中山大學一事。在鄒魯、陳公博之後，褚民誼繼任校長，規劃改辦中山大學計劃，將意見擬為提案，請政治委員批示。最終批示允許國立廣東大學在一九二六年七月停辦，暑假後開辦國立中山大學。據一九二六年八月十九日《申報》專電，國民政府令將廣東大學改為中山大學，任戴傳賢為校長，未到前，由經亨頤代。易漢文在「國民政府是何時下令改國立廣東大學為國立中山大學的」一文中呈現了廣東省檔案館一九二八年八月二十一日國民政府秘書處給國立廣東大學的公函原件，確認國立廣東大學改為中山大學的確切時間是一九二六年八月十七日：

---

72 〈廣大改辦中山大學之進行〉，《申報》（1926年7月21日），第3版。
73 〈廣大改辦中山大學〉，《申報》（1926年6月26日），第3版。

中華民國國民政府秘書處公函第1405號

逕啟者八月十七日奉

國民政府令開國立廣東大學著改為國立中山大學此令等因奉此

除公佈外相應錄令函達

查照此致

國立廣東大學

中華民國十五年八月二十一日

（中華民國國民政府秘書處印）

秘書長　　陳樹人（簽字）

　　　　　兼印曾希周

　　　　　校對陳廷詩[74]

改辦國立中山大學後沒有沿用國立廣東大學的「學院─學系」建制，採用了「科─系」建制。各科設主任一人，但「各系不再設系主任，只在系教授會議由教授互選一人為主席，主持教授會議。科仍是系的上一級單位。」[75]「廣州中山大學自委員會成立以來，對於大學內容，大加充實，農醫法文各科皆有進行，理科尤速。」[76]自黎國昌任理科主任後，召集教授會議共商計劃，謀求學科發展，將生物系分為動物系和植物系，動物系和植物系還共同組織了南方生物調查會。這一時期國立中山大學具體「科─系」建制是：

　　　文史科：哲學系、中國語言文學系、法蘭西語言文學系、英吉

74　易漢文：〈國民政府是何時下令改國立廣東大學為國立中山大學的〉，《廣東史志》1999年第2期（1999年），頁41-42。

75　胡晶君：《國立中山大學學校管理探析（1924-1931）》（廣州市：華南師範大學教育科學學院，2004年），頁20。

76　〈粵中山大學研究科學之進行〉，《申報》（1926年12月24日），第3版。

　　利語言文學系、德意志語言文學系、俄羅斯語言文學系、東方
　　語言文學系、史學系；
　　自然科學科：算學天文學系、物理學系、化學系、礦物地質學
　　系、動物學系、植物學系、地理學系；
　　社會科學科：政治學系、經濟學系、法律學系；
　　醫學科：不分系；
　　農林學科：農學系、林學系、農業化學系。[77]

其中需要說明的幾點是首先，社會科學科是原來的法科，據〈第一次
中國教育年鑒〉中國立中山大學各學院沿革略表，從一九二六年秋到
一九二七年秋採用「社會科學科」的稱謂。其次，國立中山大學自然
科學科設立地理學系是一次創舉，堪稱中國近代大學理科中設立的
第一個地理學系，區別於文學院下設地理學系，由此培養出來的學
生，具有深厚自然科學和技術科學功底，擅長野外工作，這在當時
十分難得。中國地理學界許多著名學者，如林超、黃秉維、周立
三、周廷儒、羅開富、徐俊鳴、曾昭璇、羅來興等都是國立中山大
學地理學系的畢業生。

　　一九二六年下半年計劃開設工科，「特將現在，坺工業專門學
校，合併於大學，改組為大學之工科，該校奉令，連日已籌備合併事
宜，務於暑假後，成立大學工科。」[78]本是要接收廣東工業專門學校
為國立中山大學工業專門部，任肖冠英為部長，但「是年冬，該部罷
廢，而工科之籌設於焉中輟，」[79]一九二七年國立中山大學組織系統

---

77 唐鉞、朱經農、高覺敷：《教育大辭書》（上海市：商務印書館，1930年），頁72。

78 〈廣大改辦中山大學之進行〉，《申報》（1926年7月21日），第3版。

79 《國立中山大學現況（民國二十四年）》（臺北市：傳記文學出版社，1971年），頁
　　243。

圖中還是明顯地標注了工科「未設」的字樣。文、理、法、醫、農多
學科的發展歸功於當時國立中山大學充足的教育經費。按照朱家驊的
說法，國立中山大學當時辦學「經費在國內各高校中，總算最充足
的。預算月十三萬毫洋，實領九萬。」[80]

（二）國立中央大學「院—系、科」建制的嘗試

國立中央大學在國立第四中山大學時期，設有教育行政院、大學
本部和研究院。大學本部開設有九學院，每院設院長一人，具體聘定
人員有「自然學科學院長胡剛復，社會科學院長□修俊，文學院長謝
壽康，哲學院長湯用彤，教育學院長鄭宗海，醫學院院長顏福慶，農
學院院長蔡無忌，工學院長周仁，商學院長楊端六。」[81]一九二八年
八月自然科學院改為理學院，社會科學院改為法學院，哲學院歸併文
學院，九院變成八院。

國立中央大學學科建制最大亮點就是學院下設系和科，劃分出基
礎學科與應用學科的界限。「凡同性質之課目，在學術上能構成系統
者為系；合適之課目，在應用上能構成課程者為科。」[82]按此規定，
國立中央大學最先在學院中明確劃分理論學科與應用學科，學科建制
採用「院—系、科」建制，「全校各系各科，以學術獨立平均發展，
教授錯綜互相調劑為原則。」[83]

據一九二八年十一月十五日〈中央大學本部組織大綱〉規定，國
立中央大學學科編制如下：

80　朱家驊：〈關於中山大學校務情況兼及廣州「清黨」事致蔡元培函〉（1927年5月16
　　日），收入中國第二歷史檔案館編：《中華民國史檔案資料彙編・第五輯第一編教育
　　（一）》（南京市：江蘇古籍出版社，1994年），頁224。
81　〈第四中山大學各部院長聘定〉，《申報》（1927年7月6日），第2版。
82　〈最近中央大學概況〉，《申報》（1929年1月1日），第6版。
83　〈最近中央大學概況〉，《申報》（1929年1月1日），第6版。

理學院設算學系、物理學系、化學系、地學系、生物學系、心
理學系；

文學院設中國文學系、外國語文系、哲學系、史地學系、社會
學系；

法學院設政治學系、法律學系、經濟學系；

教育學院設教育學系、師資科、藝術專修科、體育專修科；

醫學院設基本系（內分解剖科、生理化學科、生理科、藥理
科、病理科、細菌及寄生蟲學科、衛生科）、臨床系（內分內
科、外科、小兒科、婦科及產科）；

農學院設植物農藝科、動物農藝科、農產製造科；

工學院設機械工程科、電機工程科、土木工程科、化學工程
科、建築工程科、礦冶科、染織科；

商學院設銀行科、會計科、工商管理科、國際貿易科。[84]

從上述系、科編制看，文、理、法學院只設系，不設科，屬於學
理層面的理論學科，農、工、商學院只設科，不設系，屬於應用學
科。而教育學院和醫學院不僅設系，還設科，說明其課程不僅涉及學
術性，也涉及應用性，因此，學科性質上教育學和醫學處於理論學科
與應用學科的交叉點上。

一九二九年七月國民政府停止大學區制後，原來的教育行政權歸
於地方教育廳，大學繼續辦學。一九三〇年十一月二十五日行政院
國務會議第一次會議議決朱家驊為張乃燕後國立中央大學第二任校
長，十二月十三日朱家驊到校任職。國立中央大學取消總務長，改
設教務長。由於國立中央大學文、理、法、工、教育五學院在南京四

---

84 南京大學校慶校史資料編輯組、學報編輯部編輯：《南京大學校史資料選輯》（南
京市：南京大學印刷廠（內部發行），1982年），頁229-230。

牌樓，農學院在三牌樓，商學院在上海，醫學院在吳淞，農、商、醫
學院均獨立設有教務處，各司其事。學科建制維持原來院一系、科
制，在具體系、科劃分上做了適當的調整，一九三一年院系統計表詳
見表5-6。

表5-6　國立中央大學院系設置（二十年度）

院別	院長	系別	系主任	教員數		學生數	
				各科系	全院	各科系	全校
文學院	汪東	中國文學系	汪東	12	49	132	
		外國文學系	樓光來	20		59	
		史學系	沈剛白	6		98	
		社會學系	孫本文	7		80	
		哲學系	宗白華	4		23	
理學院	李學清	算學系	張鎮謙	9	45	31	
		物理學系	方光圻	5		76	
		化學系	倪則塤	7		59	
		地質學系	李學清	5		20	
		地理學系	胡煥庸	6		32	
		動物學系	蔡堡	4		16	
		生物學系	金樹璋	4		16	
		心理學系	潘淑	5		12	
法學院	劉廣華	法律學系	謝冠生	16	52	221	
		政治學系	杭立武	13		167	
		經濟學系	郭心崧	23		192	
教育學院	程其保	教育學系		4	53	36	
		教育行政系	常道直	3		174	
		教育社會學系	許本震	3		42	
		教育心理學系	艾偉	6		23	

院別	院長	系別	系主任	教員數		學生數	
				各科系	全院	各科系	全校
		體育科	張信孚	19		20	
		體育專修科	張信孚			66	
		藝術教育科	唐學詠	7		17	
		藝術專修科	唐學詠			65	
		衛生教育專修科		11		9	
農學院	劉運籌	農藝墾殖科	英定森	11	23	55	
		園藝科	陳國榮	4		20	
		畜牧獸醫科	陳之長	5		9	
		蠶桑科	夏振鐸	3		18	
		農藝化學科	曹自晏	4		32	
		森林科	張福延	6		26	
工學院		土木工程科	沈祖偉	10	37	163	
		電機工程科	薛清	4		78	
		機械工程科	金東時	10		37	
		化學工程科	丁嗣賢	3		26	
		建築工程科	劉福泰	10		29	
商學院	徐佩琨	會計科	嵇儲英		27	24	
		銀行科				9	
		工商管理科				1	
		國際貿易科				4	
		不分科				24	
醫學院	顏福慶	本科			34	63	
		先修課				30	

資料來源：辛樹織：《第一次中國教育年鑒‧第二冊丙編教育概況上（民國二十三年）》（臺北市：傳記文學出版社，1971年），頁359。

如表所示，「院─系、科」學科建制保持不變，只是相較於一九

二八年的國立中央大學組織大綱規定，一九三一年的學科建制中具體系、科有所調整，學系分化成為趨勢：生物學系的動物、植物兩門，獨立成系；地學系的地理門和地質門獨立成系；教育學院教育學系分化為教育心理、教育行政和教育社會三系。農學院的農作物門、農藝工程組改並為農藝墾植科，畜牧門、蠶桑門、園藝門、森林組分別改為畜牧獸醫科、蠶桑科、園藝科、森林科，昆蟲組與植物病理組合併為病蟲害科，農產製造門與農藝化學組合併未農業化學科。[85]八院佈局一直保持到一九三二年。隨著一九三二年商、醫兩學院獨立為國立上海商學院及國立上海醫學院，八學院變成六院，學科建制也有多變動，尤其是院下設科改為系，變成全國統一的「院一系」建制。

---

85 南京大學校慶校史資料編輯組、學報編輯部編輯：《南京大學校史資料選輯》（南京市：南京大學印刷廠（內部發行），1982年），頁239。

第六章
國立大學學科的發展

　　一九三〇年三月，國民政府教育部「教育方案編制委員會」完成〈改進全國教育方案〉，「關於改進高等教育較為詳細，主要用於充實國立大學。」[1]一九三〇年五月開始教育部派員視察大學，一九三一年後開始了大規模院系整頓。此次大規模院系整頓，在宏觀層面上表現為裁併文類院系，限製法政人才的過剩狀況，增設實類院系，培養國家所需國防建設人才；在微觀層面上，表現為編訂院系課程與設備標準，規範學科發展方向，打通大學各科系，加強通識教育。與此同時，通過加強大學研究院、研究所、推廣部的建設，促進學科知識的創新與應用，完善大學的科學研究與直接為社會服務的職能，推動了國立大學的學科發展。

第一節　大規模院系整頓之動因

　　一九三一年八月三十一日，國立中央大學校長朱家驊在中央黨部總理紀念周上的講演中提出：「有些大學專做一種有名無實的鋪張，多開科系，多設課程，多聘請教職員，擴大各種開支，徒然博得規模宏大的虛榮……在可能的範圍以內，儘先充實內容，不必多開科系，先要把科系的內容充實起來，不必多設課程，務使每一課程都是必

---

[1]　〈北京近代高等教育大事記（1862-1949）〉，收入吳惠齡：《北京高等教育史料第一集（近現代部分）》（北京市：北京師範大學出版社，1992），頁418。

要，能使學生獲得良好的成績，不必多請教職員，要使各教員各有專責。」[2]同年十二月二十九日，朱家驊出任國民政府教育部長，大規模院系整頓進入實質性階段。此次大規模院系整頓，緣起於教育救國的迫切需要以及當時大學內部學科建制、辦學經費和人才培養不能滿足實際需求的現實需要。

一　教育救國的迫切需要

大規模院系整頓，主觀上離不開時任教育部長朱家驊的努力與建議，客觀現實也不得不讓人反思大學發展以及國家存亡問題。朱家驊本人是教育救國思想的主張者，是中國近代化的先驅。朱家驊，字騮先、湘麟，一八九三年生於浙江湖州。就讀過同濟德文醫學堂，後以中國同盟會會員、中國敢死團團長等身份積極助陣和參加辛亥革命。一九一二年三月五日加入國民黨，六月成為同濟醫工學堂機電科第一屆學生，一九一三年畢業，是同濟首屆工科畢業生。一九一四年三月自費赴德國留學，就讀于柏林礦科大學採礦工程學系，一九一六年十二月因第一次世界大戰，離開柏林，取道丹麥、瑞典、荷蘭、俄羅斯回到上海。一九一七年，年僅二十四歲，擔任國立北京大學德語教授，成為當時北大最年輕的教授，一九一八年八月成為中國第一批公費留美教授團七名成員之一，與其同行的有劉半農、陳大齊、周作人、劉復、鄧萃英和楊蔭榆。

一九一九年朱家驊以學者身份參與五四運動，隨後赴瑞士研究地質學，一九二〇年三月轉學到柏林工科大學地質系，一九二二年十月

2　朱家驊：〈中國大學教育的現狀及應行注意各點〉，收入中國第二歷史檔案館編：《中華民國史檔案資料彙編・第五輯第一編教育（一）》（南京市：江蘇古籍出版社，1994月），頁281。

獲得柏林大學哲學博士，一九二三年再到瑞士蘇黎世大學學習英文和經濟學，期間遊歷過法國、比利時和英國。一九二四年一月回到國立北京大學任地質系教授兼德語教授。

　　一九二五、一九二六年間朱家驊曾組織和參與反對帝國主義運動，被北洋政府通緝過。之後到國立廣東大學擔任礦物地質學系教授兼系主任，協助戴傳賢全力建設中山大學，奠定了中山大學的文化學術地位，享譽海內外。戴傳賢曾公開說「中國只有一個半人才，」[3]半個指易培基，一個指朱家驊。在朱家驊的邀請下中山大學當時聘請到魯迅、顧頡剛等知名學者，為中山大學開展高水準的文化、歷史、社會民俗研究奠定了堅實的基礎。一九二七年六月朱家驊任國立中山大學副校長，一九三○年九月十二日國務會議決議，朱家驊為國立中山大學第二任校長。同年十一月二十五日行政院國務會議第一次會議議決朱家驊為張乃燕後國立中央大學第二任校長，十二月十三日到校任職。曾因學校經費問題和學生運動，三次提出辭呈，最終於一九三一年十二月八日離開南京表示決心，並推薦與說服羅家倫來擔任國立中央大學校長。一九三一年十二月二十九日朱家驊任命國民政府教育部長。

　　從其以同盟會會員身份助陣辛亥革命，到以學者身份參與五四運動，甚至不怕北洋政府的通緝，組織參與反帝國主義運動均顯示出朱家驊極大的愛國熱忱。同時作為一名教育工作者積極投身教育事業，一心一意辦好教育培養人才，充分見證了這位中國近代化的先驅人物樸素的教育救國信念。

　　九一八事件後，舉國上下急切關注教育救國問題，一二八事件後，人們更加覺悟國難當頭教育對國家社會建設的重要性，堅定走教

3　朱家驊：百度百科（http://baike.baidu.com/view/295396.htm.），2011年9月8日。

育救國的道路。在徵求全國各大學、獨立學院、專門學校校長以及教育專家的意見後，發起全國高等教育問題談論會，於一九三二年七月十五～十七日在八仙橋青年會開會。此次會議主要意圖是討論如何改善大學和如何研究中國的生存問題。滬江大學劉湛恩致歡迎詞時提出當前國內「許多大學是大而不學，還有是不大不學，」[4]說明民國成立後近二十年間大學發展出現的盲目擴張和成績不佳問題，證明二十世紀三〇年代大規模院系整頓不但必要還是急需解決的教育問題之一。

二　同一區域大學院系重複設置

從大學內部條件而言，院系設置情況、經費配置以及人才培養等諸多方面的主觀現實問題，促成此次大規模院系整頓。一九三二年七月二十五日朱家驊部長在〈政府整理大學辦法之說明〉中指出「就國立及省立之大學與獨立學院而言，畢業生成績之不良，程度之低劣，設備之欠缺，研究學術風尚之不競，幾為普遍之現象。然最覺引以為遺憾者，即為辦理之無方針、無計劃，設大學，立院系，每忽略客觀之環境及其具備之基礎，相互仿傚，啟幕虛榮，從事鋪張，專務粉飾。」[5]以大學較集中的北平為例，「北平一市，公私立大學及獨立學院共十二處，凡分學院三十餘，學系一百三十餘，計文學院法學院各十院，理學院七院，其它各有一二院。」[6]同一區域院系重複設置情況可見一斑。

〈九個月來教育部整理全國教育之說明〉（1932年11月）中對大學

4　〈全國高等教育問題談論會第一日〉，《申報》（1932年7月15日），第3版。

5　朱家驊：〈對政府整理大學辦法之說明〉，《申報》（1932年7月25日），第2版。

6　辛樹幟：《第一次中國教育年鑒‧第二冊丙編教育概況上（民國二十三年）》（臺北市：傳記文學出版社，1971年），頁348。

院系駢設問題做了如下解釋，同一區域設置同類學院須視其是否超過需要，如為超過需要，即為駢設，應予限制。至於大學分設院系，亦應視設備是否充分，管理是否便利，施以限制。一九三二年十二月二十一日國民黨第四屆中央執行委員會第三次全體會議通過了〈關於整頓學校教育造就適用人才案〉。本案就國民教育、生產教育、師資教育和人才教育四個方面提出具體整頓原則，其中關於人才教育主張重質不重量，對現存大學和中學嚴加整頓，「現有之國立省立或私立大學，應由教育部嚴加整理，同一地方院系重複者，力求歸併，成績太差、學風囂張者，應即停辦。」[7]

三　大學教育經費配置不合理

通常而言，國立大學經費來源以國庫款為主，省立大學經費以省庫款為主，私立大學經費以捐助款為主，國民政府高等教育經費投入主要在國立大學及獨立學院中，見表6-1。

表6-1　全國二十年度（1931）高等教育歲入之經費節選（國幣：元）

學校類別		總計	國庫款	省庫款	財產收入	捐助款	學生繳費	雜項收入
國立	大學	13478760（100%）	9451055（70.14%）	1552850（11.52%）	83485（0.62%）	1954115（14.48%）	320098（2.37%）	117157（0.87%）
	獨立學院	251586（100%）	231767（92.13%）	--	1455（0.58%）	57（0.02%）	18307（7.27%）	--
省立	大學	3438750（100%）	--	3095379（93.5%）	43732（1.32%）	--	144126（4.35%）	27533（0.83%）

7　國民黨第四屆中央執行委員會第三次全體會議通過的〈關於整頓學校教育造就適用人才案〉（1932年12月21日），收入中國第二歷史檔案館編：《中華民國史檔案資料彙編・第五輯第一編教育（一）》（南京市：江蘇古籍出版社，1994年），頁1052。

學校類別		總計	國庫款	省庫款	財產收入	捐助款	學生繳費	雜項收入
私立	獨立學院	1148273（100%）	--	1134389（98.788%）	--	--	13867（1.21%）	17（0.002%）
	大學	7706535（100%）	303000（3.93%）	244792（3.18%）	1033503（13.4%）	3169693（41.16%）	1718089（22.28%）	1237458（16.05%）
	獨立學院	5873944（100%）	126031（2.13%）	167414（2.85%）	573746（9.75%）	3780285（64.37%）	834804（14.2%）	391664（6.7%）

注明：（ ）為百分比

資料來源：辛樹幟：《第一次中國教育年鑒‧第四冊丁編學校教育統計（民國二十三年）》（臺北市：傳記文學出版社，1971年），頁1533。

　　如表所示，國立大學經費總數的百分之七十來源於國庫款。私立大學經費中只有百分之四和百分之三來源於國庫款和省庫款，私立大學經費更多依賴捐助款和學生學費，這兩項占總經費來源的百分之四十一和百分之二十二。省立大學沒有國庫款資助。從教育經費總額來看，一九三一年國立大學國庫款總額九四五萬元，私立大學國庫款總額才三十萬，不到國立大學總額的三十分之一。一九三一年用在大學本科層次的大學及獨立學院的國庫款總投入為一〇一一萬元，其中國立大學所佔比例百分之九十三點五，國立獨立學院占百分之二點三，私立大學占百分之三，私立獨立學院占百分之一點二，比例之懸殊，充分說明當時國民政府高等教育經費基本用在國立大學建設上。

　　當時國立大學教育經費分配不當，急需加強的圖書資料、儀器設備等硬體建設不盡如人意。從一九二八至一九三一年度公、私立大學及獨立學院圖書冊數和儀器價值比較表中可以瞭解到國立大學在內的公立大學及獨立學院在此方面的建設不夠理想，見表6-2。

表6-2　民十七至二十年度大學教育之進步

年度 項別	十七年度		十八年度		十九年度		二十年度	
	公立大學及獨立學院	私立大學及獨立學院	公立大學及獨立學院	私立大學及獨立學院	公立大學及獨立學院	私立大學及獨立學院	公立大學及獨立學院	私立大學及獨立學院
圖書冊數	1357221	643214	1590912	928416	1780415	1013343	1681764	1643965
儀器價值	2064180	493206	3210764	1682347	3830851	1972508	5491361	4501361

節選自辛樹幟：《第一次中國教育年鑑·第二冊丙編教育概況上（民國二十三年）》（臺北市：傳記文學出版社，1971年），頁344-345。

　　如表所示，與私立大學及獨立學院圖書總數平均每年以三十萬冊的增加幅度形成鮮明對比的是，公立大學及獨立學院圖書冊數每年增加近二十萬冊，甚至到一九三一年出現下滑現象。二者在圖書冊數總量上的差距從一九二八年公立比私立多七十一萬冊到一九三一年差距降到四萬冊，差距縮小速度也是驚人的。關於儀器價值總值，公立大學及獨立學院從一九二八年至一九三一年年增長比例分別是一點五六、一點一九、一點四三倍，平均每年增加一點三九倍，而私立大學及獨立學院的儀器價值總值增長比例分別是三點四一、一點一七、二點二八倍，平均每年增加二點四六倍，除了一九三〇年私立大學及獨立學院的增加比例低於公立大學之外，其它年度均遠遠高於其平均值。

　　在圖書設備充實方面私立大學及獨立學院走在公立大學及獨立學院前面。從經費使用的合理性角度上私立大學及獨立學院要優於公立大學及獨立學院。言外之意，中央和地方政府投資為主的國立、省立大學及獨立學院的經費使用比例中圖書儀器設備充實方面的投入還不及以捐助款為主要經費來源的私立大學及獨立學院。那麼，占國庫款百分之九十以上比例的國立大學教育經費到底用在哪裡呢？從教育經

費的兩大構成看，既然在圖書儀器設備等教育基本建設方面的投資少，那麼教育經費主要用在了教育事業費上，即人員經費和公用經費投入太多。如果教育經費主要用於發薪水，導致大學教育所需辦學條件得不到有利改善與提高，其實質就是無形中浪費了國家有限的教育資源。

國家高等教育經費雖然不斷增加，但在高等院校最應該注重的圖書儀器設備方面的投入不充足，也是促使人們不得不反思大學院系建設的重要理由之一。如果國家教育經費主要用來發放教職員工的薪水，那麼，這樣的教育充其量是生存狀態的教育，不能根本上解決國家所需人才的培養任務，更談不上高品質人才的培養問題。大學既然要研究高深學術，培養專門人才，就要為師生提供基本的教學與研究條件、環境以及學習和研究的氛圍，否則無法實現高深學術研究，也無法完成社會所需人才培養的基本任務。

四　社會所需建設人才缺乏

民國成立以來全國專科以上學校畢業生數逐年增加，相反政局紛爭導致整個社會事業不太發達。二者間的矛盾衝突使高等教育畢業生就業形勢成為當時社會關注的焦點之一。一九一二至一九三一年全國專科以上學校畢業生數從四九〇人增加到七〇三四人，見圖6-1。對畢業生數作進一步分析，比較文類和實類畢業生比例便清楚地看到二者的差距與偏態發展狀況，見圖6-2。

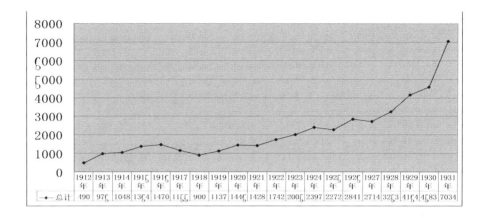

圖6-1　一九一二至一九三一年全國專科以上學校畢業生曲線圖

資料來源：中國第二歷史檔案館編：《中華民國史檔案資料彙編‧第五輯第一編教
　　　　育（一）》（南京市：江蘇古籍出版社，1994年），頁334-337。

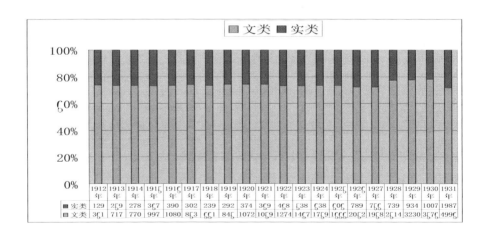

圖6-2　一九一二至一九三一年專科以上學校畢業生中文、
實類畢業生比例圖

資料來源：中國第二歷史檔案館編：《中華民國史檔案資料彙編‧第五輯第一編教
　　　　育（一）》（南京市：江蘇古籍出版社，1994年），頁334-337。

所謂「文類」和「實類」劃分是按照當時教育部的分析框架採用的專用詞，通常「文類」包括〈大學組織法〉規定的文、法、教育和商學院等學科門類，而「實類」包括理、工、農、醫學院等學科門類。從其歸屬看，文類屬於人文社會科學類學科，實類屬於自然科學類學科。如圖6-2所示，民國成立後近二十年時間裡大學及專門學校畢業生中文類畢業生數占絕對優勢。相較於文類，實類人才均不到畢業生總數的三分之一。「因每年畢業人數之增加，而出路未能供求相應，則失業為事所恒有，據最近二十二三四三個年度之調查統計，全國專科以上學校畢業生，共二萬六千九百五十九人，其中失業者約占全數百分之十三，而計百分之十三大致多為文法兩科畢業生，教育商業者極少，理工農醫者多有所就業。」[8]這就導致「現實大學畢業生，非國家所真正需要的人才，」[9]進一步證明大學畢業生就業困難不是普遍現象，而是文類畢業生中文、法科畢業生過多導致的結構性失業，即高等教育培養出的文法類人才超出社會所需，出現供過於求，導致其就業困難。

　　不僅大學畢業生結構性失業證明文類與實類學科發展中的失衡狀態，南京國民政府建立後全國大學在校生數也能說明文、法科畸形發展問題。〈九個月來教育部整理全國教育之說明〉中朱家驊部長提到院系之鋪張駢置、設備之簡陋與程度之降低之外，今日大學教育之憾事還包括文法科教育之畸形發展問題。據〈第一次中國教育年鑒〉民十七至二十年度大學教育概況，全國大學各院學生數統計，見圖6-3、6-4。

8　〈全國高等教育趨勢及歷年畢業生人數〉，《申報》（1936年8月23日），第4版。

9　〈中央與國府紀念周〉，《申報》（1931年9月1日），第4版。

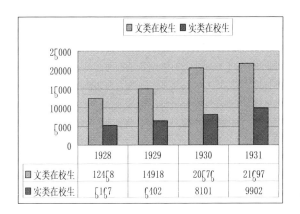

圖6-3　1928-1931年全國各大學文類實類在校生數比較圖

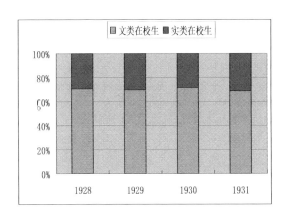

圖6-4　1928-1931年度大學文類實類在校生比例圖

資料來源：辛樹幟：《第一次中國教育年鑑・第二冊丙編教育概況上（民國二十三年）》（臺北市：傳記文學出版社，1971年），頁344上欄。

如圖所示，一九二八至一九三一年全國大學在校生中，文類學生總數是實類學生總數的兩倍之多，從每年度學生數比例看，實類生比例不及在校生總數的三分之一。由此判斷，大規模院系整頓之前全國大學

學科設置中文類學科發展充分，具體到文類各個學科門類中，尤其以法、文學科門類發展最突顯，見圖6-5。

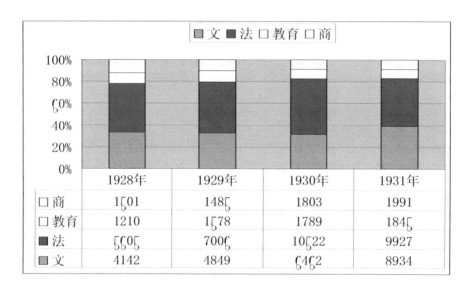

圖6-5　一九二八至一九三一年全國大學文、法、商、
教育學科在校生比例圖

資料來源：辛樹幟：《第一次中國教育年鑒‧第二冊內編教育概況上（民國二十三年）》（臺北市：傳記文學出版社，1971年影印本）：頁344上欄。

在文類大學生總數中法學門類學生最多，其次是文學門類學生，而教育學和商學門類學生僅占文類學生總數百分之二十左右，所以很好地證明了當時大學學科設置中文類不僅佔據絕對優勢，且偏向發展了文、法兩大學科門類，導致大學文、法類學科畸形發展的論斷。中國華僑教育的創始人鄭洪年一九三三年對當時國內高等教育出現的上述現象作了高度概括，「以國內現有高等教育過於側重人文，忽視生

產，形成人才過剩與缺乏之矛盾現象，」[10]道出了文法人才過剩與建設人才缺乏之矛盾。此時社會發展現狀是「一九三二年以後，社會經濟發展較快，對各類專業技術人才需求激增，」[11]相對而言，農、工、醫類人才還是社會急需補充的建設人才。這一現象從一個側面反映出，二十世紀三〇年代中國社會對科技人才的需求以及大規模院系整頓的需要，如何調整社會科學和自然科學發展出現的失衡與矛盾現象成為當時國內高等教育不可迴避的研究課題。

第二節　國立大學院系整頓與人才需求的平衡

　　一九三〇年四月全國第二次教育會議通過〈改進高等教育計劃〉，關於國立大學學科建設的建議是，在同一區域內各大學增設院系時避免重複設置，如有此種情況的要酌量裁併。此次國立大學院系整頓以理、工、農、醫類學科建設為龍頭，通過因地制宜裁併「文類」院系，適度限製法政人才的培養，增設「實類」院系，鼓勵社會所需建設人才的培養。國立大學從規模擴張進入品質提升階段，人才培養從數量的追求導向學科結構的平衡，大學的院系發展在國家宏觀調控下逐步規範化。

一　國立大學數量的穩定

　　〈改進高等教育計劃〉明確提出「本計劃擬定在訓政六年期內，

---

10 鄭洪年：〈一年來之高等教育〉，《一九三三年之上海教育》（上海市：上海新聞社，1934年），C3版。

11 金以林：《近代中國大學研究：1895-1949》（北京市：中央文獻出版社，2000年），頁203。

用全力使現在的大學內容充實，程度提高，但作品質的改進，不再作數量上的擴充。」[12]高等教育改革從數量擴充進入品質提升階段，國立大學數量也隨之穩定下來。

一九二八年成立的國立勞動大學由於成績平平，一九三〇年教育部派謝樹蘋等數名工程師前去視察調研，「現該部將該大學重行改組，本年暑假停止招生，已呈行政院備案，」[13]一九三〇年十二月九日國民政府令王景岐為國立勞動大學校長。到一九三二年因辦學效果不佳，農場、工廠設備太簡單，同一區域的滬杭一代已有國立中央大學、國立浙江大學、國立同濟大學、國立交通大學等知名大學，加之上海正處於戰區，學校損失嚴重等由，一九三二年六月七日，行政院第三十九次會議討論通過朱家驊部長解散國立勞動大學的提案。擬在一九三二年國立勞動大學全部結束相關工作，除了土木系四年級學生三十八人畢業外，電機系、農藝系、園藝系、農業化學系、經濟系三年級學生共一〇〇名，轉入其它國立大學，繼續學業。

隨著國立勞動大學停辦，一九三二年國立大學數量減到十三所。原來的國立青島大學改稱國立山東大學，據一九三二年七月十五日濟南電，「今青大整委會開會議決，改名國立山東大學。」[14]其餘十二所國立大學分別是國立中央大學（南京）、國立北平大學（北平）、國立北京大學（北平）、國立北平師範大學（北平）、國立清華大學（北平）、國立中山大學（廣州）、國立浙江大學（杭州）、國立武漢大學（武昌）、國立暨南大學（上海）、國立同濟大學（上海）、國立交通大學（上海、北平、唐山）和國立四川大學（成都）。直到抗戰前夕，國立大學數量保持了十三所，見表6-3。

---

12 辛樹織：《第一次中國教育年鑑・第二冊丙編教育概況上（民國二十三年）》（臺北市：傳記文學出版社，1971年），頁328下欄。

13 〈勞動大學改組〉，《申報》（1930年6月6日），第2版。

14 〈青大改為山東大學〉，《申報》（1932年7月27日），第3版。

表6-3　一九三二至一九三六年大學及獨立學院統計

年度	大學				獨立學院			
	國立	省市立	私立	合計	國立	省市立	私立	合計
二十一年度1932	13	9	19	41	5	11	19	35
二十二年度1933	13	7	20	40	5	12	22	39
二十三年度1934	13	8	20	41	5	11	22	38
二十四年度1935	13	9	20	42	5	9	24	38
二十五年度1936	13	9	20	42	5	9	22	36

資料來源：教育部教育年鑒編纂委員會：《第五次中華民國教育年鑒》（臺北市：正
中書局，1985年），頁877-878。

如表所示，一九三二至一九三六年教育部統計的全國各大學情況中，
國立大學數量一直保持在十三所，國立獨立學院數量一直保持在五
所，數量趨於穩定。顯然這一時期，量的增加不是重點，關注的焦點
真正轉移到教育品質的提升上。教育部在整頓國立大學院系方面主要
做了如下指示，一要避免同一區內國立大學重複設置學科，二要改觀
偏文傾向，加強自然科學學科建設。

二　文類院系的裁併

根據一九二九年〈大學組織法〉，「文類」院系包括文、法、教育
和商學等學科門類為基礎建立的學科組織，「實類」院系包括理、
工、農、醫學等學科門類為基礎建立的學科組織。國立大學院系整
頓，因地制宜裁併院系，集中表現為文、法院系的裁併與裁撤。

（一）同一區域國立大學的院系調整

　　院系駢設的標準如前文所述，以同一區域內設置同類學院為基本條件，還須視其是否超過需要為衡量標準，如為超過需要，才被視為院系駢設，應予以限制。排除一九三二年六月停辦的國立勞動大學，北平是當時國立大學最集中的地方，有國立北平大學、國立北京大學、國立清華大學、國立北平師範大學，加上國立交通大學的一部分，共計五所國立大學。其次是上海集中三所國立大學：國立同濟大學、國立暨南大學和國立交通大學的總部。其餘六所國立大學分別設在南京、廣州、杭州、成都、青島、武昌等地，不存在國立大學內部院系駢設情況，雖有省立大學和私立大學與其共設院系情況，由於各自經費來源的不同，難以在同一水準上進行衡量。

　　北平的五所國立大學中，進入院系調整範圍的是國立北平大學、國立北平師範大學和國立清華大學。其中院系調整幅度最大的是國立北平大學，「按國立北平九校合併，原為試驗大學區制之囫圇方法，其實國立九校各有其特殊歷史與性質，合併本無可能。證之年來事實，各學院仍各自為政，北平大學之招牌等於虛設。」[15]隨著大學區制廢止，北大學院、第二工學院、兩個師範學院先後獨立或他並，國立北平大學剩下七院三十四系，詳情見表6-4。

---

15 北京大學學生會等：〈要求恢復校名直隸中央並請蔡元培回任校長呈〉（1929年9月），收入中國第二歷史檔案館編：《中華民國史檔案資料彙編‧第五輯第一編教育（一）》（南京市：江蘇古籍出版社，1994年），頁232。

表6-4　國立北平大學（二十年度1931）

院別	院長	科系		科、系主任	教員數		學生數	
					各科系	全院	各科系	全校
女子文理學院	顧澄	理科	數學系	顧澄		147		
			物理系	夏元瑮				
			化學系	楊塤				
			體育系	顧毅若				
		文科	國文系	嚴既澄	14			
			英文系	楊宗翰	19			
			哲學系	童德喜	12			
			經濟系	董人驥	15			
			系	李季穀	12			
			音樂系	楊仲子	16			
法學院	白鵬飛	法律系		石志泉	30	75	259	704
		政治系		陳啓修	17		253	
		經濟系		李光忠	18		160	
		俄文法政系		李仲武	4		32	
農學院	劉運籌	農藝系		王善佺	16	59	46	182
		林學系		賈成章	11		21	
		農業化學系		趙學海	10		37	
		農業生物系		費鴻年	10		38	
		農業經濟系		董時進	12		40	
工學院	孫國封	機械工程系		彭九生		72	112	318
		電機工程系		許坤			113	
		機織工程系		羅聽餘			43	
		化學工程系		蔡鎮瀛			50	
俄文法政學院 今改商學院	左宗綸	法律學系		王覲		61	77	226
		經濟學系		左宗綸			71	
		政治學系					29	
		外交領事系					49	

院別	院長	科系	科、系主任	教員數		學生數	
				各科系	全院	各科系	全校
藝術學院	嚴志開	中國畫系	凌直支	11	55	81	252
		西洋畫系	衛天霖	7		50	
		實用美術系	丁品青	10		51	
		建築系	沈理源	8		19	
		音樂系	楊仲子	9		26	
		戲劇系	熊佛西	10		25	
醫學院		不分系					

資料來源：辛樹織：《第一次中國教育年鑑‧第二冊丙編教育概況上（民國二十三年）》（臺北市：傳記文學出版社，1971年），頁365-367。

　　一九三一年二月教育部令「北平大學之俄文法政學院，應自本年起逐年結束，不再招新生。藝術學院應照本部前令，切實辦理結束。女子學院自本學期起應改成女子文理學院，以符名實。」[16]相較於北平其它國立大學，國立北平大學的設備不完善，學潮又不斷，政府令其一九三二年下半年女子文理學院和法學院暫停招生，以期加以整理和改善。上述理由之外，很重要的原因是北平地區文科人才與法政人才供過於求，暫緩招生也是必須的。國立交通大學北平分院不設文、理、法學院之外，其餘三所國立大學均有文、理學院或文、理、法三學院。國立北京大學文、理、法三學院的資歷和優勢自不必說，國立清華大學同樣設置文、理、法三學院，國立北平師範大學也有文、理學院。所以在北平的五所國立大學中四所都設置文、理學院或文、理、法學院，這裏還沒有計算其它私立大學，可想而知，北平地區文科人才與法政人才很容易供過於求。

---

16 〈教部令整頓平大師大〉，《申報》（1931年2月12日），第4版。

　　一九三三年七月六日教育部第二次出臺整頓北平大學令，要求藝術學院按部令結束辦理，所有在院學生，由院發給專修科二年或三年畢業證書。女子文理學院十系合併改組成五系二科，「女子文理學院原有之哲學系應改為哲學教育系，中國文學系、史地系及英國文學系合併為文史系，社會科學系改為經濟學系，並應注重統計、會計、銀行等應用學科，音樂系改為音樂專修科，數學系改為數理系，化學系仍舊，體育系改為體育專修科，該院各系既改為五學系，兩專修科。」[17]到一九三三年秋，國立北平大學從原來的七院三十四系調整到六院二十二系，裁撤、裁併一院十二系，藝術學院原本與〈大學組織法〉中學科編制不符，最終「獨立為北平藝術專科學校，俄文法政學院改稱商學院。」[18]

　　一九三四年教育部經派員視察，報告了國立北平大學院系整頓意見和建議，要求繼續裁併院系：

> 該校商學院應與法學院合併，改稱法商學院。改法商學院自二十三年度起應設置商學系，以俄文為必修科目，藉以培植邊地商事人才。至原商學院現有學生，除法律、政治、經濟各學系學生應由該校妥訂辦法，令其插入原法學院各系相當班級外，其國際貿易、工商管理、交通管理三系學生，得由該校斟酌情形或令插班、或繼續開班，以完成其學業。該三系嗣後不得再招新生，以便結束。女子文理學院各系，去年曾令裁併，該院並未切實辦理，殊屬不合，下年度應依前令，力舉裁併之實，不得仍以裁系分組為掩飾。[19]

17　〈教部第二次整頓平大令〉，《申報》（1933年7月6日），第4版。

18　〈國立北平大學〉，收入吳惠齡：《北京高等教育史料第一集（近現代部分）》（北京市：北京師範大學出版社，1992年），頁252。

19　〈教育部改進國立北平大學訓令〉（1934年6月28日），收入中國第二歷史檔案館

　　隨著法學院與商學院合併，一九三四年國立北平大學只剩五個學院。據一九三四年三月〈國立北平大學組織大綱〉，各學院分設學系及專修科為：女子文理學院內設文史系、哲學教育系、經濟學系、數理系、化學系、音樂專修科和體育專修科；法商學院內設法律學系、政治學系、經濟學系和商學系；農學院內設農藝系、林學系、農業化學系、農業生物系、農業經濟系；工學院內設機械工程系、電機工程系、機織工程系、化學工程系；醫學院不分系。

　　一九三五年八月教育部再次提出改進訓令，要求「女子文理學院哲學教育系，既經決定停辦，該系學生甚少，應將原有學生改入他系，或設法予以轉學，以便早日結束完竣。農學院經費既感困惑，農業生物及農業經濟兩系設備亦薄弱，應酌擬裁併辦法，呈部核定。」[20]經過教育部整頓意見和建議的下達，國立北平大學進一步加強院系調整力度，經過一番悉心指導與整頓，到一九三六年國立北平大學院系數減到四院十六系。女子文理學院下設文史、英文、經濟、化學、數理五系；法商學院下設法律、經濟、政治、商學四系；農學院下設農學、林學、農業化學三系；工學院下設機械、電機、紡織、應用化學四系。對比一九三一年學科建制，到抗日戰爭爆發之前國立北平大學已從七院三十四系裁撤到四院十六系，在此次大規模大學院系整頓中實屬院系整頓力度最大的一所國立大學。

　　教育部不僅對國立北平大學女子文理學院和法學院採取限制招生政策，一九三二年秋對同在北平的國立北平師範大學也採取暫停招生

　　編：《中華民國史檔案資料彙編‧第五輯第一編教育》（南京市：江蘇古籍出版社，1994年），頁213。

20 〈教育部改進國立北平大學訓令〉（1935年8月11日），收入中國第二歷史檔案館編：《中華民國史檔案資料彙編‧第五輯第一編教育》（南京市：江蘇古籍出版社，1994年），頁216-217。

政策。原因不僅是國立北平師範大學設備不完善，學潮不斷，還有一個重要因素是該校物理實驗室一九三一年遭遇火災，損失慘重，對學校的發展而言可謂雪上加霜。面對如此局面，政府也只能令其暫停招生，加以整理和改善。

　　據一九三六年一月教育部國立大學統計，國立北平師範大學仍設文、理、教育三學院，「北平師大社會系裁撤，」[21]系數從原來的十一系減少到十系。具體學科建制為文學院下設國文、外國語文、歷史三系；理學院下設數學、物理、化學、生物、地理五系；教育學院下設教育、體育兩系。可以說國立北平師範大學除了暫停招生整頓改善之外，只裁撤了社會系，院系整頓力度並不明顯。在十三所國立大學中國立北平師範大學是唯一一所師範大學，以培養中學教師為目標，如果裁撤文理學院，剝奪學生學習文理基礎學科的資格，僅靠教育學院支撐一所師範大學實在不合常理，也不能培養出合格的師資力量。即便在北平地區國立大學中其文、理學院屬於重複設置院系的範圍，由於文理學科門類的基礎性，教育學院襯托的文理學院也有他必須存在的合理性。

　　面對北平地區法政人才供過於求的局面，國立清華大學法律系也被限制招生。〈國立清華大學規程〉中已有法律學系的編制，「但法律學系一直到一九三二年二月教育部才『准予備案』設立，」[22]遺憾的是備案不久，即一九三二年五月十六日教育部訓令清華大學「下學期起暫緩招收法律系學生，」[23]而在一九三四年教育部訓令中「法學院

21 黃問岐撰：〈民國二十三年中國教育回顧與今後展望〉（1934年12月2日），收入中國第二歷史檔案館編：《中華民國史檔案資料彙編·第五輯第一編教育（一）》（南京市：江蘇古籍出版社，1994年），頁151。

22 清華大學校史編寫組：《清華大學校史稿》（北京市：中華書局，1981年），頁111-112。

23 〈教部令清華停辦法律系〉，《申報》（1932年5月17日），第2版。

法律系並應遵照迭次訓令，即行結束。」[24]不論是國立北平師範大學裁撤社會系，還是國立清華大學裁撤法律系，都說明教育部此時對法政人才培養採取限制性措施，防止其過度發展導致法政人才的過剩。

上海的三所國立大學重複設置學院主要有工學院和商學院。國立同濟大學和國立交通大學均有工學院，而國立交通大學和國立暨南大學均有商學院。但同一區域重複設置的學院若不超過需要，也不能視為院系駢設，沒有理由限制。何況工科人才是國家建設所需人才，部令加強其建設，因此工科的重複設置可以忽略不計。而商科方面，國立暨南大學為華僑教育的先聲，主要辦學目的是把華僑子弟培養成為合格師資和商務人才，所以商科是其特色學科門類。相對而言，國立交通大學商科其實只有管理學院，主要是鐵道管理專業，與交通大學特色也完全吻合。因此，上海的三所國立大學重複設置的學院，由於各需所設，也就不屬於同一區域院系駢設的範圍，沒有歸入教育部限制和裁撤院系範圍。加上一九三二年上海成為戰區，其院系調整採取了更加靈活的政策。

（二）戰區國立大學的院系調整

一九三二年一二八事件後，上海成為戰區，教育設施不同程度地受到損害，正常教育教學活動也隨之受到影響。國立暨南大學校址分南京薛家巷和上海真如兩處。一二八事件後，真如校舍被敵軍佔領，學生分別在上海、蘇州和廣州三處繼續學業。一九三二年三月四日鄭洪年召集特別校務會議，議決在上海設大學部，租新聞路一七四八之一七五八號及赫德路五十六號為校舍「以赫德路為第一院，設文、

---

24 〈教育部改進國立清華大學訓令〉（1934年7月13日），收入中國第二歷史檔案館編：《中華民國史檔案資料彙編‧第五輯第一編教育（一）》（南京市：江蘇古籍出版社，1994年），頁201。

法、教、商四學院及秘書處，南洋美洲文化事業部新聞路為第二院，設理學院。」[25]三月十二日開始學生報到註冊，是淞滬戰區最早開始上課的學校。

一九三二年春，國立暨南大學教育學院改為教育學系，隸屬文學院，法學院裁撤，原有學生轉入中央大學法學院肄業，變成文、理、商三學院。此次院系裁併主因在於當時上海屬於戰區，在這一特殊歷史時期，學校不得不採取緊縮與集中辦學政策，節省辦理法學院和教育學院的經費，充實文、理、商學院。另一方面，上海與南京之間距離不算遠，南京又是國府所在地，法政人才多集中於南京，因此裁撤國立暨南大學法學院，使現有學生轉入國立中央大學繼續學業不成問題，也不影響學校的辦學效率。教育學院改為教育學系併入文學院，並非是不重視教育學的問題，「大學生修習教育，以為師資之備，但是特設一院，專習教育科目，在一方面苟缺乏文理基本科目之研究，試問除教育科目外，將持何術以為人師，在又一方面，如許專習教育之學生，畢業後又那得加許教育行政機會，以展其所學。」[26]辦理文、理、商學院以及附屬中小學對於國立暨南大學而言，非常符合其教育華僑子弟，培養合格師資和商務人才的辦學目的。當時採取緊縮政策，各學院僅開設兩學系也是明智的選擇。

中日戰事協定簽署後，一九三二年五月二十三日駐紮真如的日軍全部撤退，國立暨南大學戰後整理委員會負責接收和整理一切事宜。一九三二年暑假後，三處學生全部撤回真如原校，「撤回真如原校後，本校之編制分文、理、商三學院，」[27]下設十二系、師資專科和實驗學校。每院設院長一人，原來的院長仍保留，陳鐘凡、於基泰和

25　〈暨大戰後一年來概況〉，《申報》（1933年6月11日），第4版。

26　〈朱家驊對於目前政府整理大學辦法之說明〉，《申報》（1932年7月25日），第2版。

27　〈暨大戰後一年來概況〉，《申報》（1933年6月11日），第4版。

葉淵分別擔任文學院、理學院和法學院院長。各系設主任一人，師資
專科設主任一人。文學院設中國語文學系、外國語言學系、歷史社會
學系、政治經濟學系、教育學系等五系。其中政治經濟學系分政治和
經濟兩組，教育學系分心理和教育行政兩組。理學院設物理學系、化
學系、數學系等三系。商學院設會計學系、銀行學系、國外貿易學
系、鐵道管理學系等四系。

（三）國立中央大學的院系調整

國立中央大學由於一九三二年六月二十九日學生毆打代理校長段
錫朋（教育部政務次長）一事，一九三二年六月三十日行政院令「國
立中央大學在滬設立之商醫兩院外，著即暫行解散，聽候派員徹底整
理。」[28]經過一段時間的整頓，一九三二年七月二十七日《申報》報
導由李四光繼任國立中央大學校長，隨即一九三二年九月五日開始羅
家倫長校。

一九三二年起，國立中央大學院系有多變動：商、醫兩學院獨立
為國立上海商學院及國立上海醫學院；理學院動物及植物學系合併為
生物學系，心理系取消，實驗心理學編入生物學系；教育學院教育原
理、教育行政、教育社會學系改為教育學系，藝術教育科，藝術專修
科改並為藝術科，體育專修科併入體育科，其它各科均改稱系。

據一九三四年六月二十三日《申報》刊登的羅家倫對「兩年來之
中央大學」報導，通過兩年的院系整理，國立中央大學從一九三一年
的八院四十系、科縮減到一九三四年的六院三十系、科：文學院設中
國文學、外國文學、哲學、史學和社會學五系；理學院設算學、物理
學、化學、地質學、地理學、生物六系；法學院設法律學、政治學和
經濟學三系；教育學院設教育學和心理學兩系，藝術、體育和衛生教

---

28 〈院令解散中央大學〉，《申報》（1932年6月30日）。

育三科；工學院設土木工程、機械工程、電機工程、化學工程和建築工程五系；農學院設農藝、森林、畜牧獸醫、農業化學、園藝、蠶桑六系。「將繁複之教育社會系等，從事歸併，而將較切於國家實際需要之學系，如工學院之化工系，農學院之園藝蠶桑等系，予以恢復。」[29]理學院下設心理學系轉移到教育學院。改變原來各院辦公、授課和研究地點較散的局面，集中各院地點，規定中山院為文學院，科學館為理學院本部，東南院為法學院，南高院為教育學院本部，新教室為工學院本部，三牌樓為農學院。一九三六年學科建制變成七院二十五系，增設醫學院，「二十五年則奉部令將社會及蠶桑兩系裁併，則一部分課程則併入他系開設。」[30]社會學系裁併於哲學系。

除了上述國立大學院系調整之外，國立四川大學在一九三三年三月迫於經濟困境，裁撤教育學院，「所屬教育系、藝術專修科、體育專修科併入文學院。」[31]「民國二十一年九月國立武漢大學法學院之商學系併入經濟學系。」[32]從國立大學院系裁撤或裁併情況看，裁撤院系主要包括藝術學院、法學院、社會學系、法律學系等，裁併院系主要包括商學院裁併於法學院，教育學院裁併於文學院。總體趨勢上國立大學文類院系進入被裁撤或裁併的範圍，被調整學科門類中法學、教育學、商學較為突出。面對同一區域國立大學避免院系重複設置規定和法政人才供過於求的局面，國立北平大學被暫停過法學院招生，後期法學院與商學院合併。隨後國立北平師範大學裁撤社會學系，國立清華大學裁撤法律系，均圍繞限制培養法政人才而採取的一系列措施。戰區國立大學在緊縮集中辦學政策下，裁撤的也是法學

---

29 〈兩年來之中央大學〉，《申報》（1934年6月23日），第4版。

30 〈中央大學之最近四年〉，《申報》（1936年9月7日），第4版。

31 四川大學校史編寫組：《四川大學史稿》（成都市：四川大學出版社，1985年），頁172。

32 《學府紀聞・國立武漢大學》（臺北市：南京出版有限公司，1981年），頁7。

院。位於國民政府首都的國立中央大學的學院裁撤中除了地理位置上的不便，而獨立出去的商學院和醫學院之外，南京本部的大學院系中也裁併了社會系。可見，在當時大規模院系整頓中法律學科成為裁併或調整的首要目標，說明此次大規模院系整頓不是盲目進行，而是針對社會需求與大學人才培養之間的矛盾，有計劃、有組織、有針對性地開展的一次大學學科調整。

三　實類院系的增設

一九一二年以來全國專科以上學校畢業生數統計和一九二八至一九三一年各大學不同學院在校生數統計均顯示，文、法學科門類學生過剩與實類院系學生不足的事實。進一步分析一九三一年全國大學院系數，詳見表6-5。

表6-5　全國二十年度（1931）大學之編制

		院數				系數			
		合計	國立	省立	私立	合計	國立	省立	私立
總計		146	55	26	65	554	222	76	256
文類	合計	83	28	14	41	311	111	36	164
	文	36	11	6	19	169	52	19	98
	法	21	9	5	7	65	31	12	22
	教育	12	5	2	5	29	12	2	15
	商	14	3	1	10	48	16	3	29
實類	合計	63	27	12	24	243	111	40	92
	理	32	10.5	5	16.5	148	58	19	71
	農	7	4	1	2	32	19	2	11

	院數				系數			
	合計	國立	省立	私立	合計	國立	省立	私立
工	16	8.5	5	2.5	47	26	17	4
醫	8	4	1	3	16	8	2	6

資料來源：辛樹織：《第一次中國教育年鑑‧第四冊丁編學校教育統計（民國二十三
　　　　　年）》（臺北市：傳記文學出版社，1971年），頁1530。

　　如表所示，文類院數八十三所，占大學學院總數的百分之五十七；實
類院數六十三所，占百分之四十三；文類學系三一一所，占大學學系
總數的百分之五十六；實類學系二四三所，占百分之四十四。百分比
例上，文類與實類學院之間存在一定的差距，從比值看文類學院佔優
勢。具體到不同學科門類，導致差距產生的側重點有所不同。

　　從不同學科門類院數統計看，文類學院中文學院占百分之四十三，
法學院占百分之二十五，教育學院和商學院數加起來才占百分之三十
二，不到文類學院總數的三分之一。從學院下設學系數比較看，文學
院下設一六九個系，法學院下設六十五個系，占到文類學院下設系總
數的百分之七十五，教育學院和商學院下設系只占百分之二十五。所
以，導致文類學院數量優勢的主要還是文學院和法學院。為此中央出
臺政策，不擴張文法科，明令提倡農、工、醫實科教育，充實農、工、
醫、理科，越是國家危難之時，越要堅持培植國家有用人才的主張。

　　一九三二年七月朱家驊部長在〈國立專科以上學校校長會議決議
案〉中提出，注重農、工、醫、理學院，先行充實農、工、醫、理學
院的決議。著眼於國防建設人才的培養，決議「請由教育部調查全國
各大學現有學科之特點，就該科增設有關國防學科。」[33]一九三二年十

---

33 辛樹織：《第一次中國教育年鑒‧第二冊丙編教育概況上（民國二十三年）》（臺北
　　市：傳記文學出版社，1971年），頁330上欄。

二月二十一日國民黨第四屆中央執行委員會第三次全體會議通過〈關於整頓學校教育造就適用人才案〉，明確規定「各省市及私立大學或學院，應以設立農工商醫理各學院為限，不得添設文法學院。」[34]

應該說文類、實類院系不均衡發展方面國立大學並不凸顯，見圖6-6、6-7。

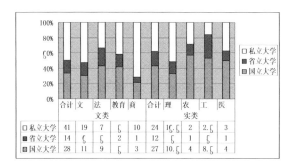

圖6-6　一九三一年大學院數比例圖

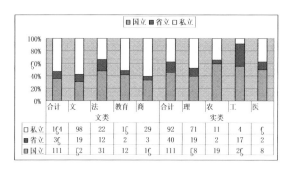

圖6-7一九三一年大學系數　比例圖

資料來源：辛樹幟：《第一次中國教育年鑒‧第四冊丁編學校教育統計（民國二十三年）》（臺北市：傳記文學出版社，1971年），頁1530。

---

34 國民黨第四屆中央執行委員會第三次全體會議通過的〈關於整頓學校教育造就適用人才案〉（1932年12月21日），收入中國第二歷史檔案館編：《中華民國史檔案資料彙編‧第五輯第一編教育（一）》（南京市：江蘇古籍出版社，1994年），頁1052。

從三種類型大學的院系數比例圖中較清晰地看到文類和實類院數差距
最大的是私立大學，文、實類院數比例四十一比二十四，近五比三，
系數比例一六四比九二，也接近五比三。具體到不同學科門類中文類
商學院和實類工學院的比例懸殊最大，私立大學商學院數占大學商學
院總數近三分之二，相反私立大學工學院數占大學工學院總數比例不
到五分之一。相比較而言，國立大學實類學院數在大學整體中還是佔
據主導地位，理學院之外農、工、醫學院數量比例在總體中達到或超
出私立大學和省市立大學的總和。

　　從院系數的比例圖看，大學學科設置中文類、實類學科平衡狀況
國立大學表現較好。詳見圖6-8、6-9。

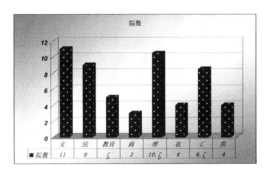

圖6-8一九三一年國立大學院數

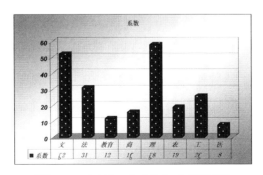

圖6-9一九三一年國立大學系數

如圖所示，國立大學不論在院數還是在系數方面，均文、理院系數量最多，法學院系與工學院系數相當，其它各院數平均四個，也很接近。所以國立大學在文類和實類學科領域的偏差程度不明顯。從院系數絕對值看基礎理論學科佔據主導地位，也符合大學高深學問研究的特性。從國立大學總體水準看，在學院發展上並沒有出現所謂的文法科畸形發展局面，但在大規模院系整頓潮流中國立大學同樣加強了實類學院的建設力度，尤其在工、農、醫學院建設方面表現積極。

（一）增設工、農、醫學院，充實理學院

國立清華大學和國立山東大學陸續增設工學院和農學院，國立中山大學增設工學院，國立武漢大學和國立四川大學增設農學院，國立中央大學增設醫學院，國立浙江大學、國立交通大學和國立暨南大學擴充理、工、農各學院。

一九三二年五月十六日教育部訓令國立清華大學「就財力所能及積極擴充工學院，」[35]根據當局決定，「民國廿一年（一九三二）呈准教育部添設機械工程學系、電機工程學系，合原有之土木工程學系，成立工學院。」[36]一九三二年秋正式成立了工學院。從當時國內工業院校實際情況看，工業院校數量有限之外，都面臨經費困擾，「而清華卻具有建立和發展工學院的可能。一則清華經費較為充裕，二則清華理學院的數學、物理、化學諸系有一定的基礎。」[37]當然國立清華大學工學院的成立不僅是上級命令的結果，更是理學院土木工程系學生爭取的結果。土木工程系成立於一九二六年，附屬在理學院中，其招生情況非常好，每年有近百分之三十至百分之四十的新生都進土木

---

35 〈教部令清華停辦法律系〉，《申報》（1932年5月17日），第2版。

36 《學府紀聞‧國立清華大學》（臺北市：南京出版公司，1981年），頁76。

37 清華大學校史編寫組：《清華大學校史稿》（北京市：中華書局，1981年），頁226。

工程系。「工程系的學生深感附屬於理學院，在延聘教師及增添設備等各方面，都不能得到充分發展，便在一九三二年一月成立『改院促進會』，要求學校設立工學院。」[38]隨後校評議會通過下學期添設工學院，組織改組籌備委員會。梅貽琦校長在制定工學院學科建設政策時強調，「大學工學院的設置，我認為應當和工業組織人才的訓練最有關係」，以培養「國家目前最迫切需要的工業建設的領袖。」[39]為了充實工學院設備，呈准建立機械工程館和電機工程館，「為了配合國防需要，清華工學院機械系於一九三四年設航空組，」[40]並於一九三六年十一月在南昌設立了航空研究所，以求推動航空事業的研究與發展。「一九三三年教育部還曾命令清華添辦農學院。清華當局認為與本校發展理工的方針相悖，也不具備條件，而教育部要清華辦農學院的目的，也無非是想利用清華的庚款。因此，清華當局只答應辦了一個農業研究所，以敷衍教育部的要求。」[41]農業研究所成立於一九三四年八月，主要進行農業改良研究，分設蟲害和病害兩組，設在生物學館。一九三六年四月一日長沙電「清華大學在嶽麓山建農學院，一日成立工程處。」[42]

國立山東大學從文、理、教育三院、八系建制到一九三二年改為文理、工學院二院建制。濟南一九三二年七月十五日電，「文理兩院並為文理學院，設青島。理學院數學物理兩系，並為數理系，教育學院

38　清華大學校史編寫組：《清華大學校史稿》（北京市：中華書局，1981年），頁226。

39　劉劍虹：〈梅貽琦的大學學科建設思想初論〉，《高等師範教育研究》2001年第1期（2001年），頁56。

40　蘇雲峰：《從清華學堂到清華大學1928-1937》（北京市：生活・讀書・新知三聯書店，2001年），頁54。

41　清華大學校史編寫組：《清華大學校史稿》（北京市：中華書局，1981年），頁112。

42　〈清華大學積極在湘設校〉《申報》（1936年4月2日），第4版。

停辦，在文學院內設教育講座。」[43]一九三二年秋，中國文學系和外國文學系暫停招生，增設工學院，下設土木工程、機械工程兩系，招一年級新生，在青島授課。一九三四年五月三日濟南電，國立山東大學在濟南設立農學院，「注重研究與推廣，造就本省需要之農業人才，」[44]並與山東省教育廳合作，本省鄉師三四年級學生可以入院研究。

國立中山大學曾於一九三一年重組過工科籌備委員會，但在同年秋解散該委員會，理學院內設土木工程系和化學工程系，變通辦理理工學院。一九三二年鄒魯長校後，鑒於國家急需工業技術人才，八月成立工學院籌備委員會，聘蕭冠英為籌備委員會主席，由劉均衡、曾廣弼等二十四人組成委員。經過二年的籌備工作，「該委員會開會凡十一次，各委員分工合作，訂學則，編課程，置設備，建院舍，積極進行。二十三年八月工學院卒以籌備完竣而組織成立，分設土木工程、化學工程、機械工程、電氣工程四學系。」[45]蕭冠英任工學院院長，教授有方棠棣、康辛元、李翼純、羅雄才、李敦化、古文捷等[46]。

國立武漢大學一九三一年時工學院僅有土木工程學系，邵逸舟負責。一九三三年四月「校務會議議決自下半年度起工學院增設機械工程學系，」[47]工學院在原有土木工程系和機械工程系基礎上，一九三五年八月決定「本年度起增加電機工程學系。」[48]一九三五年十月續

43 〈青大改為山東大學〉，《申報》（1932年7月27日），第3版。

44 〈山東大學設農學院〉，《申報》（1934年5月4日），第4版。

45 《國立中山大學現況（民國二十四年）》（臺北市：傳記文學出版社，1971年），頁244。

46 梁山、李堅、張克謨：《中山大學校史》（上海市：上海教育出版社，1983年），頁66。

47 《國立武漢大學一覽（民國二十四年）》（臺北市：傳記文學出版社，1971年），頁18。

48 《國立武漢大學一覽（民國二十四年）》（臺北市：傳記文學出版社，1971年），頁22。

聘各院系主任：邵逸周任工學院院長，陸鳳書任土木工程系主任，郭霖任機械工程學系主任，趙師梅任電機工程學系主任。一九三三年九月成立農學院籌備處。教育部一九三四年改進國立武漢大學訓令中提到「該校工學院基礎已立，其新設學系尚應從速充實設備；農學院之籌備應切實進行。」[49]教育部一九三五年改進國立武漢大學訓令中進一步提到「該校農學院規模已具，下年度應依師資設備等情形，酌招新生或短期訓練班，並仍積極從事於高深設備之擴充……該校應設法增進理工等學院教授研究工作。工學院須增聘優良師資，以應該院發展之需要。」[50]按照教育部訓令，國立武漢大學農學院籌備處一九三五年特開辦農業簡易班，附設於本校徐家棚棉場，招收農村初中畢業生二十餘人，傳授實用農林知識與技能。「二十五年農學院成立，設立農藝系，」[51]國立武漢大學正式增設農學院，在實類學院擴充方面成績顯著。

　　國立四川大學一九三一年由國立成都大學、國立成都師範大學和公立四川大學合併而成時，公立四川大學農科學院獨立為四川省立農學院。「一九三五年秋，經教育部批准，該院重新回歸川大，同時將重慶大學農學系併入。」[52]下設農學系、園藝系、病蟲害系和林學系。農學院的建設發展離不開仁鴻儁校長的努力與大力支持。仁鴻儁於一九三五年八月繼王兆榮後擔任校長，從當時四川經濟建設需要出

---

49 〈教育部改進國立武漢大學訓令〉（1934年7月20日），收入中國第二歷史檔案館編：《中華民國史檔案資料彙編‧第五輯第一編教育（一）》（南京市：江蘇古籍出版社，1994年），頁202。

50 〈教育部改進國立武漢大學訓令〉（1934年7月20日），收入中國第二歷史檔案館編：《中華民國史檔案資料彙編‧第五輯第一編教育（一）》（南京市：江蘇古籍出版社，1994年），頁203。

51 《學府紀聞‧國立武漢大學》（臺北市：南京出版公司，1981年），頁7。

52 四川大學校史編寫組：《四川大學史稿》（成都市：四川大學出版社，1985年），頁205。

發，深感農業科學研究水準低下，撥款二萬餘元擴充農學院硬體條件，一九三六年寒假後，增設畜牧研究室、農業化學研究室和農業經濟研究室等。

由於當時國家缺乏醫學人才，國民政府首都南京不能沒有高等醫學教育機關，為此國民政府特令國立中央大學，「應即添辦醫學院，於下年度開始招生，以應國家急需……去年暑假招考新生，共錄取二十八名，實際到校者二十五名。」[53]國立中央大學一九三五年招收醫學科學生正式成立醫學院，聘請中央醫學院內科主任戚壽南博士為院長。同年設立牙醫專科學校，一九三六年下學期添設解剖學、生理學、生物化學、病理學、藥物學和細菌學等六個實驗室。

國立浙江大學從一九三二年起，工學院增設機械工程學系。一九三六年七月農學院變更組織，將原來的農業植物學、農業動物學、農業社會學三系擴充為農藝、園藝、蠶桑、病蟲害、農業經濟等五系，「原有畜牧及森林兩組裁撤，學生則轉入中央大學農學院肄業。」[54]

國立交通大學滬校土木工程學院在鐵道、市政和構造門之外，於一九三三年增設道路門，機械工程學院在工業、鐵道門之外，於一九三四年增設汽車工程門，一年後該門改為自動車工程門，分汽車及飛機兩組，在交通工程領域開闢新的領域。

國立暨南大學也在戰後積極恢復教學，一九三二年新學期開始後「理學院擴充實驗室，增添儀器標本及化學用品凡四萬餘元，注重實驗，使學生手腦一致，培養切於實際需要之建設人才，」[55]在教育部

---

53 〈教育部改進國立中央大學訓令與該校辦理情形呈〉（1935年5月10日），收入中國第二歷史檔案館編：《中華民國史檔案資料彙編‧第五輯第一編教育（一）》（南京市：江蘇古籍出版社，1994年），頁206、209。

54 〈浙大農學院改進〉，《申報》（1936年7月13日），第4版。

55 〈暨南大學之新發展〉，《申報》（1932年10月17日），第3版。

積欠經費情況下，籌募基金改善教學研究。一九三二年十二月十七日
下午在南京舉行第二次董事會，議決「籌募基金百萬元，應注重發展
自然科學用途。」[56]即便在艱難時期同樣堅持實類學科建設，發展自
然科學用途，既服務於華僑教育，也滿足國家所需建設人才的培養。

　　一九三三年五月七日北平電「教部訓令北平各大學，暑假後不得
添設文法學院，應以設立農、工、醫、理各學院為限。」[57]在辦學經
費緊缺條件下，限制文法學院增設及文法科招生，也是一種變相的對
理、工、農、醫等實類學科支持的表現。

（二）實類院系建設方面國立大學貢獻突出

　　有關改革的成效問題黃問岐在一九三四年中國教育回顧與今後展
望中分析道「一面提倡實科，制定北京、中央、中山、清華、武漢等
大學籌設國防化學講座。二十一年度統計，總計文類減百分之三點
二，實類增百分之三點二，此為注重實科，限制文法科之收效表
現。」[58]不同類型的大學，對實類學院增幅的貢獻率有所不同，一九
三四年全國各類大學院數（詳見圖6-10）中私立大學工學院三所，還
不到大學工學院總數（19.5所）的六分之一，農學院和醫學院總數沒
有變化。相反私立大學偏文傾向仍很明顯，商學院九所，占全國大學
商學院總數的四分之三，文學院和教育學院數佔據大學文學院和教育
學院總數一半以上的比例。

56　〈國立暨南大學董事會〉，《申報》（1932年12月20日），第4版。

57　〈教部訓令平各大學不得添設文法學院〉，《申報》（1933年5月8日），第3版。

58　黃問岐撰：〈民國二十三年中國教育回顧與今後展望〉（1934年12月2日），收入中國
　　第二歷史檔案館編：《中華民國史檔案資料彙編・第五輯第一編教育（一）》（南京
　　市：江蘇古籍出版社，1994年），頁153。

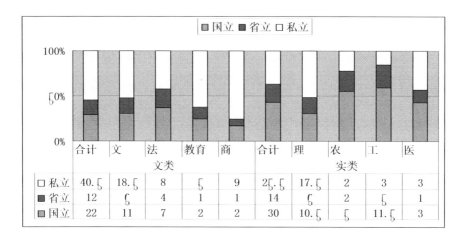

	文类					实类				
	合計	文	法	教育	商	合計	理	農	工	医
□ 私立	40.5	18.5	8	5	9	25.5	17.5	2	3	3
■ 省立	12	6	4	1	1	14	6	2	5	1
▨ 国立	22	11	7	2	2	30	10.5	5	11.5	3

圖6-10　一九三四年全國各大學院數比較

資料來源：辛樹織：《第一次中國教育年鑒‧第二冊丙編教育概況上（民國二十三年）》（臺北市：傳記文學出版社，1971年），頁342-343頁原始資料整理而成。

　　若是對國立、省立、私立大學在一九三一年一九三四年的各學科門類院數作比較分析，會發現改革的成效主要歸功於國立大學，見圖6-11、6-12、6-13。

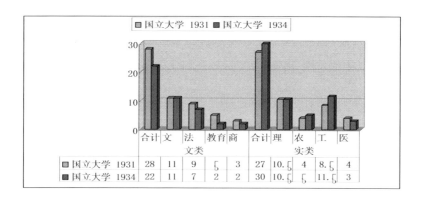

	文类					实类				
	合计	文	法	教育	商	合计	理	農	工	医
▨ 国立大学 1931	28	11	9	5	3	27	10.5	4	8.5	4
■ 国立大学 1934	22	11	7	2	2	30	10.5	5	11.5	3

圖6-11　國立大學一九三一年與一九三四年各學科學院數變化圖

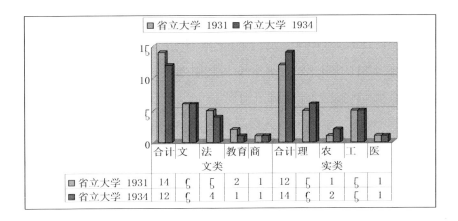

圖6-12　省立大學一九三一年與一九三四年各學科學院數變化圖

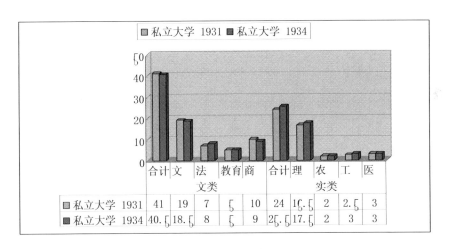

圖6-13　私立大學一九三一年與一九三四年各學科學院數變化圖

如上述三組圖所示，教育部提倡發展實類學院的指引下，國立大學文類學院減少六所，實類學院增加三所，分別是法學院、教育學院和商學院數量各減少一一三所，農學院和工學院增加一一三所。省立大學變化不顯著，文類學院減少二所，實類學院增加二所，分別是法學院

和教育學院各減少一所，理學院和農學院各增加一所。而私立大學基本沒有什麼變化。原本在文法科不均衡發展方面私立大學的影響最大，國立大學並不明顯，但在教育部加強實類學科院系建設方面改動最大的卻是國立大學而非私立大學。

這說明經費來源的不同直接影響國家導向的學科發展問題。私立大學相對而言，經費來源中國庫款和省庫款的比例很少，主要靠捐助款，因此在短期內不能大改動經費投資力度。實類學科發展比文類學科發展需要更多的投入，短期內加設農、工、醫科學院並非容易。國立大學經費來源主要是國庫款，國家為了發展自然科學學科，注重實類院系建設，必定對其加大投入，學科發展導向也隨之改變。

（三）實類畢業生比例大幅增加

改革的成效不僅體現在實類學院的增加方面，還體現為實類畢業生比例的大幅增加，見圖6-14、6-15。

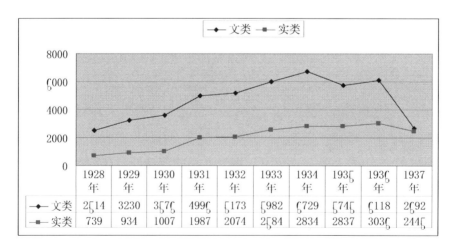

圖6-14　一九二七至一九三七年專科以上文類和實類畢業生數折線圖

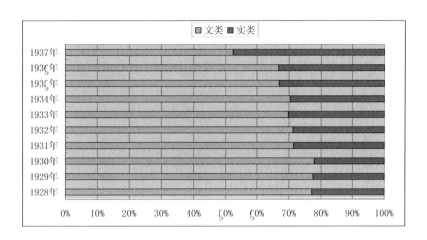

**圖6-15　一九二七至一九三七年專科以上文類和實類畢業生比例橫條
圖**

資料來源：中國第二歷史檔案館編：《中華民國史檔案資料彙編・第五輯第一編教
育（一）》（南京市：江蘇古籍出版社，1994年），頁334-337。

　　如圖所示，一九二八至一九三七十年間全國專科以上學校畢業生
數中以文、法、教育、商科為主的文類畢業生數直到一九三四年始終
佔據絕對優勢，一九三五年開始下滑，畢業生總數減少近一千人，一
九三七年有明顯下滑趨勢，畢業生數比上一年驟減三千多人。相反以
理、工、農、醫學為主的實類畢業生直到一九三六年穩步上升，占總
畢業生數比例從不到百分之二十五，逐步追趕到近百分之三十。一九
三七年實類畢業生數量雖然不及前年總數，但其比例有明顯提升，接
近總畢業生數的百分之五十，也就是說一九三七年畢業生中文類和實
類畢業生比例相當。

　　按照一九二九年〈大學組織法〉中各學院學制規定，醫學院五年
制外，其它各學院均四年制計算，一九三五年後文類畢業生數下降趨
勢說明，一九三一年起文類招生人數得到有效控制。而一九三五、一

九三六、一九三七年實類畢業生比例提升同樣證明一九三一年後實類
招生比例有了明顯的提升，也折射出當時對實類人才的需求與重視程
度。一九三四年後實類招生人數更是大幅提升，見表6-6。

表6-6　一九三三至一九三五年度全國專科以上學校錄取新生統計表

年度		1933年	1934年	1935年
文類	合計	5142	6440	6118
	文	2246	2440	2280
	法	1791	2154	1804
	教育	655	893	1120
	商	450	953	914
實類	合計	3391	5480	6415
	理	1474	1294	2702
	農	441	683	694
	工	1027	1999	2332
	醫	449	604	687
總計		8533	11920	12543

資料來源：〈最近五年度全國高教錄取新生之科別〉，《申報》（1936年7月14日），
　　　　　第4版。

　　如表所示，一九三四年工、農、醫學院新生增幅達到百分之九十
五、百分之五十五和百分之三十五，僅次於商學院，排在前四位，一
九三五年新生數首次實現實類生超出文類生，招生人數方面，理學院
排在第一位，工學院排其次，教育部實行的院系整頓工作呈現出效果。
　　在全國高等學校在校生比例中，同樣能證明實類院系得到加強的
事實，見表6-7。

表6-7　一九三一至一九三七年高等學校（含專科）
各科在校生百分比例表

科別 年度	文	法	商	教	理	工	農	醫	其它
1931	22.8	37.3	4.9	9.6	8.0	9.2	3.2	4.1	0.9
1932	21.0	34.0	6.7	7.9	9.7	10.4	3.6	4.3	1.5
1933	20.3	30.1	7.4	9.3	11.0	12.3	3.9	5.7	0
1934	19.0	26.4	7.3	9.7	12.7	14.1	4.4	6.3	0.1
1935	23.3	21.4	7.2	6.7	15.2	13.4	5.3	7.4	0.1
1936	20.0	19.7	7.7	7.9	13.1	16.7	6.2	8.1	0.7
1937	13.3	22.8	5.9	7.9	14.3	18.5	5.8	10.8	0.7

資料來源：節選自金以林：《近代中國大學研究：1895-1949》（北京市：中央文獻出
版社，2000年），頁202。

縱向比較各學科門類一九三一至一九三七年在校生比例，法科有明顯
的下滑趨勢，比例值從一九三一年的百分之三十七點三降到一九三年
的百分之二十二點八，減少近百分之十五；文科在一九三一至一九三
四年小幅減少，一九三五年反彈後再大幅減少；文類學科門類中商
科、教育科在校生增幅不明顯；實類學科門類在校生比例總體上保持
增長勢頭，理、工、農、醫科比例從一九三一年的百分之八、百分之
九點二、百分之三點二、百分之四點一，一九三七年時增長到百分之
十四點三、百分之十八點五、百分之五點八、百分之十點八，平均增
長兩倍，從不到在校生總數的四分之一的比例增長到近二分之一的比
例，實類在校生比例提升顯著。橫向對比每個年度中各學科門類在校
生比重，一九三一年時法、文、教育排在前三甲到一九三二年時工科
趕超教育排在第三位，一九三七年時法、工、理科排在前三甲，實類
在校生比例逐步趕超文類在校生比例。

四　國立大學院系整頓的縱向比較

　　國立大學經過一輪大規模院系整頓，到一九三六年時一半以上國立大學院數發生變化，有增有減，即便院數沒有變化的國立大學也有小幅度系數變化與調整。從圖6-16較直觀地看到這一時期十三所國立大學院數變化總體情況。

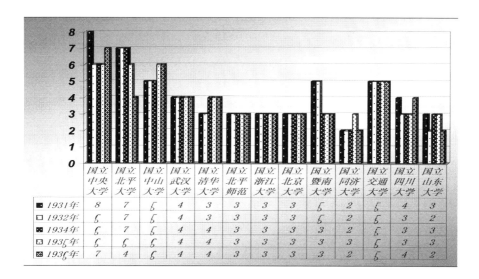

	國立中央大學	國立北平大學	國立中山大學	國立武漢大學	國立清華大學	國立北平師範	國立浙江大學	國立北京大學	國立暨南大學	國立同濟大學	國立交通大學	國立四川大學	國立山東大學
1931年	8	7	6	4	3	3	3	3	5	2	5	4	3
1932年	6	7	6	4	3	3	3	3	5	2	5	3	2
1934年	6	7	6	4	4	3	3	3	5	2	5	3	3
1935年	6	6	6	4	4	3	3	3	3	3	5	3	3
1936年	7	4	6	4	4	3	3	3	3	2	5	4	2

圖6-16　一九三一至一九三六年國立大學院數變化圖

一九三一年資料來源：辛樹織：《第一次中國教育年鑒・第四冊丁編學校教育統計（民國二十三年）》（臺北市：傳記文學出版社，1971年），頁1516-1517；

一九三二年資料來源：〈全國各大學設立院系狀況〉，《申報》（1935年1月10日），第4版；

一九三四年資料來源：辛樹織：《第一次中國教育年鑒・第二冊丙編教育概況上（民國二十三年）》（臺北市：傳記文學出版社，1971年），頁342-343；

一九三五年資料來源：申報年鑒社：《第三次申報年鑒》（上海市：美華書館，1935年），頁976；

一九三六年資料來源：中國第二歷史檔案館編：《中華民國史檔案資料彙編・第五輯第一編教育（一）》（南京市：江蘇古籍出版社，1994年），頁300-303。

　　如圖所示，在大學院系整頓中國立武漢大學、國立北平師範大學、國立浙江大學、國立北京大學和國立交通大學院數沒有變化。但一九三六年的資料是一月份的統計結果，因此國立武漢大學的農學院未進入統計，實際上國立武漢大學屬於院數增設範圍中，而國立同濟大學一九三五年院數雖增加一所，統計口徑的不同把籌備中的理學院計入其中，實屬院數沒有變化。因此院數沒有變化的是國立北平師範大學、國立浙江大學、國立北京大學、國立交通大學和國立同濟大學等五所。

　　院數減少的有國立北平大學和國立暨南大學二所。國立北平大學一九三五年裁撤藝術學院，一九三六年裁撤醫學院，法學院和商學院合併為法商學院，形成女子文理、工、農、法商四院；國立暨南大學裁撤了法學院，裁併教育學院於文學院，成為文學院下設教育系，只設理、文、商三學院。

　　院數增加的有國立中山大學、國立清華大學和國立武漢大學三所。國立中山大學理工學院分化為理學院和工學院兩個學院；國立清華大學在一九三二年秋就成立工學院，是在原來的土木工程學系基礎上增設機械工程學系和電機工程學系而成；國立武漢大學在一九三六年增設農學院。

　　院數有增有減的有國立中央大學、國立四川大學和國立山東大學三所。國立中央大學從一九三一年的八院到一九三四年減少了商、醫兩學院，一九三六年又增加了醫學院，最終定格為七院；國立四川大學一九三二年將教育學院裁併於文學院，一九三六年增設了農學院。國立山東大學一九三二年停辦教育學院，文、理兩院並為文理學院，增設工學院，一九三四年開始籌備農學院，直到一九三六年國民政府教育部統計中農學院還在籌備狀態中，因此一九三四、一九三五年實屬文理、工兩學院狀態。

從國立大學院數調整情況看，有八所國立大學不同程度地調整院數，裁撤或裁併的學院有法學院、藝術學院、教育學院和商學院，增加的學院有工學院和農學院。很明顯，文類學院被裁撤或裁併，實類學院中工、農科得到加強。而醫學院的發展不太穩定，國立北平大學裁撤了醫學院，國立中央大學醫學院裁撤過，增設過。

學院整頓之外，學系調整更為繁瑣複雜，即便院數沒有變化的五所國立大學中，除了國立北京大學之外的四所均有不同程度的學系調整。據一九三五年初統計結果，全國院系整頓中，「共裁撤、歸併或停止招生三十三個學系，其中平、滬兩市約占半數，達十六系。裁撤、歸併的院系中屬於實科的僅三系，其餘三十系均屬於文法科。」[59]相較於一九三五年統計資料，若以一九三一年與一九三六年國立大學院系統計結果為據，分析其院系整頓結果，共裁撤或裁併七院、五十五系，增加四院、十四系、二門，詳見下表6-8。

表6-8　國立大學一九三一與一九三六年院系數變化對比表

國立大學	1931年院系數	1936年院系數	增加院系	裁併或裁撤院系
國立中央大學	8院40系、科	7院30系		1院10系 商學院四科；理學院裁併動物學系和心理學系，心理學系轉入教育學院；教育學院裁併教育行政、教育心理、教育社會學系；體育科與體育專修科合併，藝術教育科與藝術專修科合併；

國立大學	1931年院系數	1936年院系數	增加院系	裁併或裁撤院系
國立北平大學	7院33系	4院16系	1系 商學系	3院18系 商學院與法學院合併為法商學院，商學院下設法律系、政治系、經濟系併入法學院相關係，裁撤商學院下設外交領事系；裁撤藝術學院6系和醫學院；國文系和史學系合併為文史系，數學系物理系合併為數理系，裁併哲學系、音樂系，體育系；裁撤農業生物系和農業經濟系；
國立北京大學	3院14系	3院14系		
國立清華大學	3院14系	4院16系	1院2系 工學院：機械和電機系	
國立北平師範大學	3院11系	3院10系		1系 社會學系
國立武漢大學	4院13系	4院13系	1系 工學院增機械系	1系 法學院少了商學系
國立中山大學	5院21系	6院22系	1院2系 理工學院分化為理學院和工學院，工學院增加電機工程系和機械工程系	1系 裁撤商學系

國立大學	1931年院系數	1936年院系數	增加院系	裁併或裁撤院系
國立山東大學	3院8系	2院8系	1院2系 增工學院，土木工程系和機械工程系	2院2系 合併文理學院，裁撤教育學院及其2系
國立同濟大學	2院2系	2院3系		1系 工學院測量系
國立暨南大學	5院17系	3院9系	1系 教育學院歸併文學院成為教育系；	2院9系 裁撤法學院及其2系、教育學院及其2系；文學院裁撤社會學系；理學院裁撤生物學系；商學院裁撤銀行系、交通管理系和普通商業系
國立浙江大學	3院18系	3院13系	3系 農學院農業植物、農業動物系；工學院機械工程系	8系 裁撤文理學院歷史與政治學系、經濟學系、心理學系；裁併農學院農藝系、森林系、園藝系、桑蠶系；裁撤工學院測量系
國立交通大學	滬校5院14系、門[60]	滬校5院16系、門	2門 鐵道門、自動車工程門[61]	

---

60 國立交通大學北平鐵道管理學院：事務門、冶金門；唐山土木工程學院：土木工程學系（構造、鐵道、建築、市政門）、採礦冶金系（採礦、冶金門）。

61 國立交通大學滬校土木工程學院一九三三年增設道路門，機械工程學院一九三四年增設汽車工程門，一年後該門改為自動車工程門，分汽車及飛機兩組。詳見《學府紀聞‧國立交通大學》（臺北市：南京出版公司，1981年），頁42-43。

國立大學	1931年院系數	1936年院系數	增加院系	裁併或裁撤院系
國立四川大學	4院11系	4院11系	1院2系 增加農學院4系；文學院增教育系	1院2系 裁併教育學院於文學院中，成為教育系；理學院裁撤物理學系；

資料來源：一九三一年數據辛樹織：《第一次中國教育年鑒・第二冊丙編教育概況上（民國二十三年）》（臺北市：傳記文學出版社，1971年），頁353-385；一九三六年資料中國第二歷史檔案館編：《中華民國史檔案資料彙編・第五輯第一編教育（一）》（南京市：江蘇古籍出版社，1994年），頁300-303。

如表所示，國立大學新增院系中，商學系和教育學系是由原來的商學院和教育學院裁併後併入其它學院構成其一個系之外，新增院系均屬於工、農學院下設機械工程、電機工程、土木工程、農業植物系和農業工業系等系。其中新增機械工程系的國立大學最多。國立大學裁併或裁撤院系中，商學、教育學和法學院系較多。

　　總之，在大規模院系整頓中被裁撤或裁併的院系主要是法學院、商學院、教育學院和藝術學院以及法律系、社會系、教育系、音樂系和體育系等，而增設院系主要是工學院和農學院。總體趨勢看，適度限制文類或社會科學學科門類的發展規模，鼓勵和加強實類或自然科學學科門類建設。該結論從一九三九年九月四日教育部頒佈的〈大學及獨立學院各學系名稱令〉中也能得到驗證，在此次規範院系名稱中文學院、法學院和商學院改動不明顯，但工學院、農學院新增諸多系。相較於教育部一九二九年八月十四日頒佈的〈大學規程〉，此次工學院增設系有水利工程、航空工程、紡織工程，原有的電熱工程改稱電器工程，建築學改稱建築工程，採礦、冶金合稱礦冶工程。這從

一個側面反映出當時社會工業發展進程，不僅出現了新興工業領域，如航空工程，還不斷擴大了國立大學工科教學與研究規模。農學院同樣新增植物病蟲害、農業化學、農業經濟等系，林學改稱森林系，越發關注民生問題。相反文學院裁撤語言學和音樂學系，社會學歸併於法學院。商學院刪除交通管理系，增設商學系，並允許文學院和法學院也設商學系。教育學院在此次學系名稱令中未作規定，也是對其獨立學科門類的一次質疑。

看到成效的同時，不可否認大學院系整頓的嚴峻性。雖然國立大學在適度控制文類學院的過度發展以及有效加強實類學院的建設方面成效顯著，但文、法學院的改造不是短期內實現的問題。就以法科在校生比例一直排在第一位以及一九三四年新生總數中理、工、農、醫學院新生數均不敵文、法學院生數，就能看到對文、法學科門類的限制並非易事。其實在「二十三年度之規定，文類學院各系所招新生及轉學生之平均數不得超過實類之平均數。」[62]說明大學文、法學院基數大，即便採取暫停招生或限制招生人數政策，學生總量還是難以在短期內控制到適度比例。直到一九三六年教育部還在控制文、法科學科門類的招生人數，一九三六年四月十七日南京電，教育部通令，限制各大學文、法、商、教育學院和獨立學院文、法、商、教育科的招生名額，明確規定「各大學設有文法商教育等學院，獨立學院設有文法商教育等學科者，每一學系或專修科所招新生及轉學生之數額，除具成績特優等情形，經部於招考前特許者外，以三十名為限。」[63]從中也可推測到當時國民政府對大學院系整頓的決心與力度。

---

62 〈民國廿三年教育上之重要改革〉，收入申報年鑒社：《第三次申報年鑒》（上海市：美華書館，1935年），頁960。

63 〈各大學招收新生教部通令限制〉，《申報》（1936年4月18日），第4版。

第三節　國立大學課程標準編訂與人才品質的提升

　　自從各大學自行採用選課制以來，學生除了國文、英文和數學必修課之外，根據各自興趣選課，出現諸多弊端，集中表現為「在學生則常識不充，根底不厚，則進而研究專門題目，專家學說，淺嘗薄涉，心得毫無。在學校則以開設課程太多，非三五專任教員所能分任，必多聘兼任講師，濫支經費。在教員則以所教課程範圍太狹，教材枯窘，不得不東塗西抹，敷衍塞責，矯此諸弊，擬將大學課程加以整理。」[64]為了整頓院系課程開設的混亂狀況，教育部決議成立，大學課程及設備標準委員會，形成學科帶頭人，規範大學學科發展，於此同時打破以往狹隘的專業教育體系，打通科系，加強大學的通識教育，培養通才，提升人才品質。

一　學科發展的規範化

　　「查大學課程之編制，在民國十九年時已有所編訂，彼時所訂對於大學各科課程之詳細內容，都逐一列舉，比較繁複，各大學實行方面較為困難。」[65]編制課程標準是一項繁瑣的工程，必須有計劃、有組織地進行。一九三一年十月教育部公佈大學課程標準起草步驟，大體分四大步驟：首先聘請各系專家一人一個月內擬定本系課程標準草稿；其次，教育部聘請同系數名專家集體討論，審訂草稿；然後，請一名專家整理出適用的草案；最後，由教育部公佈課程標準。教育部對此次大學院系課程及設備標準制定工作十分重視，聘請一批當時國

64　〈編制大學課程的意見〉，《申報》（1931年9月9日），第3版。
65　〈教部著手編訂大學課程綱目〉，《申報》（1935年2月13日），第4版。

內頂尖級專家學者組成各系課程標準草擬人員，計劃用兩年時間編制大學課程及設備標準。據《申報》一九三年十月十六日和十八日報導，教育部函請的各科專家有：

> 文學院：中國文學系劉半農、外國文學系陳源、哲學系宗白華、史學系陳寅恪、社會學系孫本文；
> 理學院：數學系馮祖荀，物理學系葉企孫、化學系張貽侗、生物學系秉志、地質學系翁文灝、地理學系黃國璋、心理學系潘菽、人類學系李濟；
> 法學院：經濟學系劉東麟、政治學系周覺、法律學系謝冠生；
> 教育學院：教育行政系李建勳、教育心理系艾偉、教育社會學系孟憲承；
> 農學院：農藝系趙連芳、園藝系郭須靜、森林系凌道揚、畜牧系夏樹人、蠶桑系葛敬中、農業化學系李乃堯、作物系沈宗翰、病蟲害系胡先驌、農業經濟系唐啟宇；
> 工學院：土木工程系李協、機械工程系錢昌祚、電機工程系王崇植、礦冶工程系楊公召、建築工程系唐英；
> 商學院：普通商業系李權時、會計系潘序倫、銀行系馬寅初、工商管理系黃蔭普、國際貿易系武堉幹、統計系何廉。[66]

　　課程標準起草專家可以說是當時國內各學科帶頭人，其中多數為國立大學各系主任或教授，詳見表6-9。

---

66 文、理、商、工學院名單參考：〈教部函請各科專家起草大學課程及設備標準〉，《申報》（1931年10月16日），第3版；理、法、教育、農學院名單參考：〈大學課程標準起草步驟〉，《申報》（1931年10月18日，第3版。

表6-9　各學科課程及設備標準起草專家一覽表

學科	課程與設備標準起草專家	學歷	學位	籍貫	任教經歷	主要成就
中國文學	劉半農 1891-1934	常州府中學、倫敦大學、巴黎大學	法國國家文學博士	江蘇江陰	北大預科國文教授（1917）國文系教授（1925）	新文化運動的宣導者之一；西北文物保護；
外國文學	陳源 1896-1970	在英國讀中學、愛丁堡大學、倫敦大學	政治經濟學博士	江蘇無錫	1922年後北大外文系教授、1929年後國立武漢大學文學院教授，1931年時文學院院長兼外國文學系主任	
哲學	宗白華 1897-1986	同濟大學醫學預科；德國法蘭克福大學、柏林大學		江蘇常熟	1931年國立中央大學哲學系主任	融貫中西藝術理論的美學大師
史學	陳寅恪 1890-1969	復旦公學；德國柏林大學、瑞士蘇黎世大學、法國高等政治學校、美國哈佛大學		江西修水	1925年後清華大學國學研究院；1930年後任歷史、中文、哲學三系教授	清華四大國學大師之一
社會學	孫本文 1892-1979	1918年畢業於北大社會學系，就讀美國伊利諾大學、紐約大學	伊利諾碩士、紐約大學博士	江蘇吳江	1925年後復旦公學教授；1928年時中央大學設社會學系，首系主任	中國社會學奠基人之一，系統介紹西方社會學到中國的主要學者

學科	課程與設備標準起草專家	學歷	學位	籍貫	任教經歷	主要成就
數學	馮祖荀 1880-1940	京師大學堂師範館、京都帝國大學理學部	理學士學位	浙江杭州	北大理科學長、北師範教授、北大理學院數學系主任（1931年時）兼任東北大學算學系主任	
物理學	葉企孫 1898-1973	上海敬業中學；清華學校（1918）、美國芝加哥大學、哈佛大學	芝加哥理學士、哈佛哲學博士	上海	東南大學、1925年後清華大學，1931年時清華理學院院長兼物理系主任	清華大學四大哲人之一；中國物理學會創建人之一
化學	張怡侗 1890-1950	倫敦大學	理學學士	安徽全椒	北大、北平大學和北平師範大學任教，1931年時北平師大化學系教授	
生物學	秉志 1886-1965	京師大學堂；康奈爾大學農學院、生物系	理學士；哲學博士	河南開封	東南大學、廈門大學、中央大學	中國近代生物學主要奠基人；第一位獲得美國博士學位的中國學者
地質學	翁文灝 1889-1971	13歲中秀才；就讀於上海天主教學校；比利時魯凡大學地質學	理學博士	浙江寧波	北大教授，清華教授、代校長；1932年後任職國民政府國防設計委員會秘書長	中國第一位地質學博士；第一本《地質學》講義的編寫者

學科	課程與設備標準起草專家	學歷	學位	籍貫	任教經歷	主要成就
地理學	黃國璋 1896-1966	湘鄉中學；長沙雅禮大學畢業；芝加哥大學地理系	碩士學位	湖南湘鄉	1929年後中央大學教授後兼系主任、1936年後北平師大、西北聯合大學、陝西師大任教	在中國創辦大學地理學系最多的人
心理學	潘菽 1897-1988	畢業於北大哲學系；美國加利福尼亞大學、印第安那大學、芝加哥大學	印第安那大學碩士；芝加哥大學心理學博士	江蘇宜興	1927年後在中央大學心理學系主任	中國現代心理學的奠基人之一
人類學	李濟 1896-1979	清華學堂；克拉克大學人口學系；哈佛大學人類學系	社會學碩士、哲學博士	湖北鐘祥	1923年後南開大學人類學和社會學教授；1925年任清華大學國學研究院講師；1929年初任中央研究院歷史語言研究所考古組主任	中國考古學之父；主持了河南安陽殷墟發掘；
政治學	周覽 1889-1933	日本留學		浙江吳興	中國同盟會上海支部負責人之一；國民政府中央監察委員	
法律學	謝冠生 1897-1971	震旦大學法科；巴黎大學	法學博士	浙江嵊縣	1924年後在震旦、復旦、中央大學任教；1930年4月後任國民政府司法院秘書長；1931年時	

學科	課程與設備標準起草專家	學歷	學位	籍貫	任教經歷	主要成就
					中央大學法學院法律學系主任	
教育行政	李建勳 1884-1976	1908年北洋大學師範班畢業；民初畢業於日本廣島高等師範學；後入哥倫比亞師範學院	教育學碩士		1931年時北平師大教育學院院長兼教育學系主任	中國教育行政研究的拓荒者
教育心理	艾偉 1890-1955	1919年畢業於聖約翰大學；哥倫比亞大學；華盛頓大學	心理學碩士、哲學博士	湖北江陵	1925年後東南大學任教；1927-1932年中央大學教育心理系主任	
教育社會學	孟憲承 1894-1967	南洋公學中院、聖約翰大學；華盛頓大學；倫敦大學	華盛頓大學教育學碩士	江蘇武進	任教過東南大學、聖約翰大學、中央大學；1929-1933年在浙大任教	華東師大第一任校長
農藝	趙連芳 1894-1968	清華學校；美國依俄華農工學院；威斯康星大學作物遺傳研究	博士	河南羅山	1928-1935年在金陵大學、河南大學和中央大學任教、系主任（1929年後）	中國現代農業科學先驅者之一；
園藝	郭須靜 1890-1933	北洋法政學堂；巴黎凡爾賽園藝學校學系農學			1928年勞動大學農學院院長；1928年秋，中央大學農學院園藝教授、園藝系主	中國引入西方近代園藝科學的奠基人之一

學科	課程與設備標準起草專家	學歷	學位	籍貫	任教經歷	主要成就
					任；1930年秋南京特別市公園管理處主任	
森林	淩道揚 1888-1993	聖約翰大學；耶魯大學	林學碩士	廣州府	金陵大學、青島大學、國立北平大學農學院；國民政府實業部技正、實業部中央模範林區管理局局長、廣東農林局局長	中國近代林業科學先驅；倡設中國第一個植樹節
畜牧	夏樹人 1884-1944	日本帝國大學	農學碩士	湖北利川	中央大學、北平大學、西北農學院教授	
蠶桑	葛敬中 1892-1980	1913年畢業於北大；法國都魯斯大學園藝、養蠶		浙江嘉興	1919年後北京農業專門學校任教；1924年後東南大學、中央大學、1928年湖浙江大學教授系主任	
作物	沈宗瀚 1895-1980	1928年畢業於北京農業專門學校；美國佐治亞大學；康奈爾大學	佐治亞的農學碩士；康奈爾的哲學博士	浙江餘姚	1927年後金陵大學農學院教授農藝系主任	
病蟲害	胡先驌 1894-1968	1916年畢業於加州大學伯克	博士	江西新		中國近代植物學奠基人

學科	課程與設備標準起草專家	學歷	學位	籍貫	任教經歷	主要成就
		利分校；1925年畢業於哈佛大學		建		之一
農業經濟	唐啟宇 1895-1977	1919年畢業於金陵大學；喬治亞大學碩士；康奈爾大學博士	棉作學碩士；農業經濟學博士	江蘇揚州	歷任東南大學、中山大學、復旦大學教授	
機械工程	錢昌祚 1901-1988	1919年畢業於清華學校；麻省理工學院	機械工程學士；航空工程碩士	江蘇常熟	歷任浙江工業專門學校、清華大學；1928年後任國民黨政府中央航空學校教育長	中國近代航空工程師
電機工程	王崇植 1897-1958	1921年畢業於交大電機系；麻省理工學院	電機工程碩士	江蘇常熟	歷任上海交大、浙大教授	
普通商業	李權時 1895-1982	1918年畢業於清華學校；芝加哥大學碩士；哥倫比亞大學博士	經濟學碩士；財政學博士	浙江鎮海	1922年後歷任上海商科大學、大夏大學、復旦大學、中國公學、暨南大學、交通大學、勞動大學等學校的教授，1931年時復旦大學商學院院長	
會計	潘序倫 1893-1985	1921年畢業於聖約翰大學；	企業管理碩	江蘇宜	1924年後暨南大學任教；1927年後開	國外會計界譽為中國會

學科	課程與設備標準起草專家	學歷	學位	籍貫	任教經歷	主要成就
		哈佛大學商學院碩士；哥倫比亞大學博士	士；經濟學博士	興	會計事務所；1931年3-7月國民政府主計處主計官	計之父
銀行	馬寅初 1882-1982	北洋大學；耶魯大學碩士；哥倫比亞大學博士	經濟學碩士；經濟學博士	浙江嵊縣	歷任北大教授、教務長，1929年後出任財政委員會委員長、經濟委員會委員長，兼任中央大學教授，1932年後任交大教授	
工商管理	黃蔭普 1900-1986	1922年畢業於清華大學；留學英、美		廣東番禺	1927年後任中山大學法學院商學系主任	
國際貿易	武堉乾 1898-1990	畢業於國立武昌商業專門學校		湖南漵浦	1928年後中央大學商學院教授、國際貿易系主任	
統計	何廉 1895-1975	耶魯大學	博士	湖南邵陽	1926年後南開大學財經系統計學教授，1931年時商學院院長兼經濟學系主任	在國內最早引入之市場指數調查者和「我國最早重視農業的經濟學家」

資料來源：顧明遠：《歷代教育名人誌》（武漢市：湖北教育出版社，1994年）；百度百科（http：//baike.baidu.com/view/1.htm.），2011年10月。

　　由於醫學院不分系，因此在大學課程標準編訂人員名單中沒有醫學門類的代表，資料所限楊公召、唐英、李乃堯、李協和劉東麟等學科帶頭人未進入統計。現有資料基礎上綜合分析上述學科帶頭人，一九三一年時參與各學科課程標準草擬的學者絕大多數為中青年學者，最年輕的機械工程學科的錢昌祚，年僅三十歲，最長者數學學科的馮祖荀，也不過五十一歲，各學科課程標準草擬人員平均年齡四十歲。

　　學歷層次上，研究生二十五人，本科九人。學位層次上，博士學位獲得者十八人，碩士學位獲得者七人，學士學位獲得者二人。由於當時國內大學沒有實行學位制度，國內大學畢業者通常沒有學位。一九三〇年後大學、獨立學院畢業生才有學士稱謂規定。據一九三〇年一月十九日《申報》刊登的「證書載入學士字樣」規定：

> 本部為兼顧法理與先例起見，在學位條例未公佈以前，特暫定變通辦法，凡大學或獨立學院畢業生證書，得遵照去年八月本部公佈學校畢業修業證書規程附載之第一種證書式樣，於「准予畢業」之下，依學生所入文理法教育農工商醫各學院，載入「得稱某學士」字樣。[67]

在沒有學位的七人中六人具有留學經歷。

　　當時學科帶頭人絕大多數接受了正統的西方教育，其學科思想很大程度上吸收西方學科思想，為此中國近代大學學科建設必然離不開西方學科的影響。尤其美國大學學科的影響較深遠，因為在十八位博士中畢業於美國大學的就有十四人，占博士總數的百分之七十八。其中孫本文是紐約大學博士，葉企孫、李濟、胡先驌是哈佛大學博士，

---

67 〈證書載入學士字樣〉，《申報》（1930年1月19日），第5版。

秉志、沈宗翰、唐啟宇是康奈爾大學博士，潘菽是芝加哥大學博士，艾偉是華盛頓大學博士，趙連芳威斯康星大學博士，李權時、潘序倫、馬寅初是哥倫比亞大學博士，何廉是耶魯大學博士。其餘四位博士畢業於歐洲大學，其中劉半農和謝冠生畢業於巴黎大學，陳源畢業於倫敦大學，翁文灝畢業於比利時魯凡大學。

　　該群體中絕大多數為當時國立大學各學系主任或教授，也有少數私立大學教授。國立大學教授中國立中央大學占多數，有宗白華、孫本文、秉志、黃國璋、潘菽、艾偉、趙連芳、郭須靜、夏樹人、馬寅初、武堉乾，涉及文、理、教育、農、商五大學科門類十一個一級學科；國立北京大學教授有劉半農、馮祖荀；國立清華大學教授有陳寅恪、葉企孫、翁文灝，國立浙江大學有孟憲承，葛敬中，國立北平師範大學教授有張怡侗、李建勳，國立中山大學的唐啟宇、黃蔭普，國立武漢大學的陳源，國立交通大學的王崇植。也有少數私立大學教授，如私立金陵大學農學院農藝系主任沈宗瀚編製作物學科課程標準，私立復旦大學商學院院長李權時編制普通商業學科標準，私立南開大學商學院院長兼經濟學系主任何廉編制統計學科課程標準。

　　甚至也有中央研究院研究員和國民政府官員。李濟是當時中央研究院歷史語言研究所考古組主任，周覽是國民政府中央監察委員，謝冠生是國民政府司法院秘書長，潘序倫是國民政府主計處主計官，錢昌祚是國民政府中央航空學校教育長。其中李濟獲得過美國克拉克大學人口學系社會學碩士和哈佛大學人類學系哲學博士，歷任南開大學、清華大學、國學研究院教員。謝冠生為巴黎大學法學博士，歷任復旦大學、中央大學教員。潘序倫為哥倫比亞大學經濟學博士，歷任暨南大學教員。錢昌祚為麻省理工學院航空工程碩士，歷任清華大學教員。不論是研究機構研究員還是國民政府從政人員也都有豐富的大學教學經歷，所以從整體上看當時學科帶頭人都有學科教學經驗。

　　值得一提的是眾多學科帶頭人中不乏赫赫有名的學者以及中國近代學科奠基人。著名學者如中國新文化運動的宣導者之一，也是西北文物保護的力推者劉半農；清華大學四大國學大師之一陳寅恪；清華大學四大哲人之一孫本文。學科奠基者如孫本文——中國社會學奠基人之一，系統介紹西方社會學到中國的主要學者；秉志——中國近代生物學主要奠基人，一九一八年獲得美國康奈爾大學哲學博士，成為第一位獲得美國博士學位的中國學者，他在一九二一年南京高等師範學校開設中國第一個生物學系，一九二二年在南京創辦中國第一個生物學研究機構（中國科學社生物研究所）；翁文灝——中國近代地質學奠基人，是中國第一位地質學博士，編寫了第一本《地質學》講義；黃國璋——中國創辦大學地理學系最多的人；潘菽——中國現代心理學的奠基人之一；李濟——中國考古學之父，主持了著名的河南安陽殷墟發掘考古工作；李建勳——中國教育行政研究的拓荒者；趙連芳——中國近代農業科學先驅者之一；郭須靜——中國引入西方近代園藝科學的奠基者之一；凌道揚——中國近代林業科學先驅等等。

　　課程標準具體規定下列內容：各學院共同必修課程；各學院未分系一年級學生必修課程；各學院各學系二年級以上學生必修課程和選修課程；各科目內容大綱。為了統一口徑，在此次大學課程標準中要求採用統一術語，基本規範近代有關課程基本術語。如統一採用「課目」一詞，「課目即課程中各項科目之名稱」[68]改正原來的「科目」、「學程」等名稱；採用「學分」，代表課業工作的單位名稱，通常採用的「績點」一詞廢止；採用「普通課目」和「高等課目」，區分基本入門的課目和高深課目，改正原來指稱入門課目時採用的「概論」、「大意」、「大綱」等名稱和代表高深課目的「原理」等名稱。

---

68 〈大學課程及設備標準起草時應注意之事項〉，《申報》（1931年10月16日），第3版。

　　一九三一年的課程標準編訂工作並沒有那麼順利開展，一九三四年醫學教育委員會率先談論草擬醫學院課程綱目，一九三五年教育部重新編訂大學課程綱目，以便具有具體指導意義，易於普遍實行。可見，大學課程標準的編訂不僅要考慮其詳實性，更要照顧其適用性問題。

二　大學通識教育的加強

　　此次課程標準編訂不僅規範各學科發展，還有一個很重要的意圖在於打破以往狹隘的專業教育體系，打通科系，加強通識教育。通識教育思想在一九二九年〈大學規程〉中也可看到其端倪，大學規程規定大學各學院或獨立學院各科一年級學生不分系，主要以黨義、國文、兩種外國語和軍事訓練為必修科目，「從第二年起，應認定某學系為主系，並選定他學系為輔系」[69]

　　一九三一年八月三十一日朱家驊在中央黨部總理紀念周上講演「中國大學教育的現狀及應行注意各點」時提到目前大學教育存在的一種現象：大學生喜歡新異的科目，辦學者一味地遷就學生，輕視基礎入門教學，片面追求新流派新學問的評介，導致大學生缺乏基本常識而對高深學問淺嘗輒止。如學哲學的不注重哲學概論和哲學史，學經濟學的不注重經濟學概論，學物理學的不掌握愛因斯坦的相對論，其結果學生掌握的知識零碎分散，難以成為體系，更談不上學問的系統研究。針對此弊端，朱家驊主張「各科系要打通及注重基本功

---

69 教育部公佈：〈大學規程〉（1929年8月14日），收入中國第二歷史檔案館編：《中華民國史檔案資料彙編・第五輯第一編教育（一）》（南京市：江蘇古籍出版社，1994年），頁174。

課，」[70]「一個大學的功課所以要各科系的打通注重基本的功課，是要使大學畢業生具有普通的常識，瞭解基本的理論，畢業以後，才能夠離開別人指導而單獨工作，繼續研究，這才是目前中國的大學應用的效果。」[71]從中映照出大學教學觀的變革，通識教育觀越發凸顯。

一九三一年九月頒佈的〈大學課程編制的意見〉中，大學課程共分為四類，公共必修科、公共選修科、主系必修科和輔系選修科。大學一、二年級學生學習公共必修科和公共選修科。公共必修科包括黨義、國文、英文、第二外語、軍事訓練和體育與衛生，共二十八學分；公共選修科分五組，一至四組，每組要求任選十二學分，第五組要求任選六學分，共計選讀五十四學分：

第一組　科學方法論（3學分）、科學發達史（3學分）、物理學（6學分）、化學（6學分）、生物學（6學分）；

第二組　中國近百年史（3學分）、西洋文化史（3學分）、現代文明概觀（3學分）、國際政治經濟現狀（3學分）、中國政治經濟現狀（3學分）、社會結構及其進化（3學分）；

第三組　中國哲學史（6學分）、西洋哲學史（6學分）、人生哲學（3學分）、論理學（3學分）；

第四組　中國文學（6學分）、西洋文學（6學分）、藝術概論（3學分）、西洋藝術史（3學分）；

第五組　應用化學（6學分）、手工工藝（6學分）、園藝（6學分）、畜牧（6學分）。

主系必修科三十－五十學分，輔系選修科二十學分，大學生畢業學分要求是一三○－一五○學分。按照中國近代學科劃分，「多以修

---

70 〈中央與國府紀念周〉，《申報》（1931年9月1日），第4版。

71 中國第二歷史檔案館編：《中華民國史檔案資料彙編‧第五輯第一編教育（一）》（南京市：江蘇古籍出版社，1994年），頁282。

身、國文、數學和外國語等為基本學科；而其它如歷史、地理、理科、農業、商業等則為實質學科；體操、遊戲、圖畫、唱歌、手工等則為技能學科。」[72] 上述公共必修科的黨義、國文、英文、第二外語、軍事訓練和體育與衛生等學科屬於基本學科和技能學科分類，而公共選修科的五組學科主要屬於實質學科分類。

之所以是通識教育的提倡，是學生在大學前兩年不分院系，學習基本學科、技能學科和實質學科，掌握基礎知識和基本技能，注重文化素養的培育，並沒有一開始就進入特定學系接受專業技能訓練。按照「現代高等教育分為通識教育與專業教育兩部分，前者注重人格和文化素養的培育，後者則側重於專業技能訓練，」[73] 的理解，大學課程標準規定的大學第一第二年的課程主要是加強學生人格和文化素養的科目。尤其是文理學院負責的公共科幾乎涉獵自然、社會、人文諸多學科領域。如第一組學習有助於學生通用科學方法，瞭解自然界概況；第二組學習有助於學生瞭解自己所處時代社會國家的文化歷史；第三組學習有助於學生綜合各科知識，瞭解人生意義；第四組學習有助於學生瞭解文藝趨勢，培養自己的興趣，陶冶高尚的情操；第五組學習有助於學生獲得一種基本技能，並且加以簡單應用。考覈方法除了各科教師的考試之外，還要學校考試委員會組織會考，合格者才能獲得前期畢業文憑，才能選擇主系、輔系進行學習。

一九三二年十一月〈九個月來教育部整理全國教育之說明〉中再次強調基本學科的加強問題「大學為研究學術之所，其所研究之學科，必須由基本而專門，作有系統之研究，倘輕重倒置，先後失序，輕於基本而重於專門，先於專門而後於基本，則學生先已亂其門徑，

---

72 唐鉞、朱經農、高覺敷：《教育大辭書》（上海市：商務印書館，1930年），頁983。

73 張亞群：〈科舉制下通識教育傳統的演變及其啟示〉，《華中師範大學學報（人文社會科學版）》，2009年第4期（2009年），頁128。

研究學術安得有濟。」[74]針對過早強調專業學科而忽略學生基本學科的大學普遍現象進行的批評，體現國家對大學通識教育的意願。

國立暨南大學戰後恢復較快，一九三二年新學期開始後，率先開始實施大學一年級不分院系，加強學生基本學科學習，「因著重基本智力之培養，故大學一年級不分院系，加緊基本課程之修習。」[75]此決定在十二月學校審訂學程委員會集會研究中得到進一步的認可，「將來擬將大學四年學程，做下列原則，即一年級注重基本工具與常識之充實，二年級注重各科基本訓練，三年級著重專業訓練，四年級注重應用技能與現代之新學術。」[76]釐定大學生各學科學習順序，從基本常識到基本訓練再到專業學科學習，以期實現厚基礎寬口徑的人才培養目標。

開辦大學以來就試行過通識教育的國立清華大學從一九三三年度開始，大一學生不分系，文、理、法、工各學院學生都修習包括自然、社會與人文三方面的共同必修課。「設這種共同必修課程的用意，在使學生求得關於自然、社會和人文方面的所謂『通識』。」[77]具體科目包括國文、英文、中國通史、西洋通史、普通物理、普通化學、普通地質學、普通生物學、邏輯學、高級算學、微積分等。上述科目中除了國文、英文之外學生可以有所選擇，通史中可選擇中國通史或西洋通史，自然科學中通常理學院的學生多選擇普通物理或普通化學，文、法學院的學生多選擇普通生物學，思維訓練類課程中理學院的學生多選擇高等算學或微積分，文、法學院的學生多選擇邏輯。

---

74 辛樹幟：《第一次中國教育年鑒‧第二冊丙編教育概況上（民國二十三年）》（臺北市：傳記文學出版社，1971年），頁331下欄。

75 〈暨南大學之新發展〉，《申報》（1932年10月27日），第3版。

76 〈暨南大學最近之發展〉，《申報》（1932年12月2日），第4版。

77 清華大學校史編寫組：《清華大學校史稿》（北京市：中華書局，1981年），頁121。

「工學院的大一課程則無選擇的餘地，除國文、英文之外，有普通物理、微積分、普通化學、工程畫、鑄鍛實習。」[78]

學科帶頭人不局限於一校一院，從規範學科發展角度整體規劃各個學科的課程與設備標準，在大學學科的規範化方面做出了有益的嘗試。在此基礎上提倡大學低年級不分系，廣泛開設人文、社會、自然科學領域的基礎學科，不僅有利於學生人格的培育與人文素養的養成，也有助於學生在廣泛而紮實的基本知識基礎上掌握專門知識，實現知識的創造與有效應用，促進學科知識的縱深發展。

第四節　國立大學科學研究與社會服務職能的加強

一九一二年〈大學令〉到一九一七年〈修正大學令〉以及一九二二年新學制，均規定大學設立大學院，為大學畢業者繼續研究深造之所。一九二九年頒佈的〈大學組織法〉，規定大學設研究院，而國立大學按各自需要設置研究所，卻沒有進行有計劃、有組織的研究院建設。一九三一年國民政府教育部「通令全國國立各大學酌設研究所，推廣科學研究」[79]，大學的科學研究職能正式提出來，一九三四年教育部頒佈〈大學研究院暫行組織規程〉，大力支持大學研究院建設，不僅加強高深學術研究，也規範了研究生教育。一九三〇年〈改進高等教育計劃〉專門提出大學的推廣教育問題，確立了大學的社會服務職能。

---

78 清華大學校史編寫組：《清華大學校史稿》（北京市：中華書局，1981年），頁121。

79 王杰、韓雲芳：《百年教育思想與人物》（天津市：天津大學出版社，2010年），頁89。

一　國立大學研究所的廣泛設置

　　一九三〇年四月全國第二次教育會議通過〈改進高等教育計劃〉，充實國立大學內容方面專門提到籌備研究所問題，國立各大學除了已經設置研究院或研究所之外，「凡具備確定的研究經費，充實的圖書設施，有學術上特殊貢獻的教授等條件者，均酌設研究機關。」[80]相較於二十世紀二〇年代國立北京大學國學門研究所，致力於中國傳統文化的整理研究，國民政府成立後國立大學開設研究所，開展科學研究，鼓勵技術發明，研究領域涉及人文、社會科學和自然科學的廣泛的學科領域，尤其在自然科學學科領域的研究得到加強。

　　國立中山大學由於其經費獨立而有較充分條件發展研究所，開展科學研究較早。據〈國立中山大學現況〉（民國二十四年）中有關研究院沿革記載，一九二七年成立細菌學研究所、解剖學研究所、病理學研究、生理學研究所、兩廣地質調查所、稻作試驗場；一九二八年成立農林植物研究所、文史學研究所、教育研究所、化學工業研究所、藥物學研究所；一九三〇年成立土壤調查所、法學院研究室等。此時研究所分佈在教育、醫、文、理、農等學科門類中。在研究所建設力度上，醫科研究所投入最大，其生理學研究所成立較早，研究所數量也最多，比文、理、農、教育科研究所總數還多。不僅如此，從儀器設備硬體設施條件看，醫科研究所也走在眾研究所前列。以一九三一年統計資料為例，醫學院（同年秋各科改稱學院）生理學研究所大小儀器標本七五五件，解剖學研究所三〇二一件，病理學研究所七五一件，細菌學研究所八二一件，藥物學研究所五四四件，大小儀器

---

80 辛樹幟：《第一次中國教育年鑒・第二冊丙編教育概況上（民國二十三年）》（臺北市：傳記文學出版社，1971年），頁329頁下欄。

共計五八九二件。相比之下，教育研究所儀器一一三種，化學工業研究所大小儀器二〇八具，農林植物研究所大小儀器四八八件。雖然不同學科所需儀器設備有所不同，也很難從數量的多少來衡量其絕對發展狀況，但至少可以看到，在有限的設備條件下，醫科所屬各研究所發展的優勢與強勢。

國立交通大學和國立中央大學圍繞特色學科有所側重地開展研究工作。一九三〇年八月「孫科於交通大學增設研究所」[81]是大學畢業生和國內專家學者研究國家建設問題與建設方法的專門機構，內分工業研究和經濟研究兩門，預算年費為十餘萬。工業研究所還額外得到中華教育文化基金委員會資助五萬元，充實研究設備和條件。「工業研究部主要從事水泥、鋼骨混凝土、燃料、各種植物油的工業應用和油漆、通訊、木材、黃沙等研究；經濟研究部主要研究中國的經濟改造、農村經濟、糧食產銷、鐵路運價和不平等條約對國民經濟的束縛等問題。」[82]

國立中央大學教育學院，其前身是國立東南大學教育科，是中國近代國立大學最早的教育學科建制。為根本改造我國小學課程，特編寫民族中心制小學課程，一九三四年二月創辦教育實驗所，積極開展研究，成果顯著。據一九三四年四月二十日《申報》刊登的「中央大學教育實驗所工作近況」，校外機構委託該所研究課題，「中華教育文化基金會之委託進行全國中學英文教學研究，此項研究，系由該院心理系兼院長艾險舟及教育系教授張士一主持，」[83]艾險舟院長注重測

81　〈交大將增設研究所〉，《申報》（1930年8月13日），第2版。

82　方增泉：〈略論二十世紀二三十年代中國大學的學科調整——從大學教育與經濟現代化的關係的角度看〉，《北京師範大學學報（社會科學版）》2005年第5期（2005年），頁133。

83　〈中央大學教育實驗所工作近況〉，《申報》（1934年4月20日），第4版。

驗與統計研究，編制了四種測驗量表，隨機抽查全國各省高中各年級
和大學一年級學生一萬人進行測試，對華北、山東、河南、山西和河
北一帶學生進行了一次測驗，接著對江蘇、浙江、安徽、江西、湖
南、湖北、廣東、廣西等地學生進行測驗。張士一注重調查研究，已
在春假後到北平天津一帶學校做了問卷調查。除此之外，該所編印了
心理教育實驗專篇，第一期為「知覺單元形成之條件」，第二期為
「漢字測量」。同年開始招收小學一年級學生一班，進行教學實驗研
究。出於研究需要於一九三四年六月招收研究生，入學資格為大學教
育學系畢業，編寫小學教材和研究小學教育面臨的實際問題。一九三
四年十一月十九日《申報》報導，教育部准國立中央大學設立理、農
兩科研究所，分設算學、農藝兩個研究部。一九三五年理科研究所算
學部開始招生，一九三六年農科研究所農藝部擬招生。

　　國立北京大學和國立清華大學所有院均設立研究所。「原來的北
大研究所國學門已於一九三〇年十一月起恢復，」[84]一九三二年國立
北京大學在研究所國學門基礎上正式成立大學研究院，下設文史、自
然科學和社會科學三部，一九三四年六月，將三部改為文科、理科、
法科研究所。國立清華大學早在一九二五年就成立過國學研究院，王
國維、梁啟超、陳寅恪和趙元任等任教授。一九二九年秋重整研究
所，開辦研究院，停辦國學研究院，先辦理科研究所，「國立清華大
學研究院，今年先辦物理、生物、化學、外國語文四研究所。」[85]初
步任命葉企孫為物理研究所所長，陳楨為生物研究所所長，張準為化
學研究所所長，王文顯為外國語文研究所所長。發展到一九三一年，
國立清華大學三院九學科設立了研究所，研究生人數每所最少有一

---

84 蕭超然、沙健孫、周承恩、梁柱：《北京大學校史》（上海市：上海教育出版社，
　　1981年），頁204。

85 〈清華大學擴充研究院〉，《申報》（1929年8月29日），第3版。

人，最多達到九人規模，見表6-10。一九三二年心理學研究所招收研究生，一九三三年社會學與地理學兩研究所也開始招生。

表6-10　國立清華大學研究所（二十年度）學生統計

學院	學系	研究生數
文學院	中國文學	5
	外國語文	2
	歷史學	8
理學院	算學	3
	物理學	1
	化學	4
	生物學	1
法學院	政治學	8
	經濟學	9

資料來源：辛樹幟：《第一次中國教育年鑒・第二冊丙編教育概況上（民國二十三年）》（臺北市：傳記文學出版社，1971年），頁385-385。

一九三一年後國立武漢大學、國立暨南大學和國立山東大學也表現出設立研究所、研究室的意願。〈國立武漢大學組織規程〉中提出設立研究院的設想，到了一九三一年文、理、法、工四學院已有四年級學生，第一二三次校務會議議決「自二十年度起，籌設各學院研究所，每一研究所，籌備時間定為一年，各學院研究所有一半完成時，全校研究院即宣告成立。」[86]國立暨南大學校長鄭洪年於一九三一年二月二十二日召集文、理、法、教育、商五學院院長及相關行政人員，「討論該校各院部添設研究室事，除理學院已有科學館，文教兩

---

[86] 〈武漢大學籌設研究院〉，《申報》（1931年6月16日），第3版。

院已設研究室，再圖充實外，法商兩院與中學部與黨義研究室亦亟應添設。」[87]國立山東大學從一九三二年七月後增設濟南農學院，濟南一九三二年七月十五日電，「濟南農院，設研究推廣兩部，研究山東主要農產之改良，研究生需大學農科畢業。」[88]

　　與上述國立大學鼓勵增設研究所不同，國立北平師範大學原設研究所在此次整頓中按照教育部令停辦。一九三一年國立北平師範大學組織系統表中與文、理、教育學院並列設有研究院，下設教育科學門和歷史科學門。一九三四年七月教育部改進國立北平師範大學訓令提出「該校研究所學生僅十二名，而職員計有十八人，月耗經費三千八百元，無何特殊設備，成立以來尚無成績可言，該研究所自下年度起停辦，原有經費移供充實本科設備之用。」[89]

二　國立大學研究院的設立

　　一九三四年五月十九日教育部頒佈〈大學研究院暫行組織規程〉，明確規定大學研究院要招收大學本科畢業生，研究高深學術，具體劃分文、理、法、教育、農、工、商、醫各研究所，以各學科門類命名，如文科研究所、理科研究所、法科研究所、教育研究所、農科研究所、工科研究所、商科研究所和醫科研究所等。「凡具備三研究所以上者，始得稱研究院，在未成立研究院以前，各大學所設各科研究所不冠用研究院名稱……各研究所依其本科所設各系分若幹部，

87 〈暨大各院添設研究室〉，《申報》（1931年2月23日）第3版。

88 〈青大改為山東大學〉，《申報》（1932年7月27日），第3版。

89 〈教育部改進國立北平師範大學訓令〉（1934年7月4日），收入中國第二歷史檔案館編：《中華民國史檔案資料彙編・第五輯第一編教育（一）》（南京市：江蘇古籍出版社，1994年），頁210。

稱其研究所某部。」[90]以學科為基礎建立的大學研究院建制是研究院—研究所—研究部。每個研究所可設一部或數部，三個研究所構成研究院。研究院設院長一人，由校長兼任，研究所和研究部各設主任一人。研究院、研究所和研究部的設置均經教育部核准。

　　教育部在〈大學研究院暫行組織規程〉頒佈前就鼓勵和資助建設國立大學研究院，第二次庚款聯席會議議決「撥用英美庚款創辦國立大學研究所，聞從下年度起先擇設備較完善之國立大學內，附設理農及社會教育三研究所。」[91]一九三四年五月十九日教育部函請中華教育文化基金董事會及管理中英庚款董事會「年撥英庚款各十萬元，暫以一年為期，補助上述三校研究院之增設，並請先將數額予以認定。」[92]文中所稱三校即國立中央大學、國立武漢大學和國立浙江大學，一九三四年暑假後教育部令該三所大學設立研究院。

　　中英庚款董事會成立於一九三一年四月，董事十五人，其中英國籍五人，中國籍十人，隸屬於行政院。該董事會主要操作英國退還庚款一一八〇餘萬英鎊的具體支配和利用問題。按照當時規定，退還庚款基金的支配使用集中於鐵道、電訊和水利工程，利息的支配使用集中在博物館、圖書館、高等教育及研究機關的建築設備和留英公費生的考送以及規範中小學、職業學校的建設方面。高等教育領域的資助「在學科方面注重理農工醫。」[93]國立大學研究所建立有幸得到該董

90　教育部頒佈：〈大學研究院暫行組織規程〉（1934年5月19日），收入中國第二歷史檔
　　案館編：《中華民國史檔案資料彙編・第五輯第一編教育（一）》（南京市：江蘇古
　　籍出版社，1994年），頁1383-1384。

91　〈教部將撥英美庚款〉，《申報》（1934年4月20日），第4版。

92　〈教部令三大學增設研究所〉，《申報》（1934年5月20日），第4版。

93　朱家驊：〈關於中英庚款董事會成立經過及其與中國教育文化事業關係的報告〉
　　（1941年4月8日），收入中國第二歷史檔案館編：《中華民國史檔案資料彙編・第五
　　輯第二編教育（一）》（南京市：江蘇古籍出版社，1997年），頁274。

事會資助，學術研究得到有力的經濟保障，促進了大學研究職能的發揮與完善。按照大學設置研究院、所須具備條件，教育部令上述國立大學不論在教育經費，還是圖書、儀器、建築以及師資力量諸多方面均要加強，以滿足高深學術研究的需要。

　　之前設立研究所的國立大學必須按照教育部此次〈大學研究院暫行組織規程〉規定，需要呈報教育部重新審核研究院所，若是達到教育部規定的設置研究院三大條件，「一、除大學本科經費外，有確定充足之經費專供研究之用；二、圖書儀器建築等設備，堪供研究工作之需；三、師資優越，」[94]才能繼續設立。一九三四年教育部重新審核通過的大學研究所有三所國立大學、一所國立獨立學院和一所私立大學，共計九個研究所，涉及文、理、法、農、工、商六大學科門類：

　　　「一、國立清華大學：1.文科研究所—中國文學、外國文學、哲學、歷史四部；2.理科研究所—物理、化學、生物、算學四部；3.法科研究所—政治、經濟兩部。二、國立中央大學：1.理科研究所—算學部；2.農科研究所—農藝部。三、國立武漢大學：1.法科研究所—經濟部；2.工科研究所—土木工程部。四、國立北洋工學院：1.工科研究所—採礦冶金部。五、私立南開大學—1.商科研究所—經濟部。」[95]

　　一九三五年經教育部審核通過設立研究院所的大學增加了國立北京大學和國立中山大學。其中國立中山大學於一九三五年四月間「呈

---

94 教育部頒佈：〈大學研究院暫行組織規程〉（1934年5月19日），收入中國第二歷史檔案館編：《中華民國史檔案資料彙編‧第五輯第一編教育（一）》（南京市：江蘇古籍出版社，1994年），頁1384。

95 〈民國廿三年教育上之重要改革〉，收入申報年鑑社：《第三次申報年鑑》（上海市：美華書館，1935年），961。

請教育部將各研究所斟酌改組，訂定章程，正式成立研究院，經奉部令准予備案。」[96]至此設立大學研究院所的大學共計七所，其中國立大學五所，國立獨立學院一所，私立大學一所。具體設置研究所和研究部詳見表6-11。

表6-11　教育部核准的大學研究所（1935年6月）

校名	研究所	研究部
國立清華大學	文學研究所	中國文學部、外國文學部、哲學部、史學部
	理科研究所	物理部、化學部、算學部、生物學部
	法科研究所	政治部、經濟部（暫停招生）
國立北京大學	文科研究所	中國文學部、史學部
	理科研究所	數學部、物理部、化學部
	法科研究所	（暫停招生）
國立中山大學	文科研究所	中國語言文學部、歷史部
	教育研究所	教育學部、教育心理部
	農科研究所	農林植物部、土壤部
國立中央大學	理科研究所	算學部
	農科研究所	農藝部
國立武漢大學	工科研究所	土木工程部
	法科研究所	經濟部
國立北洋工學院	工科研究所	採礦冶金部
私立南開大學	商科研究所	經濟部

資料來源：〈教部限制招收研究生〉，《申報》（1935年6月3日），第4版。

96　《國立中山大學現況（民國二十四年）》（臺北市：傳記文學出版社，1971年），頁335。

如表所示，研究所學科門類包括文、理、法、教育、工、農、商七科，而國立大學研究院下設研究所學科門類主要是文、理、法、教育、工、農六科，沒有商科和醫科研究所。其中國立北京大學、國立清華大學、國立中山大學研究院所成立較早。國立北京大學於一九三五年六月修訂〈國立北京大學大學研究院暫行規程〉，規定研究院院長由校長兼任，三個研究所主任分別由文、理、法學院院長兼任，採用了學院、研究所一體化模式。國立清華大學同樣「研究院各所各學部，都分屬有關院系管理，」[97]根據一九三一年〈國立清華大學研究院章程〉，研究院按照各學系設立研究所，研究所主任由各學系主任兼任。國立武漢大學研究所從一九三一年就開始籌備，國立中央大學研究所於一九三四年十一月教育部獲准先辦理、農兩科研究所。與此同時私立南開大學也得到教育部獲准，「擬改辦經濟研究所暨裁併經商兩院學系」[98]設立了商科研究所，下設經濟部。獨立學院中只有國立北洋工學院於一九三四年十二月組成工科研究所，招收國內外工科畢業生，研究工業領域高深學術。

據一九三五年十一月四日蔡元培先生在中央黨部總理紀念周上報告中央研究院與中國科學研究之概況，一九三五年底教育部核准設立的研究院、所中除了上述七所大學及獨立學院之外，增加了私立燕京大學，其研究院下設理科研究所、法科研究所和文科研究所，具體研究部分別是化學部、生物學部、政治學部和歷史學部。根據〈燕京大學研究院章程〉第四條規定「本研究院設院長一人，得由本大學校長兼任，各研究所及所屬各部各設主任一人，得分別由有關之院長系主

97 〈國立清華大學〉，收入吳惠齡：《北京高等教育史料第一集（近現代部分）》（北京市：北京師範大學出版社，1992年），頁36。

98 〈教部準中大南開辦研究所〉，《申報》（1934年11月19日），第3版。

任兼任之。」[99]與當時國立北京大學與國立清華大學研究院、所管理基本相同，學院與研究所不是獨立機構，同由院長兼任管理。學院—學系主要負責本科生教學管理工作，研究所—研究部致力於研究生的學術研究事宜。

　　一九三六年教育部統計大學研究院、所見表6-12。

表6-12　大學研究院統計表（1936年）

校名	院名	設置學科
國立清華大學	文學研究所	中國文學部、外國文學部、哲學部、史學部
	理科研究所	物理部、化學部、算學部、生物學部
	法科研究所	政治部、經濟部（暫停招生）
國立北京大學	文科研究所	中國文學部、史學部
	理科研究所	數學部、物理部、化學部
	法科研究所	（暫停招生）
國立中山大學	文科研究所	中國語言文學部、歷史部
	教育研究所	教育學部、教育心理部
	農科研究所	農林植物部、土壤部
國立中央大學	理科研究所	算學部
	農科研究所	農藝部
國立武漢大學	工科研究所	土木工程部
	法科研究所	經濟部
國立北洋工學院	工科研究所	採礦冶金部
私立南開大學	商科研究所	經濟部
	理科研究所	化學工程部

99　〈私立燕京大學〉，收入吳惠齡：《北京高等教育史料第一集（近現代部分）》（北京市：北京師範大學出版社，1992年），頁195。

校名	院名	設置學科
私立燕京大學	理科研究所	化學部、生物學部
	法科研究所	政治學部
	文科研究所	歷史學部
私立東吳大學	法科研究所	法律學部
私立金陵大學	理科研究所	化學部
	農科研究所	農業經濟部
	文科研究所	史學部（准予二十六年度招生）
私立嶺南大學	理科研究所	生物部、化學部

資料來源：中國第二歷史檔案館編：《中華民國史檔案資料彙編・第五輯第一編教育（二）》（南京市：江蘇古籍出版社，1994年），頁1385-1386。

相較於前一年度大學研究院、所統計，一九三六年新增六個研究所，涉及四所私立大學。其中新增設研究院、所大學三所，分別是私立東吳大學、私立金陵大學和私立嶺南大學。一九三六年八月二十五日南京電，教育部核准下列各大學設立研究所學部，「南開理科研究所化學工業部，嶺南理科研究所化學部，金陵農科研究所農業經濟部、理科研究所化學經濟部。」[100]之後陸續增加的研究所有私立東吳大學法科研究所和私立金陵大學文科研究所，新增研究部有私立嶺南大學理科研究所生物部。從大學研究院所增加趨勢看，主要是私立大學，國立大學沒有新增研究院所。

截止到一九三六年，十三所國立大學中五所設立研究院，共十三個研究所，二十五個研究部。二十所私立大學中南開大學、燕京大學、東吳大學、金陵大學和嶺南大學等五所建立了十個研究所，十二個研究部。九所省立大學中沒有一所建立研究院所。獨立學院中只有

---

100 〈各大學增設研究所學部〉，《申報》（1936年8月26日），第4版。

國立北洋工學院設立了工科研究所採礦冶金部。不論從研究所數量還是從研究院比例看，大學研究職能的發揮方面國立大學獨佔鰲頭。

三　研究生教育的規範化

　　大學研究院成立之前，國民政府於一九二八、一九二九年先後成立中央研究院和北平研究院，均屬於獨立設置的科學研究機構。前者隸屬於國民政府，後者隸屬於教育部。中央研究院設有物理、化學、工程、天文、氣象、心理、歷史語言、社會科學、動植物等研究所，北平研究院設有物理、化學、藥學、鐳學、生理、動物、植物、地質、史學等九個研究所，學科設置包羅理、工、醫、文、法等領域。不同於大學研究院，上述獨立研究院不招收研究生。

　　為此教育部加強大學研究院建設，其很重要意圖是為大學畢業生提供繼續深造的機會，培養研究生，為國家建設提供高層次研究人才。一九三四年〈大學研究院暫行組織規程〉第七條規定，大學研究院或研究所招收研究生，以公立或立案的私立大學及獨立學院畢業生經公開考試合格後方可錄取。錄取範圍上不能限於本校畢業生，國外大學本科畢業者有資格也可以參加考試。具體課程與論文事宜各校自擬，呈報教育部核定。

　　與大學研究院制度相配套，一九三五年四月二十二日國民政府公佈〈學位授予法〉，從一九三五年七月一日起施行，「這部法規的頒佈標誌著中國以學科分類為基礎的學位制度的正式建立或定型。」[101]該法規定學位分學士、碩士和博士三級，學士和碩士學位由大學或獨立學院授予，博士學位由國家授予。一九三五年五月二十三日教育部訂

---

101 紀寶成：《中國大學學科專業設置研究》（北京市：中國人民大學出版社，2006年），頁15。

定的〈學位分級細則〉規定文科、理科、法科、教育科、農科、工科和醫科學位分三級，商科學位分商學士、商學碩士二級。其中文科和商科下設政治學和經濟學授予法學學位，法科下設商學授予商學學位。碩士、博士學位稱號標誌著大學高層次人才所能達到的學術水準，大學研究院、所培養的人才有了學術水準的認定與認可，使得研究生教育更加規範合理。

　　一九三五年六月十二日，教育部公佈〈碩士學位考試細則〉，詳細規定碩士學位考試資格、考試主辦者、考試類型、考試評定事宜。碩士學位候選人，才有資格參加碩士學位考試，分學科考試和論文考試兩種，由碩士學位考試委員會負責，每學年第二學期末舉行。要想獲得候選人資格：首先，是獲得學士學位或學位法公佈前在本國公立大學或立案私立大學或獨立學院本科畢業或在教育部認可的國外大學獲得相當於學士學位的人員；其次，是在大學研究院或研究所繼續研究兩年以上，修完規定課程，且成績合格者；最後，要完成研究論文。碩士學位候選人一般由研究所主任負責指導。碩士學位考試委員會由教育部核准，校方聘請，校內外委員各占半數，主席由教育部指定。學科考試採用筆試，考所修學科中與論文相關的兩種以上科目，論文審查由兩名校外委員負責，論文考試採用口試。兩種考試中至少有一名校外委員主持。考試成績核算中論文成績占百分之六十，學科成績占百分之四十，且兩種成績均在六十分以上為準。

　　一九三六年四月七日教育部公佈〈碩士學位考試辦法〉，「各大學經部核准設立之研究院、研究所，如有二十三年度招收之研究生，於本年度末研究期滿，自得舉行碩士研究生考試。」[102]一九三五年到一

102　〈碩士學位考試辦法〉（1936年5月7日），收入中國第二歷史檔案館編：《中華民國史檔案資料彙編‧第五輯第一編教育（一）》（南京市：江蘇古籍出版社，1994年），頁1408。

九四九年，全國只舉行過九屆學位考試，共授予二三二人碩士學位，授予碩士學位最多的是一九四三年成立的國立交通大學電信研究所，有十九人（工學碩士），其次是國立中央大學，有九人。[103]直到中華人民共和國成立，中國大學授予的最高學位是碩士學位，未授予博士學位。

為了鼓勵研究，國立清華大學、私立燕京大學都設立了專門的研究生獎學金制度。〈國立清華大學研究院章程〉明確規定，大學研究院學生獎學金名額為一百名，每名每年三二〇元，每年的十一月一日、二月一日、四月一日、六月一日分四期分發，以資助成績優良者。私立燕京大學專門制定〈燕京大學研究院獎學金制度〉，各項獎學金如下：「（甲）哈佛燕京學社獎學金；（乙）理科研究所（化學，生物，物理）設獎學金若干名額每名、每年給國幣四百元至六百元；（丙）生物學部由中山文化教育館贈予生物學研究獎學金額一名、每年給國幣伍佰元；（丁）政治學部設研究邦交或吏治之獎學金額若干名每名、每年給國幣三百元；（戊）教育學系設鄉村建設獎學金若干名額，每名每年約給國幣六百元。」[104]

據《中華民國史檔案資料彙編》教育統計表，從一九三六年開始有具體學科門類研究生資料，一九三六年全國大學研究院所中研究生共計七十五人，分別是文科七人，法科九人，商科十八人，理科十八人，工科二十三人。雖然在抗戰前夕大學遷移關係，大學研究院所曾一度停頓，一九三七、一九三八年度研究生數量驟降到二十人和十三人，但在一九三八年後研究生培養工作逐漸恢復，研究生數也逐年增加，詳見表6-13。

---

103 孫宏安：《中國近現代科學教育史》（瀋陽市：遼寧出版社，2006年），頁476。

104 〈私立燕京大學〉，收入吳惠齡：《北京高等教育史料第一集（近現代部分）》（北京市：北京師範大學出版社，1992年），頁199-200。

表6-13 抗日戰爭期間全國大學研究生數統計表

年度	共計	文	法	商	教育	理	工	醫	農	師範
1945	464	151	85	6	38	71	51	9	53	-
1944	422	113	62	8	-	90	49	16	54	30
1943	410	115	44	11	-	108	26	21	51	34
1942	289	90	27	11	-	61	19	8	40	33
1941	333	90	59	11	4	79	19	2	36	33
1940	284	83	48	-	-	83	8	-	26	36
1939	144	48	11	-	3	39	7	-	22	14
1938	13	-	-	-	-	2	6	-	4	1
1937	20	-	-	-	-	4	12	-	4	-
1936	75	7	9	18	-	18	23	-	-	-

資料來源：中國第二歷史檔案館編：《中華民國史檔案資料彙編‧第五輯第二編教育（一）》（南京市：江蘇古籍出版社，1997年），頁783-788。

　　如表所示，一九三六至一九四五十年間，研究生數量從七十五人增加到四六四人，增長六倍，主要是文、法、理、工、農學科研究生數增長較穩定，充分證明「高等教育在戰時不僅能照常發展，並已漸能納入軌道……我國大學及研究院所，已可造就所需之候補人才。」[105]相較於文、理、法、工、農科研究生教育，教育學院或師範學院從一九三九開始招收研究生，醫學院從一九四一年才開始招收研究生，商學院研究生規模沒有起色。大學研究院所發展中教育、醫、商學科門類發展不論起點還是發展規模均較落後。

---

[105] 〈抗戰期間的中國教育（1937-1945）〉，收入中國第二歷史檔案館編：《中華民國史檔案資料彙編‧第五輯第二編教育（一）》（南京市：江蘇古籍出版社，1997年），頁299。

四　國立大學社會服務職能的確立

　　大學推廣部的設立在官方檔中最早出現於一九二四年二月二十三日教育部公佈的〈國立大學校條例令〉，第十條規定「國立大學校得附設各項專修科及學校推廣部。」[106]一九三○年四月全國第二次教育會議通過的〈改進高等教育計劃〉專門提出大學及專科學校的推廣教育問題，「各大學及專科學校在可能範圍內，應用各種方法推廣教育，如舉行公開演講、夜學班、科學詢問處、各種技術實用特別班、各種實用學術指導所、出版部、展覽會、暑期學校等。」[107]再次提倡大學的社會服務職能。

　　大學為當時當地社會需要服務的職能形成於十九世紀中期美國的「贈地學院」，是在北美聲勢浩大的「西進運動」和工業革命背景下產生的大學拓展職能，最具代表性的是威斯康辛大學。威斯康辛大學當時有個理念，大學辦在這裏，就是要跟當地打成一片，不僅要培養當地政府所需要的人才，教師也可以去政府部門兼職。面對社會發展需要大量的農技人才，威斯康辛大學就大力發展農科農業技術。通常而言，大學直接為社會服務的職能來自於威斯康辛大學。二十世紀三○年代的中國社會也需要大學造就大批富於實乾和開拓能力的實用型人才，尤其需要工、農、醫科類實用人才。因此，當時的大學在推廣教育方面也在做出積極努力並開展形式多樣的教學服務、科研服務和社會服務。

---

106 教育部公佈：〈國立大學校條例令〉（1924年2月23日），收入中國第二歷史檔案館編：《中華民國史檔案資料彙編・第三輯教育》（南京市：江蘇古籍出版社，1991年），頁174。

107 辛樹織：《第一次中國教育年鑒・第二冊丙編教育概況上（民國二十三年）》（臺北市：傳記文學出版社，1971年），頁329上欄。

教學服務方面，國立大學利用大學的綜合優勢舉辦培訓班。濟南一九三二年七月十五日電，「濟南農院，設研究推廣兩部，設農業傳習所，專收農家子弟，改良農作。」[108]國立中央大學與全國經濟委員會合辦植棉訓練班，還與中央棉業改進所合辦江浦植棉指導所等。另一方面，國立大學在生產第一線進行教學實驗和服務。一九三四年十二月二十五日《申報》刊登「國立中山大學設立鄉村教育實驗區」的報導，國立中山大學注重生產教育，「本學期教育系諸教授認為，民眾教育鄉村建設極為重要，」[109]在廣州附近鄉村建立鄉村教育實驗區。發起人為教育系許逢熙、周葆儒和崔載陽三位教授，選定廣州番禺縣龍眼洞為實驗區，並於番禺縣政府合作成立指導委員會，任周葆儒為主席，以結合學科特色，開展鄉村教育活動，服務鄉村，服務社會。

科研服務方面，國立大學一方面參與國家和地方的聯合科研攻關。國立中央大學前身東南大學就開展過積極有效的社會服務活動，尤以農科為中心，直接服務於當時當地社會，滿足民生需求，弘揚民族精神。延續這一優良傳統，國立中央大學在一九三二年以來加大社會服務範圍，不僅為當地生產建設服務，還從國計民生的角度推廣其服務範圍。尤其在科學研究服務方面成績突出，「力謀與學術機關合作並與國家及社會事業大成一片，」[110]服務範圍近到南京，遠到雲南、四川。詳見一九三二年至一九三七年國立中央大學校外合作事業一覽表，見表6-14。

---

108 〈青大改為山東大學〉，《申報》（1932年7月27日），第3版。
109 〈中山大學設立鄉村教育實驗區〉，《申報》（1934年12月25日），第4版。
110 〈兩年來之中央大學〉，《申報》（1934年6月25日），第4版。

表6-14　國立中央大學一九三二至一九三七年與校外合作事業一覽表 （節選）

機關名稱	開始時期	合作事業
江寧要塞司令部	廿一年十二月	要塞造林
浙江武領學校農業試驗場	廿二年二月	稻作區域試驗
安徽省立稻麥改良場	廿二年四月	稻作區域試驗
河南第一區農林局商邱農場	廿二年十月	小麥及大豆玉米區域試驗
實業部中央農業實驗所	廿三年四月	棉作區域試驗飛蝗防治研究
四川中心農事試驗場	廿四年四月	稻作區域試驗
美國洛氏基金會	廿四年十月	改良豬種及飼料等研究
國立武漢大學農學院	廿四年十一月	小麥試驗
山東省第一區農場	廿四年十一月	小麥試驗
全國稻麥改進所	廿五年三月	稻麥分級試驗，崑山稻作改進實施區及小麥區域研究
雲南第一農事試驗場	廿五年十月	小麥區域試驗
湖北棉產改進處	廿五年十月	小麥區域試驗
金陵大學農學院	廿五年十月	小麥區域試驗
江蘇泰興丁氏義莊農場	廿六年一月	改良豬種
浙江省家產保育所	廿六年五月	改良豬種

資料來源：節選自左惟、袁久紅、劉慶楚編：《大學之道：東南大學的一個世紀》（南京市：東南大學出版社，2002年），頁450。

　　國立中央大學科研服務範圍不僅有南京一帶種樹造林，還為江甯自治實驗縣調查全縣地質，改良蠶種麥種，設計電力灌溉，協助辦理

實驗鄉農業改良事業；派人員到雲南邊界，調查生物；協助調查四川石油；協助中華文化教育基金董事會調查中學英文教材等等。羅家倫在國立中央大學最近四年的系列報導中詳細列舉了其社會服務事業，「以求國立大學教育對於國計民生稍有裨益者。」[111]與江蘇、浙江、安徽、湖南、四川等省縣地方農業試驗機關合辦水稻麥子棉花等各種試驗；與衛生署南京政府合作辦理衛生診療所及衛生實驗事務，與實業部合作編纂中國經濟統計；與揚子江水利委員會合作舉行水工試驗等等。

另一方面國立大學加強應用研究開發，直接滿足社會需要。國立中央大學教育學院心理學系在實驗研究和測驗編制方面國內首屈一指。「該系近年所修訂與編造之各種量表不下五十餘種，」[112]其量表主要集中在智力測驗、教育測驗和人格測量三大領域。智力測驗有軍隊測驗和各級學生團體及個別測驗；教育測驗包括小學各學科測驗和中學英文測驗；人格測量方面有情緒測驗，各種人格量表和職業測驗等。其研究成果引起當時國內各界，如軍事、政治、商業和教育界的關注，充分展現其應用研究優勢，為社會各界開展相關工作提供可靠的工具，協助其解決現實問題。

除了上述教學服務、科研服務之外，國立大學知識推廣活動還涉及到綜合服務領域，大學生廣泛參加實踐性質的社會服務。如國立暨南大學教育學系注重基礎理論學習的同時加強教育調查。一九三〇年底教育學系邵爽秋博士帶領三、四年級學生到黃渡參觀上中鄉村師範部。據《申報》報導，雙方師生不僅共同討論鄉村教育問題，切實瞭解鄉村教育存在的困難，回校後擬分別研究。邵爽秋博士還演講有關

---

111 〈中央大學之最近四年〉，《申報》（1936年9月12日），第4版。

112 〈中大教育學院心理學系近況〉，《申報》（1936年6月17日），第4版。

「勞動與教育本位一體，學校與社會不應分家」[113]的問題，闡述了教育與生產勞動相結合，學校教育與社會教育相結合的教育思想，具有理論前瞻性。國立大學結合學科特點，直接面向社會開展業務活動或開辦社會服務的工廠、農牧場、附屬醫院等。國立中央大學農學院畜牧獸醫系從開發西北復興農村的實際需要出發在新校址附近添建牧場，得到國民政府的補助與美國洛氏基金會物質協助等等。抗日戰爭爆發後教育部應全國政治、經濟、生產建設各方面的需要，在後方設立若干所國立大學，支持學術研究之外，要求大學研究所在地文化教育風俗習慣，大學的社會服務職能得以充分發揮。

113　〈暨大教育系參觀黃渡鄉師〉，《申報》（1930年12月3日），第3版。

第七章
案例分析：中國近代國立大學教育學科建制的演化

　　教育學科在中國近代大學學科體系中從無到有，經歷了一段曲折的構建與演變歷程。教育學從〈奏定大學堂章程〉中一門課程到一九二九年〈大學組織法〉中成為與文、理、法、農、工、商、醫學等相並列的學科門類，制度層面上極大地提升了它的學科地位。在中國近代國立大學中國立東南大學最先設置教育科系，成為教育學在國立大學中學科建制的開端。隨著「高師改大」運動，國立大學中教育科系院所建制得以擴充發展，而在二十世紀三〇年代國立大學院系整頓中教育學科建制不同程度地受到制約。教育學科建制在中國近代國立大學中的演變歷程是中國近代國立大學學科建制與發展的一個縮影，也是制約它的各種因素綜合作用的結果。

第一節　國立大學教育學科設置的背景

　　中國近代國立大學中教育學科何以建制與發展，固然是多方面綜合作用的結果，而大學法規制度所起的政策引導作用是必不可少的。中國近代最早頒佈實施的〈奏定大學堂章程〉與民國時期相繼出臺的〈大學令〉、〈大學規程〉、〈大學組織法〉、〈大學法〉等大學法規制度是解讀大學學科編制的基礎文獻。在中國近代大學法規制度中教育學從一門課程發展到一門獨立學科門類大體經過二十年的努力。

一 教育學作為課程在大學法規中的出現

〈奏定大學堂章程〉是以日本學制為藍本研製的中國近代第一部大學法規。該章程中教育學不具有獨立學科地位，它出現在政法科下設政治學門的主課中，同時出現在文科下設英國文學門、法國文學門、俄國文學門、日本國文學門的補助課中，《中外教育史》出現在經科各門的補助課中。民初〈大學規程〉中教育學同樣作為課程之一，出現在哲學下設中國哲學和西洋哲學的科目之中。由此可見，清末民初的大學法規制度中，教育學僅僅是一種課程，而且是學科歸屬不夠明確的課程門類，或歸屬於政治學或歸屬於文學或歸屬於哲學。此時的教育學還不具有獨立學科地位，其研究對象與治學方法還有待明確與完善。

國立北京大學一九一七年課程安排中就有《教育學》課程，「大學文科分為哲學、文學、史學三門。哲學門通科：心理學概論、認識論……教育學概論、美學概論……以上各科，各生所必習者除外國語外，各科均在第一、二學年講畢。專科：中國哲學史……教育學（教授法）（教育史）（教育學史）……以上各科在第三、第四年講授，任各生自擇正科一科，副科一科或二科，聽講時間必在三〇單位以上。」[1]作為哲學門通科之一，《教育學概論》是哲學系所有學生的必修課程，作為中國哲學史專科之一，《教育學》是中國哲學史專業高年級學生的選修課程。教育學課程安排在哲學中，這一開端似乎與教育學的本源極其相似。康德曾在哲學講座中最先講授教育學，之後赫爾巴特加以發展，使教育學成為一門獨立學科。因此，教育學從其學

---

[1] 〈北京大學文、理、法科本、預科改定課程一覽〉（1917年），見潘懋元、劉海峰：《中國近代教育史資料彙編‧高等教育》（上海市：上海教育出版社，2007年），頁382-383。

科淵源上與哲學息息相關，它是從哲學中分化出來的一門學科。

二 教育學作為學科在大學法規中的出現

　　一九二二年十一月一日教育部公佈的〈學校系統改革案〉規定，「依舊制設立之高等師範學校，應於相當時期內提高程度，收受高級中學畢業生，修業年限四年，稱為師範大學校……為補充初級中學教員之不足，得設二年之師範專修科，附設於大學校教育科，或師範大學校。」[2]「大學教育科」的表述充分說明教育部當時已默認了大學校可以設置教育科，教育學從清末民初的課程門類逐步獲得一定的學科地位。因此，通過一九二二年新學制，不僅明確規定了高等師範學校可以升格為師範大學，還明確了綜合大學可以設置教育科。隨著新學制的頒佈，二十世紀二〇年代出現了「高師改大」運動，隨著高等師範學校升格為大學，國立大學中教育科系建制迅速增多。

　　教育學最高學科地位的確立要歸功於一九二九年七月二十六日頒佈的〈大學組織法〉。該法規明確規定，大學分文、理、法、教育、工、農、商、醫各學院，教育學成為與文、理、法、農、工、商、醫學並列的獨立學科門類。一九二九年八月十四日國民政府教育部頒佈的〈大學規程〉詳細規定，大學設教育學院，獨立學院設教育科，內分教育原理、教育心理、教育行政、教育方法及其它學系，大學或獨立學院不設教育學院或教育科，可設教育學系於文學院或文科。一九三四年五月十六日〈大學研究院暫行組織規程〉進一步規定，大學分文、理、法、教育、工、農、商、醫學各研究所，教育研究所的設置

2　大總統公佈：〈學校系統令〉（1922年11月1日），收入中國第二歷史檔案館編：《中華民國史檔案資料彙編・第三輯教育》（南京市：江蘇古籍出版社，1991年），頁105。

被提到議事日程。教育研究所的建立，對其學科建設與發展無疑是一次有力的推動。

　　一九三五年五月二十三日教育部頒佈〈學位分級細則〉，明確提出教育科學位分教育學士、教育碩士和教育博士三級。遺憾的是一九三九年九月四日〈大學及獨立學院各學系名稱〉令中，規範和統一了文、理、法、工、農、商、醫學院各學系稱謂，惟獨沒有教育學院所屬各學系名稱的規範標準，顯示出教育學科建制方面制度的漏洞，到了一九四八年一月十二日國民政府公佈〈大學法〉，大學分文、理、法、醫、工、農、商等學院，回歸到民初〈大學令〉七科之學的原型，教育學沒有專門列入大學學科門類中，教育學獨立學科門類地位被取締，反映出政策制定者對教育學的學術性與學科合法性問題的質疑。此次〈大學法〉在補充說明中提出，「師範學院應由國家單獨設立，但國立大學得附設之。本法施行前已設立之教育學院，得繼續辦理。」[3]由此可見，國家此時已不鼓勵和提倡國立大學設置教育學院系，而是採取相對封閉方式的獨立師範學院設立教育科系的做法。這在一定意義上說明，相較於文、理、法、醫、工、農、商等學科門類，教育學學科地位還不穩定牢固，或者說從高深學問的視角看，教育學的學術性還不及文、理、法、醫、工、農、商學等學科門類，證實教育學學科建設還不夠成熟。

第二節　國立大學教育學科建制沿革

　　以京師大學堂師範館的創辦為起點，清末大學堂中已有教育學科建制萌芽。民國成立後，國立大學中教育科系院所的建立要比文、

3　〈大學令〉（1948年1月12日），收入顧明遠：《中國教育大系‧20世紀中國教育（一）》（武漢市：湖北教育出版社，2004年），頁184。

理、法、商、農、工等科要晚，一九二一年國立東南大學最早設置了
教育科系。隨著大學設置標準的降低，國立大學中教育院系開始增
多，受到二十世紀三〇年代大規模院系整頓的影響，多數國立大學裁
併或裁撤了教育院系。國立大學教育學科建制從創立、發展到裁併、
裁撤，經歷了一段大起大落的曲折發展歷程。

一　國立大學教育科系的創始

　　國立大學中教育科的萌芽可以從京師大學堂速成科師範館說起。
一九〇二年十月十四日京師大學堂恢復辦學後舉行招生考試，首先招
考速成科仕學館和師範館學生，其中師範館主要招考了舉貢生監入
學，第一批錄取五十六名學生。師範館學制四年，分設國文外國語
部、歷史地理部、數學物理部、博物農學部等四部。學科設置上有學
生通習科目和專習科目之分。學生通習科目有國文、經學、倫理、教
育、心理、體操、教育法令和人倫道德，是四類師範生必修科目。專
習科目分四大類：第一類政法和外文，第二類中外歷史地理，第三類
數理化等自然科學類，第四類動植物學和農學。據吳相湘，劉紹唐
《國立北京大學紀念刊（民國六年廿週年紀念冊下）》畢業同學錄，
一九〇七年三月（光緒三十三年二月）優級師範科畢業生共計一〇八
名。一九〇八年六月十四（光緒三十四年五月十六日）師範館改設為
京師優級師範學堂。京師大學堂師範館是建立分科大學之前的教育機
構，還不屬於大學教育層次，嚴格意義上不屬於正規大學的學科建
制，但它卻是中國近代國立大學中教育學科建制的萌芽，在「師不苛
求」的條件下，為清末各類學堂提供了師資儲備。

　　民國成立後，在國立大學中國立東南大學最早成立教育科系。一
九二一年國立東南大學成立，設置五科二十七個學系。文理、教育、

農、工、商五科中專設教育科，「以培養教育人員，研究教育學術，推廣教育事業為目的。」[4]教育科下設教育學系、心理學系和體育系，此三系均為南京高等師範學校所創，一九二六年增設鄉村教育系。國立東南大學不僅是最早設置教育科系，心理學系也堪稱是中國近代國立大學中最早設立者，著名心理學家潘菽回憶說：「在那時，據我所知道，中國有獨立的心理學系的只有一個東南大學。所以東南大學的心理學系可以說是中國第一個了。」[5]

　　國立東南大學深受美國大學的影響，繼承其大學的人才培養、科學研究與社會服務職能為一體的模式，「以科學精神研究教育問題，以職業精神，培植專門人才，並以開闊精神，推廣教育學術，」[6]教育科系在教學、研究與社會服務方面成績顯著。一九二二年教育科系聘請到的知名學者包括美國教育碩士孟憲承和美國哥倫比亞大學教育博士朱彬魁，孟憲承主講教育哲學與教育學說，朱彬魁主講比較教育與教育統計。除此之外，還有陶行知、俞子夷、鄭曉滄、姜琦、朱君毅、陸志韋、陳劍修、程其保、陳鶴琴、凌冰、艾偉、程湘帆、汪懋祖、趙叔愚、徐則陵等一大批留美歸國的教育學者。如此卓越的師資隊伍，不僅使學生掌握紮實的教育學專業基礎知識，還可以掌握教育學科發展的前沿動態，有利於高品質人才的培養。「東大教育科十分重視學術研究，教師發表論文約四百餘篇（含譯作），其中發表論文十篇以上的教師有九人，兼職教師黃炎培寫論文約四十餘篇。」[7]國

4　南京大學校慶校史資料編輯組、學報編輯部編輯：《南京大學校史資料選輯》（南京市：南京大學印刷廠（內部發行），1982年），頁150。

5　胡延峰：〈學科規訓視野中近代中國心理學學科的發展——以中央大學心理學系為例〉，《心理學探新》2009年第5期（2009年），頁3。

6　〈本校現狀及十二年度計畫〉，《申報》（1923年1月1日），第1版。

7　項建英：〈民國時期綜合性大學教育學科論略——以中央大學、北京大學為個案〉，《高教探索》2006年第5期（2006年），80。

立東南大學教育科在社會推廣事業方面也成績突出，籌辦學校的同時，「教育科為教育部培養一種心理測驗人材、由教育科與中華教育改進社共設。」[8]

一九二七年月江蘇試行大學區制，國立東南大學改組併入第四中山大學，一九二八年二月二十三日依照大學委員會決定，改名江蘇大學，同年五月十六日，又依照大學委員會決議，定名為國立中央大學。「國立中央大學教育學院，為國內成立最早聲譽最著之教育學術研究與人才培養機關，我國二十年來，凡是增進教育事業之各種活動，十九俱與該院有密切關係。」[9]該校在大學區制時期共設九個學院，其中教育學院「分教育學系、師資科，附設教育各專科，」[10]原來的心理學系歸併於理學院，各專科主要包括藝術專修科、體育專修科。國立中央大學教育學院原本就是由國立東南大學教育科改組而成，有著優良的歷史傳統。某種意義上國立東南大學教育科系的良好發展基礎，為一九二九年〈大學組織法〉中教育學成為獨立學科門類奠定了堅實的基礎。

二　國立大學教育學院系的發展

一九一七年〈修正大學令〉和一九二二年新學制中降低了大學學科設置標準，一九二四年〈國立大學校條例令〉再次規定「國立大學校得設數科或單設一科。」[11]制度層面上大學學科設置標準的降

8　〈東南大學之新氣象〉，《申報》（1922年10月1日），第3版。

9　〈中央大學教育學院教育實驗所招收研究生計畫〉，《申報》（1934年7月18日），第4版。

10　南京大學校慶校史資料編輯組，學報編輯部編輯：《南京大學校史資料選輯》（南京大學印刷廠（內部發行）），1982年第225期。

11　教育部公佈：〈國立大學校條例令〉（1924年2月23日），收入中國第二歷史檔案館

低直接導致國立大學數量的驟增，其中有一部分是高等師範學校升格為大學，從而國立大學中教育學院系開始增多。

（一）教育學系的設置

隨著一九二二年新學制的頒佈實施，高等師範學校紛紛改辦大學，或升格為師範大學或與其它學校合併改組成綜合大學，出現了「高師改大」運動。「民國初期，綜合性大學設置教育學科的很少，隨著『高師改大』運動，一批高等師範紛紛改為綜合性大學。從此，綜合性大學開始設有教育學系、教育學院。」[12]事實證明，民初七所高等師範學校升格成大學後，東北大學之外的六所國立大學均設置了教育學系。除此之外，與「高師改大」無關的國立大學也陸續設置了教育學系。

民初七所高等師範學校中，北京高等師範學校、北京女子高等師範學校和成都高等師範學校升格為師範大學，南京高等師範學校、瀋陽高等師範學校、廣東高等師範學校和武昌高等師範學校改辦成綜合性國立大學。具體而言，北京高等師範學校一九二三年升格為國立北京師範大學，北京女子高等師範學校一九二四年升格為國立北京女子師範大學。成都高等師範學校原名四川高等師範學校，為了適應全國高等師範學校名稱統一的形勢，一九一六年十一月「根據教育部決定，改稱國立成都高等師範學校，」[13]一九二四年經歷一段改辦國立成都大學的風波，終因成都高等師範學校師生的強烈抵制與反抗，國立成都大學未能歸併成都高等師範學校。一九二七年七月二十一日，

編：《中華民國史檔案資料彙編・第三輯教育》（南京市：江蘇古籍出版社，1991年），頁174。

12 項建英：〈民國時期綜合性大學教育學科論略——以中央大學、北京大學為個案〉，《高教探索》2006年第5期（2006年），頁79。

13 四川大學校史編寫組：《四川大學史稿》（成都：四川大學出版社，1985年），頁35。

成都高等師範學校代理校長龔向農，鑒於各專門學校申請辦單科大學，致函省長公署，提出高師改辦師範大學問題，八月三十日省長公署批覆同意，轉諮教育部。「九月二十六日，國民政府教育行政委員會由蔡元培領銜以一四四號批文通知，該會九月十六日一一一次會議討論通過，同意成都高師改大為『國立成都師範大學』，仍用省款作辦學經費。」[14]

其餘四所高等師範學校在一九二三至一九二六年間陸續改辦成綜合性國立大學：南京高等師範學校一九二三年併入國立東南大學，「實行新學制後之東南大學，與南高關係，經眾談論，以新學制已定，高師得提高程度，成為師範大學，擬將高師各部科依其性質，歸入東南大學」[15]；瀋陽高等師範學校與奉天省公立文學專門學校一九二三年四月二十六日合併成東北大學[16]；廣東高等師範學校與廣東公立法科大學、廣東公立農業專門學校一九二四年二月合併成國立廣東大學；武昌高等師範學校一九二三年九月改為國立武昌師範大學，一九二四年秋旋即改組為國立武昌大學。

改辦後的七所大學中只有東北大學未設置教育學系，其餘的國立大學均設置了教育學系。一九二三年七月東北大學招考的第一屆新生為證，「新招收文科法科的英文、俄文、政治、法律四個系和理工科的數學、物理、機械、電工、土木五個系的預科生三〇〇餘名，」[17]文科法科下設四系中沒有教育學系。

14　四川大學校史編寫組：《四川大學史稿》（成都：四川大學出版社，1985年），頁92。

15　〈國立東南大學校董會志（續）〉，《申報》（1922年12月22日）。

16　東北大學於一九二三年十月二十四日，正式舉行開學典禮，當時設置了理工、文法兩科，沒有獨立設置教育科，一九二四年一月高師全部學生畢業，七月文專學生全部畢業，東北大學改為真正的大學，且一九二五年歸入省立大學範圍。

17　王振乾、丘琴、姜克夫：《東北大學史稿》（吉林市，東北師範大學出版社，1988年），頁5。

　　國立東南大學教育科系自不必贅述，國立北京師範大學「本科設教育、國文、英文、歷史、地理、數學、物理、化學、生物九個系。」[18]國立北京女子師範大學一九二四年〈國立北京女子師範大學組織大綱〉第二章第二條規定，「大學本科設數學物理學化學生物地質學教育學哲學史學國文學英文學音樂體育等十一系。」[19]國立成都師範大學於一九二七年九月改辦後先招收了預科生和專科生，一九二九年秋才開始招本科生，「師大一九二九年招本科生後，才改文史、英文、數學、理化、博物五部為系，分別設教育系、中文系、史地系、英文系、數學系、化學系、生物系，原計劃辦的地質系未辦成，所以實際只有七系。」[20]

　　國立廣東大學開辦之初擬設文、理、法、農、工五科，實則只設文、理、法、農四科，「文科設中國文學、英國文學、史學、哲學和教育學系，」[21]據《國立中山大學現況》（民國二十四年）中各學院沿革，廣東大學一九二六年改辦中山大學後，文科學院改稱文史科，「下設中國語言文學、哲學、史學、教育學、英吉利語言文學五系。」[22]仍舊保留了教育學系。國立武昌師範大學設置的是教育哲學系，改辦師範大學之前，一九二三年六月武昌高等師範學校教授評議會主任會議就議決，「自下學年度起改為師範大學，設教育哲學系、中國文學系、外國文學系、歷史社會學系、數學系、理化系、生物學

---

18 〈國立北平師範大學〉，收入吳惠齡：《北京高等教育史料第一集（近現代部分）》（北京市：北京師範大學出版社，1992年），頁58。

19 〈國立北京女子師範大學組織大綱〉收入吳惠齡：《北京高等教育史料第一集（近現代部分）》（北京市：北京師範大學出版社，1992年），頁31。

20 四川大學校史編寫組：《四川大學史稿》（成都市：四川大學出版社，1985），頁143。

21 梁山、李堅、張克謨：《中山大學校史》（上海市：上海教育出版社，1983年），頁6。

22 《國立中山大學現況（民國二十四年）》（臺北市：傳記文學出版社，1971年），頁121。

系、地理學。」[23]由於一九二六年十月北伐軍下武漢，國立武昌大學停辦，後由武漢國民政府將原有的國立武昌大學、國立武昌商科大學、省立醫科大學、省立法政大學及省立文科大學合併為國立武昌第二中山大學，一九二七年三月開學，同年冬停辦，隨後一九二八年九月改組的國立武漢大學院系建制中沒有設置教育哲學系，而是單獨設置了哲學系。因此，國立武昌大學只在一九二三至一九二六年間設置了教育哲學系。

除了上述「高師改大」後的國立大學廣泛設置教育系之外，國立北京大學、國立清華學校大學部和國立西北大學也陸續設置了教育學系。一九二四年七月國立北京大學增設教育學系，「但在十三年以前，哲學系內既有教育門之設，實為本系之前身。」[24]一九二三年十月十九日〈北京大學日刊〉刊登過「關於請求成立教育系的報告」，其中摘錄了蔣夢麟校長對教育系成立問題的基本態度，「對於此事，極表同意……雖經濟需要增加，也不要許多，因為現有關於教育之教員已經不少。且各系學生畢業後，多從事教育，若缺乏教育知識，實感不便……先請陳百年、高寶壽兩先生擬出一個計劃書來再說。」[25]憑藉國立北京大學的名望，當時教育學系也彙聚了一批國內知名教育學者，從一九二七年教員統計中可見一斑，見下表。

---

23 《學府紀聞・國立武漢大學》（臺北市：南京出版公司，1981年），頁20。

24 李辛之：〈北京大學之教育系〉，見吳相湘、劉紹唐：《國立北京大學紀念刊第三冊（民國十八年卅一周年、民國卅七年五十周年紀念刊）》（臺北市：傳記文學出版社，1971年），頁72。

25 王學珍、郭建榮：《北京大學史料第二卷（1912-1937）》中冊（北京市：北京大學出版社，2000年），頁1754。

表7-1　國立北京大學教育學系教員及所授科目一覽表

姓名	籍貫	職務	所授科目
楊蔭慶	京兆	主任	西洋教育史、學校管理法、參觀與批評、英文教授法、英文教育選讀
李建勳	直隸	教授	教育行政、師範教育、各國教育制度
李蒸	直隸	講師	中等教育問題、教育研究班、鄉村教育
韓定生	直隸	講師	教育學、普通教學法、小學教育問題
朱君毅	浙江	講師	教育統計
瞿世瑛	江蘇	講師	教育哲學
陳寶泉	直隸	講師	中等教育制度變遷史、中國教育史
周扶耕	直隸	講師	教育心理、兒童心理、青年心理、職業教育
陳映璜	湖北	講師	遺傳與環境
梅卓生	廣東	講師	學校衛生
賴紹周	山東	講師	社會學
韓述祖	京兆	哲學系主任	中國哲學史、西洋哲學史
陳大齊	浙江	教授	論理學
樊際昌	浙江	預科主任	普通心理學
傅侗	河南	講師	論理學

資料來源：王學珍、郭建榮：《北京大學史料第二卷（1912-1937）》中冊（北京市：北京大學出版社，2000年），頁1755-1756。

　　優秀師資隊伍，必定能帶動學生的學習氣氛與研究興趣。當時教育學系全體同學組織了北大教育學會，一九二九年四月的〈北大教育學會簡章〉規定，「本會以促進教育事業及研究教育學術為宗旨，」[26]

---

26 王學珍、郭建榮：《北京大學史料第二卷（1912-1937）》中冊（北京市：北京大學出版社，2000年），頁1760。

教育學系學生在教師的指引下不僅掌握了當時較為先進的教育思想、理論與研究方法，還致力於教育科學研究活動。

　　一九二五年清華學校成立大學部後，「大學部以學系為單位，共設國文、西洋文學、物理、化學、生物、歷史、政治、經濟、教育心理、農學與工程十一個學系。」[27]「一九二八年秋，學校當局認為教育學屬師範教育範圍，與清華文理科大學性質不符，故改教育心理學系為心理學系，」[28]清華學校大學部教育心理學系在一九二八年清華學校真正成為「國立清華大學」時已被改稱心理學系。據統計，一九二九年六月，原有教育心理學系畢業生十人。一九二五年進入官方統計的國立西北大學，一九二三年八月開始籌辦，一九二四年一月，北洋政府正式批准立案，任命原西北大學籌備處處長傅銅為校長。西北大學當時設置文學院、社會科學院、自然科學院、應用科學院四院，社會科學院下設史學系、哲學系、教育學系、法學系。[29]由於一九二六年四月西安被圍，百業停滯，一九二七年一月「因規模過大學生過少，經費人才兩難困難……即以本校所有一切校產經費改辦中山學院。」[30]國立北京大學之外，清華學校大學部和國立西北大學也曾設置過教育學系，在開放式師資培養方面作了一次短暫的嘗試。

（二）教育學院系的擴張

　　隨著一九二九年七月二十六日〈大學組織法〉的頒佈，大學可分

27 蘇雲峰：《從清華學堂到清華大學1928-1937》（北京市：生活・讀書・新知三聯書店，2001年），頁51。

28 清華大學校史編寫組：《清華大學校史稿》（北京市：中華書局，1981年），頁211。

29 西北大學校史編寫組：《西北大學校史稿》（西安市：西北大學出版社，1987年），頁14。

30 西北大學校史編寫組：《西北大學校史稿》（西安市：西北大學出版社，1987年），頁22。

設教育學院得到制度保障。國立大學按照部令，原教育學系改設為教育學院或在文學院中保留教育學系，教育學科建制得以普及。

　　南京國民政府成立後，控制國立大學自由發展局面，一九二七至一九二九年間試行大學區制，通過國立大學大合併，國立大學數量從一九二七年初十七所減少到年底六所，當時獲得政府認可的國立大學有國立第四中山大學、國立京師大學校、國立同濟大學、國立中山大學、國立第三中山大學和國立暨南大學。一九二八年增加國立勞動大學、國立武漢大學、國立清華大學和國立交通大學，一九二九年增加獨立辦學的國立北平師範大學和國立北京大學，一九三〇年新增國立青島大學，一九三一年十一月新增國立四川大學，國立大學總數達到十四所。一九三一年教育部國立大學一覽表中國立大學十三所：「國立中央大學（南京）、國立北平大學（北平）、國立北京大學（北平）、國立北平師範大學（北平）、國立清華大學（北平）、國立中山大學（廣州）、國立浙江大學（杭州）、國立武漢大學（武昌）、國立勞動大學（上海）、國立暨南大學（上海）、國立同濟大學（上海）、國立青島大學（青島）、國立交通大學（上海北平唐山）」[31]由於一九三二年國立勞動大學停辦而未進入此次國立大學統計中，國立大學數量從一九三一至一九三七年一直保持十三所。

　　據一九三一年教育部統計資料，十三所統計在案的國立大學中五所國立大學獨立設置教育學院，四所國立大學在文學院下設教育學系，近三分之二的國立大學具有教育學科建制。對比一九三二年全國大學中已有二十八所大學具有教育院系建制的統計資料[32]，九所國立大學設置教育學院系，占到當時全國大學教育學院系總數的三分之

31　〈國私立大學之調查〉，《申報》（1930年1月8日），第3版。

32　一九三二年全國教育系科分佈情況詳見侯懷銀、李艷莉：〈民國時期教育系科的分佈及其特徵〉，《高等教育研究》2011年第10期（2011年），頁101。

一。不僅在全國大學中設置教育學院系方面國立大學佔據一定優勢，相較於省立大學，國立大學教育學院系建制占絕對優勢。一九三一年教育部統計的九所省立大學中只有東北大學設置了教育學院。東北大學於一九二八年「八月，文科增設哲學系、教育系、工科增設建築系……（1929年）一月，成立了教育學院，由校方任命李樹棠為院長。」[33]原來文科下設教育系、英文專修科和理學院下設數理專修科歸併教育學院。教育學院下設兩個系，八個專修科：教育行政系、教育心理系、政治專修科、法律專修科、國文專修科、英文專修科、數理專修科、博物專修科、體育專修科、家政專修科。

　　具體而言，國立大學中國立中央大學、國立北平師範大學、國立四川大學、國立暨南大學和國立青島大學設置了教育學院，各系詳情見表7-2。

表7-2　國立大學教育學院系統　計（二十年度1931）

國立大學	教育學院院長	科系	科系主任	教員數		學生數	
				各科系	全院	各科系	全校
國立中央大學	程其保	教育學系		4	53	36	
		教育行政系	常道直	3		174	
		教育社會學系	許本震	3		42	
		教育心理學系	艾偉	6		23	
		體育科	張信孚	19		20	
		體育專修科	張信孚			66	
		藝術教育科	唐學詠	7		17	
		藝術專修科	唐學詠			65	
		衛生教育專修科		11		9	

---

33 王振乾、丘琴、姜克夫：《東北大學史稿》（吉林市，東北師範大學出版社，1988年），頁7-8。

國立大學	教育學院院長	科系	科系主任	教員數		學生數	
				各科系	全院	各科系	全校
國立北平師範大學	李建勳	教育學系 體育學系	李建勳 袁敦禮	26 16	42	215 80	295
國立四川大學	鄧胥功	教育學系 專修科體育 藝術 文預科	劉紹禹 向志鈞 趙治昌	7 9 12 11	37	65 55 52	107 115
國立暨南大學	謝循初	教育學系 心理學系 不分系 師資專科 國語文組 英語文組 史地社會組	邰爽秋 張耀翔 謝循初		27	52 14 33 19 15 12	145
國立青島大學	黃敬思	教育行政系 鄉村教育系	黃敬思	4	4	47 11	

資料來源：辛樹織：《第一次中國教育年鑒‧第二冊丙編教育概況上（民國二十三年）》（臺北市：傳記文學出版社，1971），頁359-373。

　　如表所示，國立中央大學教育學院最龐大，在原來的教育學系、師資科、藝術專修科、體育專修科的基礎上，改設教育行政系、教育社會學系、教育心理學系和藝術教育科、體育科、藝術專修科、體育專修科。一九三〇年一月〈中央大學組織規程〉就已規定，教育學院設教育心理系、教育社會學系、教育行政系、師資科、體育科、藝術教育科。原來的教育學系分化為教育心理、教育行政和教育社會學系三系，藝術專修科和體育專修科改為本科層次教育，「自十八年度起，改藝術專修科為藝術教育科，體育專修科為體育科，新生畢業年

限，改為四年，與大學本科的程度相等。」[34]師資科因經濟原因暫停辦。一九三二年九月教育學院添設心理學系。

國立北平師範大學一九二九年從國立北平大學獨立出來，保持自己的師範性，獨立設置了教育學院，下設教育學系和體育學系。其餘三所國立大學教育學院隨著學校的成立而新生的學科建制，尤其是國立青島大學教育學院是一九三一年剛從文學院下設教育學系升格為學院，一九三〇年時教育學系歸屬在文學院中，「二十年二月，校務會議決議，自下年期，將教育學系擴充為教育學院。五月，校務會議議決教育學院先成立教育行政系及鄉村教育系。」[35]

除了上述國立大學獨立設置教育學院之外，還有國立中山大學、國立北京大學、國立武漢大學和國立浙江大學按照教育部〈大學組織法〉規定，在文學院中保留或新設教育學系。國立武漢大學新設哲學教育學系，主任高翰。國立浙江大學新設教育學系，主任鄭宗海。其中國立武昌大學經過一段國立第二中山大學時期，一九二八年九月成立國立武漢大學時沒有設置教育系，當時學科編制為三學院十系：「社會科學院設法律、政治經濟、商學三系。理工學院設物理、化學、生物、數學四系。文學院設中國文學、外國文系、哲學三系。」[36]一九三〇年國立武漢大學「哲學系改為哲學教育系，」[37]還不屬於完全意義上教育學科建制，況且一九三八年學校遷移四川樂山後哲學教育系改回哲學系。國立浙江大學在國立第三中山大學的基礎上一九二八年秋才成立文、理學院，文學院中設置了教育學系。

34　南京大學校慶校史資料編輯組、學報編輯部編輯：《南京大學校史資料選輯》（南京市：南京大學印刷廠（內部發行），1982年），頁240。

35　辛樹織：《第一次中國教育年鑒‧第二冊丙編教育概況上（民國二十三年）》（臺北：傳記文學出版社，1971年），頁349中、下欄。

36　《學府紀聞‧國立武漢大學》（臺北市：南京出版公司，1981年），頁25。

37　《學府紀聞‧國立武漢大學》（臺北市：南京出版公司，1981年），頁6。

　　雖然一九三一年時國立大學教育學院系建制達到發展的頂峰，但相較於大學文、理、法、農、工、商等學科門類，教育學院系發展還不夠成熟。國立大學中教育學科有時提升到學科門類的高度，獨立設置教育學院，有時處於一級學科的地位，在文學院或社會學院下設教育學系，且多數國立大學教育學院系建制較為簡單，基本以教育學系為主，其它各系的稱謂極不統一，如常見的「教育學系」、「教育行政系」、「教育心理學系」之外，還有「體育學系」、「心理學系」、「鄉村教育系」、「哲學教育系」等多種稱謂。該現象反映出當時教育學院系建制不成熟的一面。

三　國立大學教育學院系的裁併與裁撤

　　應國家發展的需要，國民政府教育部從一九三一年開始鼓勵實類院系建設，適當控制文類院系發展。文類院系主要包括文、法、商、教育學等學科基礎上建立的院系，因此，國立大學教育學科建制在此次國家宏觀調控中不同程度地受到影響，多數國立大學教育學院被裁併到文學院或原有教育學系被裁撤。

　　國立青島大學、國立四川大學和國立暨南大學，裁撤或裁併了教育學院。國立山東大學（前身國立青島大學，1932年改稱現名）教育學院一九三〇年才從文學院中獨立出來，不到兩年時間就停辦，只在文學院中保留了教育講座。據濟南一九三二年七月十五日電，「今青大整委會開會議決，改名國立山東大學。文理兩院並為文理學院，設青島……教育學院停辦，在文學院內設教育講座。」[38]一九三二年二月王兆榮任國立四川大學校長後，按照教育部令，將教育學院改為教

38　〈青大改為山東大學〉，《申報》（1932年7月27日），第3版。

育學系，隸屬於文學院。國立四川大學教育學院裁併源於辦學經費所限，「一九三二年秋，成都巷戰之後，學校辦學經費奇窘，難於維持，一九三三年三月七日，奉教育部七三二三號指令，決定將教育學院裁撤，所屬教育系、藝術專修科、體育專修科併入文學院。」[39]同樣在這一年春，國立暨南大學教育學院改為教育學系，隸屬於文學院。其原因是當時上海屬於戰區，暨南大學採取緊縮與集中辦學政策，教育學院改為教育學系歸併於文學院。關於國立暨南大學教育學院裁併問題，時任教育部長朱家驊申明態度，並非是對教育學的不重視問題，「大學生修習教育，以為師資之備，但是特設一院，專習教育科目，在一方面苟缺乏文理基本科目之研究，試問除教育科目外，將持何術以為人師，在又一方面，如許專習教育之學生，畢業後又那得加許教育行政機會，以展其所學。」[40]「撤回真如原校後，本校之編制分文、理、商三學院。」[41]當時文學院下設中國語文學系、外國語言學系、歷史社會學系、政治經濟學系、教育學系五系，教育學系分心理和教育行政兩組，保留教育學系，沒有重辦教育學院。

　　國立北平大學按照教育部第二次整頓北平大學令，一九三三年七月將女子文理學院原有的哲學系改為哲學教育系，不到二年時間，一九三五年八月教育部再次提出改進訓令，要求「女子文理學院哲學教育系停辦，該系學生甚少，應將原有學生改入他系，或設法予以轉學，以便早日結束完竣。」[42]

39　四川大學校史編寫組：《四川大學史稿》（成都市：四川大學出版社，1985年），頁172。

40　〈朱家驊對於目前政府整理大學辦法之說明〉，《申報》（1932年7月25日），第2版。

41　〈暨大戰後一年來概況（三）〉，《申報》（1933年6月16日），第4版。

42　〈教育部改進國立北平大學訓令〉（1935年8月11日），收入中國第二歷史檔案館編：《中華民國史檔案資料彙編・第五輯第一編教育（一）》（南京市：江蘇古籍出版社，1994年），頁216-217。

　　國立中央大學和國立北平師範大學保留了教育學院。國立中央大學也從一九三二年起，對教育學院系作了適當調整，教育學院教育原理、教育行政、教育社會學系合併為教育學系；藝術教育科，藝術專修科合併為藝術科；體育專修科併入體育科；衛生教育科等現有學生畢業後即行結束。據一九三四年六月二十三日《申報》刊登的羅家倫對「兩年來之中央大學」的報導，通過兩年的院系整理，一九三二年至一九三五年中央大學設六院三十系。其中教育學院設教育學系和心理學系二系，藝術科、體育科和衛生教育科三科。由於保持師範特色，國立中央大學教育學院教學品質得以保持和發展。一九三四年國立中央大學教育學院教育學系和心理學系教授十八人，均為國內知名學者，如艾險舟、杜佐周、蕭孝榮、許恪生、張士一、孟憲承、陳劍修、潘獲、吳南軒、王書林、高君珊、趙更傳、鍾道贊、桂質柏、熊文敏、王鳳鳴、夏承楓、趙延為等。

　　此次教育學院系整頓中，在九所省立大學中唯一設置教育學院的東北大學也未能幸免。一九三四年經教育部派員視察，具體報告了東北大學的院系整頓意見和建議，其中專門有一條建議為：「教育學院：教育學院本年不招生。」[43]至此國立大學教育學院系發展受到國家宏觀調控的影響，抗日戰爭爆發前，十三所國立大學中僅有二所保留了教育學院，三所裁撤或裁併教育學院，六所保留了教育學系，詳見下表。

---

43 〈教育部改進東北大學訓令〉（1934年7月14日），收入中國第二歷史檔案館編：《中華民國史檔案資料彙編‧第五輯第一編教育（一）》（南京市：江蘇古籍出版社，1994年），頁198-199。

表7-3　全國國立大學教育學院系一覽表（1936年1月）

校名	校址	校長	學院（係）
國立中央大學	南京	羅家倫	教育（教育，心理，體育，藝術，衛生教育）
國立北京大學	北平	蔣夢麟	文（中國文，史學，哲學，教育，外國語文）
國立北平師範大學	北平	李蒸	教育（教育，體育）
國立武漢大學	武昌	王星拱	文（中國文學，哲學，外國文學，歷史，教育）
國立中山大學	廣州	鄒魯	文（中國語言文學，英國語言文學，史學，教育，哲學，社會）
國立暨南大學	上海	何炳松	文（中國文，外國文，歷史地理，教育）
國立浙江大學	杭州	郭任遠	文理（教育，外國文學，物理，數學，化學，生物）
國立四川大學	成都	仁鴻雋	文（中國文學，外國文學，史學，教育）

資料來源：中國第二歷史檔案館編：《中華民國史檔案資料彙編，第五輯第一編教育（一）》（南京市：江蘇古籍出版社，1994年），頁300-303。

四　國立大學教育研究所的創設

　　如果說國立大學設置教育學院系，主要是為了傳授教育科學知識，培養師資力量的話，成立教育研究所，意味著教育科學研究的開始，也是教育學科知識擴展與應用的標誌，更是教育學本土化的一種努力與嘗試。

　　由於國立中山大學經費獨立而有較充分條件發展研究所，較早開展了教育學科學研究，一九二七年秋開始籌備，一九二八年二月正式

成立，「定名教育學研究所，暫隸文學院，我國有此種教育專門研究機關，實以此為嚆矢。」[44]一九三四年後按照教育部要求重新備案成立，成為當時大學研究院中唯一一所教育研究所。一九三五年四月，國立中山大學「呈請教育部將各研究所斟酌改組，訂定章程，正式成立研究院，經奉部令准予備案，」[45]六月六日正式成立研究院，教育研究所隨即從文學院中獨立出來，如下表。

表7-4　教育部核准的國立中山大學研究院研究所（1935年6月）

校名	研究所	研究部
國立中山大學	文科研究所	中國語言文學部、歷史部
	教育研究所	教育學部、教育心理部
	農科研究所	農林植物部、土壤部

資料來源：〈教部限制招收研究生〉，《申報》（1935年6月3日），第4版。

　　一九三一年二月，國民政府教育部決定合併國立北平師範大學與國立北平大學第二師範學院（女子師範學院），七月正式成立國立北平師範大學，不僅設置教育學院，還設置研究所，下設教育科學門和歷史科學門。國立北平師範大學教育研究所前身可以追溯到北京高等師範學校一九二○年開辦的教育研究科。教育研究科當時招收高師、專門學校畢業生和大學三年級的學生，教育科學化運動的推動下，「北京高等師範學校教育研究科還將心理學、生物學、心理測量等定為教

44 國立中山大學研究院教育研究所：〈本所研究事業十年〉，廈門大學特色文獻資來源資料庫（http://210.34.4.53/zt/index.jsp：1）。

45 《國立中山大學現況（民國二十四年）》（臺北市：傳記文學出版社，1971年），頁335。

育學科的必修課程，」[46]促進了教育研究的科學化。「一九二二年四月
三日，北京高等師範學校為教育研究科第一期研究生舉行畢業典禮，
授予畢業生常道直、王卓然、薛鴻志、殷祖英等十六人『教育學士』
學位。此為我國高等師範學校研究生授予教育學士學位之始。」[47]

　　國立中央大學於一九三四年二月創辦教育實驗所，「該所目的在
於利用教育心理兩系人才設備，用心理實驗及統計方法，解決教育問
題，建立中國化的科學教育。」[48]該研究所在教學實驗研究方面成果
顯著。

　　國立大學教育研究所不僅招收研究生，培養高層次教育人才，還
開展教育科學研究，促進教育學科知識的科學化，同時有效地推廣教
育科學知識，發揮教育研究所的社會服務職能。

　　研究生培養方面，國立中山大學一九二八年二月設教育學研究所
後，十月開始招收研究生。[49]起初研究生招生資格，不限於大學畢
業，但必須能閱讀外文文獻並具有一定的教學經驗。一九三三年以前
研究生共六人，一九三四年起，提升研究生入學資格，以大學教育學
院系畢業生為準。「據統計，一九二八至一九四一年間中山大學教育
研究所共培養六屆研究生，其中有十七名研究生被授予教育學碩士學
位。」[50]國立北平師範大學教育研究所制定一系列章程、學則和細

46　項建英：〈教育「科學化」運動與近代中國大學教育學科的發展〉，《現代大學教育》2009年第5期（2009年），頁41。

47　〈北京近代高等教育大事記（1862-1949）〉，收入吳惠齡：《北京高等教育史料第一集（近現代部分）》（北京市：北京師範大學出版社，1992年），頁386。

48　南京大學校慶校史資料編輯組、學報編輯部編輯：《南京大學校史資料選輯》（南京市：南京大學印刷廠（內部發行），1982年），頁271。

49　吳定宇主編：《中山大學校史（1924-2004）》（廣州市：中山大學出版社，2006年），頁92。

50　蕭朗、項建英：〈學術史視野中的近代中國大學教育學科〉，《社會科學戰線》2009年第9期），頁207。

則，規範了研究生培養制度。出於研究需要，國立中央大學教育實驗所於一九三四年六月招生研究生，入學資格為大學教育學系畢業，編寫小學教材和研究小學教育面臨的實際問題。

以國立北平師範大學教育研究所研究生教育為例，當時研究所設主任導師、導師和助教若干人。其中主任導師分管教育研究與教材編纂事宜，導師和助教協助主任導師指導和訓練研究生，從事教育調查研究與統計分析工作。當時教育研究所招生條件為國立、省立或教育部立案私立大學畢業生，經本所入學考試合格者。據〈國立北平師範大學研究所研究生細則〉（1932年），教育研究所入學考試科目有國文、英文、教育心理、教育統計和教育行政，而本校畢業的成績優異者免試或部分免試入學，「本大學教育系畢業生成績總平均在七十五分以上，其教育統計、教育心理、教育哲學、教育行政四科，平均在八十分以上者免考。本大學他系畢業生，平均成績在七十五分以上，本系主科及教育必修科平均具在八十分以上，並曾選修教育統計及教育哲學者免考。」[51]教育研究所學制一－三年，課程採用學分制，畢業學分要求為三十學分，必修科十五學分，選修科十五學分。具體規定如下：

（1）必修科共十五學分

a 教育研究法三學分；b 教育測驗法三學分；c 教育實驗法三學分；d 高等教育統計學六學分。

（2）選修科共選十五學分

a 學務調查三學分；b 課程研究三學分；c 鄉村教育及其研究法三學分；d 高等教育心理學六學分；e 教育哲學及其研究法三學分；f 其它

---

51 〈國立北平師範大學〉，收入吳惠齡：《北京高等教育史料第一集（近現代部分）》（北京市：北京師範大學出版社，1992年），頁88。

　　〈國立北平師範大學研究所學則〉（1932年）規定，各課目舉行試驗，考試成績六十分為及格，成績在六十分以下四十五分以上者補考，不到四十五分者重習。修滿規定學分，提交論文一篇，由研究所委員會審查合格者，準畢業，教育部學位規程頒佈後，補發學位。

　　教育科學研究方面，國立中山大學教育研究所主要開展了四個方面的研究工作：

> 「關於小學、中學、大學用書、課程問題之研究；關於學校行政方面，如本省中學校長問題、教學領導方法、小學自治及書院教育等之研究；關於民眾教育的研究，如民校招生、鄉村青年訓練、民眾字典、華僑教育之調查研究等；關於心理學方面，如幼童智力測驗、頑童心理、中小學生學習與氣候關係等的研究。」[52]

教育研究所的科學研究工作廣泛採用實驗、調查的實證研究方法，設立了小學實驗班、龍眼洞鄉村教育實驗區、花縣鄉村教育實驗區、石牌鄉村服務實驗區等，教育研究步入科學化階段。為了有效推廣教育研究成果，教育研究所創辦刊物，代表性刊物有一九二八年二月創刊的《教育研究》，到抗日戰爭爆發前出版七十多期，還出版了《兒童自由畫研究》、《中學作文教學研究》、《學看外國文研究》、《如何使新教育中國化》等十八種教育叢書[53]。

　　國立中央大學教育實驗所受校外機構委託，開展了一些應用課題

---

52 梁山、李堅、張克謨：《中山大學校史》（上海市：上海教育出版社，1983年），頁69。

53 吳定宇主編：《中山大學校史（1924-2004）》（廣州市：中山大學出版社，2006年），頁92。

研究，如應「中華教育文化基金會之委託進行全國中學英文教學研究，此項研究，係由該院心理系兼院長艾險舟及教育系教授張士一主持」。[54]艾險舟院長注重測驗與統計研究，編制了四種測驗量表，隨機抽查全國各省高中各年級和大學一年級學生一萬人進行測試，對華北、山東、河南、山西、河北、江蘇、浙江、安徽、江西、湖南、湖北、廣東、廣西等地進行測驗。張士一注重調查研究，到北平天津一帶學校做了問卷調查。除此之外，該所編印了心理教育實驗專篇，第一期為「知覺單元形成之條件」，第二期為「漢子測量」。

教育研究所社會服務方面，〈國立北平師範大學研究所章程〉（1932年）第二條規定「本所任務如下：研究教育實際問題；培養教育學術專家；搜集整理並編纂各科教材。」[55]當時編纂的教材主要分國語國文教材組、歷史公民教材組和自然科學教材組。教育研究所主任導師專門分管教育研究與教材編纂事宜，有效地開展了中小學教材編寫工作。

國立中山大學教育研究所不僅開展教育科學研究，還加強教育學科知識的推廣與應用。一九二八年起，教育系監督民眾教育試驗學校以來，教育學研究所協助進行各項試驗，包括普通民眾的文字教育、公民訓練和謀生技能增進等工作。一九三一年秋，教育學研究所創辦了國立中山大學附屬初中女子部，試驗新法教學之餘有效地推廣教育教學知識，加強了教育科學知識的應用。「民廿五年間，本大學鄉村服務實驗區及本校與廣東省教育廳及中國社會教育社合辦之花縣鄉村教育實驗區先後成立，由本所擔任設計及輔導工作。」[56]其中鄉村服

---

54 〈中央大學教育實驗所工作近況〉，《申報》（1934年4月20日），第4版。

55 〈國立北平師範大學〉，收入吳惠齡：《北京高等教育史料第一集（近現代部分）》（北京市：北京師範大學出版社，1992年），頁85。

56 國立中山大學研究院教育研究所：〈本所研究事業十年〉，廈門大學特色文獻資來源資料庫（http：//210.34.4.53/zt/index.jsp：2）。

務實驗區的成立是由於當時國立中山大學四周均為鄉村，以求大學教育內容的充實與教育事業的推廣考慮，在學校物質建設已有相當基礎的條件下，致力於向社會事業方面發展。成立花縣鄉村教育實驗區的目的在於尋求推行普及教育的辦法與設立適應生活需要的教育設施，為各地開展教育活動提供參考。教育學研究所不僅協助學校和當地教育工作，還積極開展了國際合作研究、組織教育會社，舉辦工作展覽會等各項教育推廣活動。國際合作專案方面，「曾承美國品格教育協會委託協助修訂兒童道德信條，瑞士國際教育局委託調查中國兒童讀物，比利時國際家庭教育會委託徵集關於中國家庭教育之資料，英國世界成人教育協會委託調查本大學推廣工作。」[57]教育會社組織方面，教育學研究所發起組織了當時國內較有影響力的中國教育學會、中國社會教育社和中華兒童教育社的廣州分社，以協助上述會社在南方的發展，共謀社會發展。與此同時，為了引起社會各界人士對教育研究的興趣，抗戰之前舉辦過五次展覽會，展覽內容包括研究所研究工作、相關出版物以及開放實驗室和博物室等。

第三節　國立大學教育學科建制演變的影響因素分析

國立大學教育科系院所發展歷程充分證明，依託師範學校特色，國立大學中教育科系得以設置，同時通過教育學的科學化，教育學科內在知識體系得以完善，加固了國立大學中學科建制的根基，為教育學在大學制度中獲得獨立學科身份奠定了良好的基礎。再通過大學法規的頒佈實施，國立大學廣泛設置教育科系院所，進一步促進了教育

57　國立中山大學研究院教育研究所：〈本所研究事業十年〉，廈門大學特色文獻資來源資料庫（http：//210.34.4.53/zt/index.jsp：56）。

學科建設。面對社會發展的實際需求，國民政府教育部進行大規模院系整頓，國立大學教育院系建制受到一定的制約。因此，國立大學教育學科建制不僅受到國立大學傳統、學科知識發展等內在因素的影響，同樣受到一個國家大學法規制度和社會需求引發的國家政府宏觀調整的影響，影響因素是多方面的，學科建制演變是多方因素綜合作用的結果。

一　國立大學歷史淵源與傳統

教育科系院所的建立與發展，固然需要人力、物力、財力等諸多方面的保障，但不是有了基本保障，就有好的發展。國立大學教育科系院所的發展與所屬大學的歷史淵源與傳統有很大關聯。若國立大學校史與師範學校有一定的關聯，其教育學科建制較為牢固，並發展較快。事實證明，國立大學合併高師或以高師為根基建立師範大學的，其教育科系院所發展在相同條件下比其它國立大學要優越。

以一九二二至一九二六年間國立大學設置教育學系情況為例，見表7-5。

表7-5　一九二二至一九二六年新設教育學系的國立大學

年度	新設教育學系的國立大學	設置教育學系的國立大學數量
1921	國立東南大學	1
1922	-	1
1923	國立北京師範大學、國立武昌師範大學（國立武昌大學的前身）	3
1924	國立北京女子師範大學、國立廣東大學、國立北京大學	6

年度	新設教育學系的國立大學	設置教育學系的國立大學數量
1925	國立西北大學	7
1926	-	6

注明：清華學校一九二五年成立大學部時還不屬於嚴格意義上的國立大學，因此，
　　　其教育心理學系暫不列入國立大學新設教育學系的統計中；國立武昌大學一
　　　九二六年停辦，並後續大學也未設置教育學系而一九二六年設置教育學系的
　　　國立大學減少一所。

　　如表所示，南京國民政府成立之前，已有七所國立大學設置了教
育學系，其中國立北京大學和國立西北大學不是「高師改大」後的大
學之外，國立東南大學、國立北京師範大學、國立武昌大學、國立北
京女子師範大學、國立廣東大學分別是南京高等師範學校、北京高等
師範學校、武昌高等師範學校、北京女子高等師範學校和廣東高等師
範學校改辦大學後成立的國立大學。還有一所未進入統計範圍的國立
成都師範大學，是在一九二九年辦本科教育時也設置了教育學系，由
於南京國民政府成立後未將其劃入國立大學範圍，沒有列入表格之
中。這麼看來，二十世紀二〇年代設立教育學系的國立大學中絕大多
數具有師範教育根基和傳統。因此，當時國立大學廣泛設置教育科
系，很大程度上與國立大學與高等師範學校的歷史淵源有關聯。

　　再以教育科系院所保存較為完整的國立大學而論，主要是國立東
南大學（後期併入國立中央大學）、國立北平師範大學和國立中山大
學。它們不僅最先設置教育科系，也最先開創了教育學的科學研究，
在教育事業方面也是成績卓著的大學。國立東南大學就是在南京高等
師範學校的基礎上成立的國立大學，它在國立大學中最先設置了教育
科系，也是較早設立教育研究所的國立大學之一。辦學過程中始終重
視教育學科建設，即便在經費緊缺的艱難時期，力保教育科系建制。

一九二四年四月二十七日，校董事會面對經費困難，進行了一番學科調整討論，當時郭秉文校長明確指出：「文理科為大學基本學科，應循序進行；教育科為南高遞嬗而成，畢業學生極得社會信仰，國內大學辦教育科者尚少，且無如本校之辦理之完善，應予逐漸擴張，有附屬之中小學，備該科研究試驗之用，應繼續辦理，」[58]農科開辦較早，有較好的根柢，商科設在上海，又是社會商業發展的急需，工科雖有良好的師資隊伍，財力緊缺之時，萬不得已暫行停辦。最終結果是裁併工科，保留教育科，並加以完善。

國立北平師範大學是「高師改大」運動中唯一一所保存下來的師範大學，雖然北京女子高等師範學校和成都高等師範學校起初也是改成師範大學，但在一九三一年後陸續與其它大學合併，前者歸併於國立北平師範大學，後者與國立成都大學和公立四川大學合併為國立四川大學。可以說國立北平師範大學是形式和內容上最完整保存師範特色的國立大學。國立中山大學的前身廣東大學是借助廣東高等師範學校的國立身份改組而成的綜合大學。它們有一個共同的特徵，在諸多國立大學中保存與延續師範特色較好的大學。可見，國立大學的教育學科建制離不開大學師範教育特色的影響。教育學本身就是師範教育的核心學科門類，正因為如此，師範特色保持良好的國立大學中教育學科建制得以長期保存和發展。

同樣在教育學科科學研究領域，具有良好師範教育傳統的國立中央大學、國立中山大學和國立北平師範大學開創了新風氣。它們設立研究所不僅培養教育學術研究人才，還採用科學研究方法開展教育實驗調查，促進教育學科知識的科學化，通過人才培養和科學研究活動，推動了教育科學知識的有效應用與推廣。

---

58 南京大學校慶校史資料編輯組、學報編輯部編輯《南京大學校史資料選輯》（南京市：南京大學印刷廠（內部發行），1982年），頁134。

　　相反國立四川大學也是合併了國立成都師範大學、國立成都大學和公立四川大學的產物，當有師範教育的傳統才對。只是國立成都師範大學成立到合併為止，「校長幾乎是一年一換，由於變動頻繁，他們基本上在學校沒有什麼明顯的建樹，」[59]師範特色也沒能得以較好地保存與發揚。正因為如此，三校合併後的國立四川大學也就沒有多少師範特色可言。在辦學經費緊缺條件下，教育學院被裁撤，與國立東南大學學科調整形成鮮明的對比。瀋陽高等師範學校基礎上形成的東北大學到一九二八年文科才增設教育系，一九二九年改辦教育學院，但是由於一開始就沒有教育系設置，教育院系發展缺乏延續性而發展的根基不牢固，一九三四年被教育部訓令暫停招生。正反面的例證都能說明，高等師範學校基礎上建立的國立大學在發展過程中師範教育特色保持的好與否直接影響到後續教育學科建制。

二　學科知識的科學化

　　二十世紀二〇年代出現的國立大學教育科系院所的快速發展，表面上與「高師改大」運動相關聯，但從根本上而言，離不開與此時出現的教育「科學化」運動帶動下教育學科知識的科學化。「從二十世紀初京師大學堂師範館設置教育學方面的課程到清末的優級師範學堂和民初的高等師範學校，教育學科經過二十多年的發展，已積累了一定的學術基礎，此時，教育學科要在更高的平臺上實現質的飛躍，在學術上以求進一步突破，無疑綜合性大學更具優勢，因此，在綜合性大學設置教育學科符合教育學術自身發展的客觀規律以及教育學科學

59 四川大學校史編寫組：《四川大學史稿》（成都市：四川大學出版社，1985年），頁143。

術化的總體趨勢。」[60]

　　隨著杜威、孟祿、柏克赫斯特、克柏屈等一批國際知名教育家、心理學家來華講學，西方先進的教育思想、理論與教育科學研究方法在中國得以廣泛傳播，教育研究開始採用教育調查、教育實驗、教育測驗等科學方法。同時，各大學教育學系陸續設置大量的科學課程，促進了教育學科知識的科學化。作為教育科學化運動的前沿陣地——國立東南大學和國立北平師範大學的教育學科內容的科學化自不必列舉，就以國立北京大學的教育學系一九二四至一九二九年設置的課程為例（詳見表7-6），足以看到此時教育學科知識科學化的大體趨勢。

表7-6　一九二四至一九二九年國立北京大學教育系課程統計

年度	課程	教員數	學生數
1924	教育學概論、中國哲學史、西洋教育史、西洋哲學史、行為論、社會學、普通心理學、教育心理學、兒童心理學、教育行政、教育哲學、普通教學法、各國教育制度、近代教育原理與實施、現代教育思潮、中等教育問題、學校管理、教育測驗、教育社會學、圖書館學、圖書利用法、目錄學、國語及注音字母、第一外國語、第二外國語	16	30
1925	教育學概論、中國哲學史、西洋哲學史、近代西洋小學教育史、社會學、普通心理學、行為論、青年心理、普通教學法、教育行政、教育理想發展概觀、教育哲學、各國教育制度、教育統計、現代教育思潮、養成師資問題、圖書利用法、中等教育問題、近代教育趨勢、英文教育選讀、國語及注音字	19	56

60　項建英：〈論近代中國大學教育學科設置模式嬗變〉，《江蘇高教》2009年第3期（2009年），頁141。

年度	課程	教員數	學生數
	母、邏輯、遺傳與環境、教育社會學、第一外國語、第二外國語		
1926	教育學概論、上古西洋教育史、科學概論、近代西洋教育史、中國哲學史、西洋哲學史、社會學、倫理學、普通心理學、教育心理學、兒童心理學、變態心理學、普通生物學、遺傳與環境、實驗教育、原人心理、各國教育制度、教育哲學、教育統計、教育行政、智慧測驗、近代教育原理與實施、教育社會學、現代教育哲學問題、近代西洋中等教育史、近代西洋小學教育史、教育理想發展概觀、道爾頓制、課程組織、普通教學法、學校管理、學校衛生、邏輯、養成師資問題、圖書利用法、英文教育選讀、第一外國語、第二外國語	19	48
1927	教育學概論、中國哲學史、西洋教育史、西洋哲學史、普通心理學、社會學、倫理學、教育心理學、兒童心理學、教育行政、普通教學法、教育哲學、教育統計、小學教育、鄉村教育、師範教育、參觀與批評、邏輯、中等教育問題、各國教育制度、教育研究班、中國教育史、中國近代教育制度變遷史、職業教育、學校衛生、遺傳與環境、英文教授法、學校管理、英文教育選讀、第一外國語、第二外國語	16	53
1928	教育學概論、中國哲學史、西洋哲學史、普通心理學、教育史、教育心理學、社會學、倫理學、教授法原理、遺傳與環境、教育統計、教育測驗、師範教育、小學教育問題、圖書館學、邏輯、學務調查、學校管理、生理學、第一外國語、第二外國語	12	63
1929	教育學、中國哲學史、社會學、西洋哲學史、科學概論、西洋教育史、倫理學、邏輯、普通心理學、	19	75

年度	課程	教員數	學生數
	兒童學、教育行政、教育測驗、教育心理、教育統計、唯物主義與教育、中國教育思想史、師範教育、教授法原理、工作學校要義、學校組織、教育與文化、現代教育思潮、教育哲學、遺傳與環境、學校管理、小學教育、英文教育選讀、特殊兒童心理、德文教育選讀、第一外國語、第二外國語		

資料來源：李辛之：〈北京大學之教育系〉（1933年4月），收入吳相湘、劉紹唐：
《國立北京大學紀念刊第三冊（民國十八年卅一週年、民國卅七年五十
週年紀念刊）》（臺北市：傳記文學出版社，1971年），頁72-75。

　　如表所示，一九二四——一九二九年間，國立北京大學教育學系課程設置中，教育內容的科學化程度顯而易見，從其逐年加設新課程情況看，不僅增加各類心理學課程，還加設教育測驗、教育統計、教育調查方面的課程，甚至還把當時國際上最新教育組織形式——道爾頓製作為一門獨立課程加以開設。具體而言，一九二四年課程中有普通心理學、教育心理學、兒童心理學、教育測驗等科學課程，一九二五年增加了行為論、青年心理、教育統計、現代教育思潮、遺傳與環境等課程，一九二六年增加了科學概論、變態心理學、普通生物學、實驗教育、智慧測驗、道爾頓制等課程，一九二七年增加了參觀與批評、教育研究班等課程，一九二八年增加了學務調查、生理學等課程。國立北京大學「教育學系為了能在濃鬱的學術土壤上茁壯成長，努力使教育學科學術化。」[61]

　　國立北京大學為代表的一部分沒有高等師範學校根基，師範特色不濃的國立大學的教育學系課程內容已經反映出當時教育「科學化」

---

61 項建英：〈民國時期綜合性大學教育學科論略——以中央大學、北京大學為個案〉，
《高教探索》2006年第5期（2006年），頁79。

運動的成果。教育「科學化」運動，不僅提升了教育學科知識的科學含量，通過學科知識體系內在的發展，也提升了教育學學科地位，使國立大學的教育科系建制更具有合理性。「隨著大學教育學科『科學化』運動的展開，教育學科學術價值逐漸為世人所瞭解，教育學科在大學的地位日益得到提高，學科進一步分化和完善。」[62]正是由於教育學科知識自身的科學化與完善發展，國立大學陸續設置系科院所，通過學科建制也有力地推動著教育學科自身的發展。

三　政府政策引導與宏觀調控的制約

　　國立大學中設置教育科系到教育院所的發展，直到教育學科建制逐漸萎縮的歷史軌跡中，我們看到政府的宏觀調控能力，它對國立大學教育學科建制的設置與發展具有很強的約束力。政府不僅通過大學法規進行宏觀調控，還通過相關政策的出臺引導和約束國立大學教育科系院所建制。

　　從國立大學教育科系的創建歷程看，離不開國家政府頒佈實施的大學法規的政策指導。清末〈奏定大學堂章程〉和民初〈大學令〉、〈大學規程〉中教育學不具有獨立學科地位，作為課程之一出現在大學法規中。此時國立大學也設置過教育學課程而沒有出現教育科系，到了一九二一年國立東南大學在國立大學中第一個設置了教育科系。在一九二二年「新學制頒定前，教育學科是否在綜合性大學設置的爭論就已經開始，而一九二二年學制的頒定只是這種呼聲的制度化……學制明確規定了高等師範學校升格為師範大學，綜合性大學設置教育

62　項建英：〈教育「科學化」運動與近代中國大學教育學科的發展〉，《現代大學教育》2009年第5期（2009年），頁42。

學科。」[63]至此二十世紀二〇年代出現了「高師改大」運動，隨著高等師範學校升格為大學，國立大學中教育科系建制迅速增多。

民初七所高等師範學校分別是一九一二年的北京高等師範學校，一九一三年成立的武昌高等師範學校，一九一五年成立的南京高等師範學校，一九一六年成都高等師範學校和廣東高等師範學校列入國家預算，一九一八年成立瀋陽高等師範學校，一九一九年四月增加國立北京女子高等師範學校，至此高等師範學校數量達到七所。隨著新學制的頒佈實施，七所高等師範大學陸續改辦成師範大學或綜合大學。七所高師改大後的大學中六所國立大學均設置了教育學系。正是由於許多綜合性大學由原來的高師脫胎而來，國立大學設置教育科系的較多，且基礎較好。

一九二九年七月〈大學組織法〉明確了教育學的獨立學科門類地位後，當時國立大學中近三分之二的大學設置了教育學院或文學院中設置了教育學系，國立大學中教育學科建製成為普遍。可見，一九二二年新學制、一九二九年〈大學組織法〉和〈大學規程〉的頒佈實施直接影響到國立大學中教育院系建制的發展。

民初政府設置高等師範學校的目的是培養中等學校師資，國立大學出於對碩學閎材的培養目標，沒有考慮教育科系設置問題。二十世紀二〇年代政府鼓勵「高師改大」，高等師範學校升格的師範大學和高等師範學校改組的國立大學相繼設置了教育科系，隨著發展進入規範化階段，發展的頂峰時期，近三分之二比例的國立大學設置教育院系。二十世紀三〇年代，政府為了滿足社會所需建設人才的現實需求，對國立大學院系進行大整頓，鼓勵實類院系建設，限制文類院系擴展，導致教育院系在內的文類學科建制的一度萎縮。

---

63 項建英：〈論近代學制與大學教育學科的發展〉，《江蘇高教》2007年第3期（2007年），頁32。

　　國立大學教育學科建制的去留問題，同時反映出國家對師資培養模式的考慮，時任教育部長朱家驊在〈九個月來教育部整理全國教育之說明〉（1932年11月）中提到有關師資培養與師範教育的改革問題：一方面，國立大學設置教育院系的，鼓勵招收若干名高等師範生，優其待遇，傳授一定的專門科學外，修習若干教育學程，畢業時由教育部嚴格考試；另一方面，師範大學也招收若干名大學及專科學校畢業生，使其受一年或兩年的教育學訓練。朱家驊的改革思想很明確，就是保留國立大學中教育學科建制，也保存師範大學的獨立地位，鼓勵師範大學和綜合大學共同培養合格師資。按照該指示教育部變更國立北平師範大學組織，「師大招收普通大學畢業生，授以一年或二年師範訓練，職業教育師資，另以考試方法考取之。」[64]同年十二月召開的國民黨四屆三中全會上，卻出現了兩種不同的提案：「一種認為師範大學應脫離大學而單獨設立，教育部應設師範大學二所或三所，各國立大學之教育學院或教育學系概行併入師範大學；另一種則認為師範教育不應另設，以免畸形發展。這次論爭的結果是：由於抗戰爆發，各地師資日益緊缺，高等師範教育的地位重新得以確立。[65]這一結果預示著國立大學中教育院系建制必定會受到限制，教育學科建制在國立大學中的發展進入萎縮階段，使得綜合大學辦師範教育的嘗試暫告一段落。

64　〈教部變更北師大組織〉，《申報》（1932年11月5日），第3版。

65　項建英：〈論近代中國大學教育學科設置模式嬗變〉，《江蘇高教》2009年第3期（2009年），頁141。

第八章

國立東南大學（中央大學）與私立廈門大學學科發展之比較

　　民國時期大學學科建制在改制、調整、發展中得以完善。選擇這一時期代表性國立大學與私立大學，對其學科建制與發展進行對比分析，有助於從不同辦學主體的視角，解讀大學學科發展的影響因素。「在中國近現代大學史上，東南大學與廈門大學的早期發展頗具典型性。兩校同年創立，校訓不約而同，各以鮮明的辦學特色和卓越的辦學成就躋身國內名校。」[1]不僅如此，國立東南大學（中央大學）和私立廈門大學在學科設置方面也以多學科綜合性著稱，同一時空條件下二者的學科建制與發展具有一定的可比性。通過比較，兩校在一九二一至一九三七年間學科建制與發展方面，表現出相對穩定性與波動性的差異，但在大學多學科建設、基礎學科與應用學科共同發展方面具有共性，這與不同的辦學主體和校長的學科建設思想密切相關。

第一節　國立東南大學（中央大學）的學科建制與發展

　　國立東南大學於一九二一年創辦，初設文理、教育、農、工、商五科二十七個學系，是當時學科門類最齊備的綜合性國立大學。大學

1　張亞群：〈「同歸而殊途一致而百慮」──郭秉文與林文慶辦學理念之比較〉，《東南大學學報（哲學社會科學版）》2011年第6期（2011年），頁97。

區制時期改組為第四中山大學，一九二八年二月改稱江蘇大學，同年五月定名為國立中央大學，至抗戰前，國立中央大學是國立大學中學科門類最齊全的一所多學科綜合性大學。國立東南大學「科─系」建制整合了大學的人才培養、科學研究與社會服務職能為一體。經歷江蘇大學時期的九院建制與國立中央大學時期八院建制，國立東南大學（中央大學）始終保持了多學科文理綜合的學科特色。

一 國立東南大學「科─系」建制的初創

一九二一年七月，〈國立東南大學組織大綱〉獲教育部批准，八月二十三至二十五日與南京高等師範學校同時招考學生，一九二一年九月九日《申報》聲明，由郭秉文兼任國立東南大學校長。國立東南大學創辦後採用了「科─系」建制，科的設立相當於相關學系的聯合體，科一級負責教育行政事務，各學系負責具體教學管理任務，學系的設立使得教學具有相對獨立性，科─系共同合成為以學科為基礎建立的學術組織系統。全校設立教授會和評議會，有權議決有關科與系的增設、廢止或變更事宜。

「南京原有農、工、商、教育、體育專修科其規模已近於各國之大學，以之併入東南大學，第須添招文理科，則學科已屬完備，」[2] 國立東南大學創辦之時已設文理、教育、農、工、商五科。一九二一年三月二十五日〈國立東南大學大綱草案〉第四條規定，「本大學以學系為主幹，暫設下列各系：一國文系、二英文系、三哲學系、四歷史系、五地學系、六政法經濟系、七數學系（天文附）、八物理系、九化學系、十生物系（生理動物植物解剖附）、十一心理系、十二教

---

2 〈國立東南大學緣起〉，《申報》（1920年12月25日），第2版。

育系、十三體育系、十四農藝系（作物土壤農具附）、十五園藝系、十六畜牧系、十七病蟲害系、十八農業化學系（農產製造附）、十九機械工程系、二十會計系、二十一銀行系、二十二工商管理系。」[3]

　　草案擬設二十二個學系，實則國立東南大學設置了五科二十七個學系，學科建制具體如下：

> 文理科：國文系、英文系、西洋文學系、哲學系、歷史系、地學系、政治系、經濟系、數學系、化學系、物理系、心理系、生物系等13系；
> 教育科：教育系、心理系、體育系等3系；
> 農科：生物系、農藝系、園藝系、畜牧系、病蟲害系、蠶桑系、農業化學系等7系；
> 工科：機械工程系；
> 商科：銀行理財系、會計系、工商管理系等3系。[4]

對比草案，學系總數多出五個，其實學系種類只增加二個：西洋文學系和蠶桑系。政法經濟系分為政治系和經濟系兩系，而心理系和生物系同時分設在兩科中，顯示出其學術性與應用性雙重屬性。上述學系中生物系、心理學、教育系、體育系、園藝系、畜牧系、病蟲害系、蠶桑系、會計系、工商管理系等在中國近代國立大學中最先具有學科建制。

　　一九二五年後國立東南大學出現易長風潮，近半年時間學潮不斷，九月十六日政府決定停辦東南大學。一九二六年蔣維喬代理校長

3　〈國立東南大學大綱草案，《申報》（1921年3月25日），第3版。
4　〈本校現狀及十二年度計劃〉，《申報》（1923年1月1日），第3版。

後，對原有「科－系」建製作了適當調整。按照一九二六年八月一日〈國立東南大學組織大綱修正稿〉規定，本科分為文科、理科、教育科、農科、商五科，具體學科建制為：

> 文科：一、國文系　二、外國語文系　三、哲學［國］系　四、歷史系　五、政治系　六、經濟系
>
> 理科：一、數學系　二、物理系　三、化學系　四、地學系　五、心理系　六、植物系　七、動物系
>
> 教育科：一、教育系　二、心理系　三、鄉村教育系　四、體育系
>
> 農科：一、植物系　二、動物系　三、農藝系　四、園藝系　五、畜牧系　六、蠶桑系　七、病蟲害系
>
> 商科：一、普通商業系　二、會計系　三、工商管理系　四、銀行理財系　五、國際貿易系　六、保險系　七、交通運輸系。[5]

　　對比一九二二年學科建制，一九二六年學科建制規定中學科門類改動較大，文理科分為文、理兩科，取締工科學科門類。一九二六年三月二十二日校長辦公處出臺「文理實行分科」一文，「本學期文理實行分科，請貴處將劃分文理各系，即日開示為荷。」[6]關於工科，一九二四年四月二十七日校董事會提出裁撤決議案，五月十四日常務校董會議討論通過，暫行停辦工科。學系調整方面，生物系分化為動物系和植物系，英文系、西洋文學系合併為外國語文系，教育科增設

5　中央大學檔案：〈國立東南大學組織大綱修正稿〉（1926年8月1日），收入中國第二歷史檔案館編：《中華民國史檔案資料彙編‧第三輯教育》（南京市：江蘇古籍出版社，1991年），頁251-252。

6　南京大學校慶校史資料編輯組、學報編輯部編輯：《南京大學校史資料選輯》（南京市：南京大學印刷廠（內部發行），1982年），頁160。

鄉村教育系，商科增設普通商業系、國際貿易系、保險系、交通運輸系，農科裁併農業化學系。

國立東南大學「以培養適合於社會所最需要之人材為標準，希望將來陶冶一種有科學思想有真人格有真辦事能力之學生，以應用於現實之社會、而為建造國家之中堅人物」[7]為宗旨。以此為指導，國立東南大學「科一系」建制，整合了大學的人才培養、科學研究與社會服務職能為一體。為了保證招生品質，國立東南大學採用入學考試兼心理測驗的考覈方式。入學後學生的平時考覈和學期考試也是極其嚴格，從而保證專門人才的品質。從「那幾年清華留美公費生和各省官費生的考選，有關科學各門錄取生中南高、東大畢業生佔了很大的比例，」[8]的事實中可見當時培養出的人才品質。

國立東南大學建校初期雖然沒有專門設置研究所，但各學系不同程度地開展了科學研究工作。據一九二二年三月十二日《申報》刊載的「東南大學進行近訊」，當時東南大學教員、學生共同參與編寫的出版物增多，有影響的雜誌就包括《教育研究》、《農業叢刊》、《工業研究》、《史地學報》、《文哲學報》、《中等教育研究》、《心理》、《學衡》等。文理、教育科教授劉伯明、陸志韋、王伯秋等發起組織「中國社會科學社」，劉伯明還組織了「中國哲學會」，於一九二三年七月一日在南京舉行了成立大會。教育科與當時國內各大學及教育機關合組建立「中華教育改進社」。除此之外，當時國立東南大學助教授多數為本校畢業生，他們踐行教學與科學研究相結合的原則，一邊任教，一邊研究學問，一部分人還出國深造，為學術發展打下堅實的基礎。

7　〈東南大學之新氣象〉，《申報》（1922年10月1日），第3版。

8　左惟、袁久紅、劉慶楚編：《大學之道：東南大學的一個世紀》（南京市：東南大學出版社，2002年），頁215。

　　大學的知識推廣活動是其直接為社會服務的表現。一九二一年三月〈國立東南大學大綱草案〉明確規定，大學「另設推廣部、其類別如左、一校內特別生、二通信教授、三暑期學校。」[9]英文系利用語言優勢，通過函授學校讓更多大學之外的學子學習外語。教育科籌辦學校，加強教育理論與實踐的聯繫，踐行新的教育理念與教學方法。商科設立夜校，加強應用知識的推廣，以便於工商界人士也參與到研究學問的行列，共同解決中國工商業發展中的現實問題。據不完全統計，一九二三年一月國立東南大學除了教授、教員、講師、助教一一三人，本校新舊正式生七六一人之外，還有特別生二六三人，商科夜校生一二四人。特別生和夜校生總數達到在校正式學生總數的一半。國立東南大學的知識推廣活動開創了中國近代國立大學直接為社會服務的先河。

二　大學區制時期「院—系、科」建制的確立

　　一九二七年七月江蘇試行大學區制，江蘇教育廳與國立東南大學（包括上海商科大學）、河海工科大學、江蘇法政大學、江蘇醫科大學、南京工業專門學校、蘇州工業專門學校、上海商業專門學校、南京農業學校等八校合併成立第四中山大學，一九二七年七月二十三日張乃燕任校長，「並面聘胡剛復、蔡無忌、何尚平、劉藻彬四人接收東南大學，即以該校為大學本部，聘請一時在碩二十七人為籌備員。」[10]

　　一九二八年二月二十三日依照大學委員會決定，第四中山大學改

9　〈國立東南大學大綱草案〉，《申報》（1921年3月25日），第3版。

10　南京大學校慶校史資料編輯組、學報編輯部編輯：《南京大學校史資料選輯》（南京市：南京大學印刷廠（內部發行），1982年），頁206。

名為江蘇大學，大學本部設有九學院：「自然科學院、社會科學院、文學院、哲學院、教育學院、醫學院、農學院、工學院、商學院。」[11]
具體學科建制是：

> 自然科學院內分算學系、物理學系、化學系、地學系、生物學系、人類學系、心理學系；
> 社會科學院內分史地學系、社會學系、經濟學系、政治學系、法律學系；
> 文學院內分中國文學系、外國文學系、語言學系；
> 哲學院設哲學系；
> 教育學院分教學系、師資科，附設教育各專科；
> 醫學院分醫學基本學系、內科、外科、婦、兒、產科，專科，附設護病專修科。藥學院藥學科；
> 農學院分植物農藝科、動物農藝科、農產製造科；
> 工學院分機械工程科、電機工程科、土木工程科、建築科、礦冶工程科、化學工程科、染織科；
> 商學院分銀行科、會計科、工商管理科、國際貿易科。[12]

其中自然科學院、社會科學院、文學院、哲學院、教育學院、農學院和商學院由國立東南大學文、理、農、商、教育五科以及江蘇法政大學改組而成。國立東南大學文科分化出文學院、哲學院、社會科學院三院，新增社會學系和法律學系；理科改稱自然科學院，增設人類學系；教育科心理學系歸併於理學院；農科的園藝系、畜牧系、蠶桑

---

11 唐鉞、朱經農、高覺敷：《教育大辭書》（上海市：商務印書館，1930年），頁958。
12 南京大學校慶校史資料編輯組，學報編輯部編輯：《南京大學校史資料選輯》（南京市：南京大學印刷廠（內部發行），1982年），頁225。

系、病蟲害系等特色學系改為科下具體學門。教育科的鄉村教育系、商科的普通商業系、保險系、交通運輸系在江蘇大學學科建制中未出現。醫學院由江蘇醫科大學改組而成，工學院由河海工科大學、南京工業專門學校和蘇州工業專門學校改組而成。由此判斷，江蘇大學本部主體部分還是國立東南大學改組而成的院系。

對比一九二六年國立東南大學的學科建制，江蘇大學學科建制最大的變化在於「科一系」建制改用「院一系、科」建制，學院下設系或科，明確劃分出基礎學科與應用學科的界限。據〈第四中山大學本部組織大綱草案〉規定，大學本部設若干學院，院設若干系或科，凡同性質之課目，在學術上能構成系統者為系；合適當之課目，在應用上能構成課程者為科；綜合性質相近應行聯合設立之各系各科為學院。由此可見，重學理學術性強的學科採用系建制，而重實用應用性強的學科採用科建制。此時的「科」已不是從前指稱的學科門類基礎上的建制，而是學院下設，與系並列的一級學科基礎上的建制。

三　國立中央大學在抗戰前的院系所調整

一九二八年五月十六日，依照大學委員會決議，江蘇大學定名為國立中央大學。一九二八年七月二日，張乃燕校長呈大學院〈修改大學本部各學院名稱〉文，「自然科學院名義太覺廣漠，譯名殊欠愜當，茲擬易名理學院，庶名實相符，且足以表示崇尚科學之意。社會科學院名義亦覺稍廣泛……茲擬易名法學院，以資醒目。其現有社會科學院之社會學系與歷史地理系歸入文學院。哲學院現有學生十一人，學程只哲學一系單設一院，太不經濟。歐美各大學，現尚無此先

例。茲擬裁撤哲學院，而將其學生歸入文學院，定名為哲學系。」[13]
一九二八年八月國立中央大學改自然科學院為理學院，改社會科學院
為法學院，哲學院裁併於文學院，從而形成文學院、理學院、法學
院、教育學院、醫學院、農學院、工學院和商學院等八大學科門類的
學科組織。

　　國立中央大學「院－系」建制與一九二九年〈大學組織法〉學科
編制規定完全吻合，反過來說〈大學組織法〉的規定很大程度上參照
了國立中央大學學科建制，因為國立中央大學在大學區制時期就已採
用八院制，成為其它國立大學學科建制的標杆。學科門類既有文理綜
合性，也有基礎學科與應用學科相結合的特點，構成多而全的學科
特色。

　　一九二九年一月一日張乃燕校長報告的「最近中央大學概況」中
學科編制如下：

　　　　理學院內分算學系、物理學系、化學系、地學系、生物學系、
　　　　心理學系；
　　　　文學院內分中國文學系、外國文學系、哲學系、史學系、社會
　　　　學系；
　　　　法學院內分法律學系、政治學系、經濟學系；
　　　　教育學院內一系三科，教育學系、師資科、藝術專修科、體育
　　　　專修科；
　　　　醫學院內分六科，內科、外科、藥科、專科、兒產專修科、護
　　　　病專修科；

---

13 南京大學校慶校史資料編輯組、學報編輯部編輯：《南京大學校史資料選輯》（南
　京市：南京大學印刷廠（內部發行），1982年），頁228。

農學院內設三科，植物農藝科、動物農藝科、農產製造科；

工學院設分七科，械工程科、電機工程科、土木工程科、化學工程科、建築科、礦冶科、染織科；

商學院內分四科，銀行科、會計科、工商管理科、國際貿易科。[14]

一九二九年七月國民政府停止大學區制，國立中央大學行政組織也隨之變更，大學設教務處、事務處和秘書處，聘葉元龍為教務長，劉藻彬為事務長，張衡為秘書長。據〈中央大學一年來工作報告〉：一九二九年度起理學院生物學系的動物、植物兩門，獨立成系；教育學院教育學系分化為教育心理、教育行政和教育社會三系，師資科因經濟關係暫行停辦，藝術專修科改為藝術教育科，體育專修科改為體育科，新生畢業年限，改為四年，與大學本科程度相等；農學院的農作物門、農藝工程組改並為農藝墾植科，土木門、蠶桑門、園藝門、森林組分別改為畜牧獸醫科、蠶桑科、園藝科、森林科，昆蟲組與植物病理組合併為病蟲害科，農產製造門與農藝化學組合併為農業化學科。一九二九年九月，地學系胡煥庸、黃國璋、張其均等教授提出地理門應獨立成系建議書，一九三〇年一月由校務會議議決，理學院地學系的地理門獨立成系，歸文學院辦理。原來的地學系改為地質學系。[15]

一九三〇年一月十八日〈中央大學組織規程〉中提出的辦學宗旨是研究高深學術，以養成黨國需要人才，闡揚世界文化。一九三〇年十一月二十五日行政院國務會議第一次會議議決朱家驊為國立中央

---

14 〈最近中央大學概況〉，《申報》（1929年1月1日），第6版。

15 南京大學校慶校史資料編輯組、學報編輯部編輯：《南京大學校史資料選輯》（南京市：南京大學印刷廠（內部發行），1982年），頁239。

大學校長，十二月十三日到校任職。國立中央大學取消總務長，改
設教務長。由於國立中央大學文、理、法、工、教育五學院在南京四
牌樓，農學院在三牌樓，商學院在上海，醫學院在吳淞，農、商、醫
學院均獨立設有教務處，各司其事。學科建制維持原來院一系、科
制，八院佈局一直保持到一九三二年。

　　一九三二年六月二十九日，國立中央大學學生毆打代理校長段錫
朋（教育部政務次長）一事，一九三二年六月三十日行政院令「國立
中央大學在滬設立之商醫兩院外，著即暫行解散，聽候派員徹底整
理。」[16]經過一段時間的整頓，一九三二年九月五日羅家倫擔任校
長，同年十月，商、醫兩學院獨立為國立上海商學院及國立上海醫學
院，八院變成六院，除了教育學院三科之外，院下設「科」全部改為
「系」，其學科建制變成全國統一的「院一系」建制。

　　不同於一九二九年後出現的學系分化趨勢，一九三二年後學科建
制調整呈現出學系合併趨勢。如理學院動物及植物學系合併為生物學
系，教育學院教育原理、教育行政、教育社會學系合併為教育學系，
藝術教育科、藝術專修科合併為藝術科，體育專修科併入體育科。

　　經過兩年的院系整理，國立中央大學從一九三一年的八院三十八
系、科縮減到一九三四年的六院三十系、科：文學院設中國文學、外
國文學、哲學、史學和社會學五系；理學院設算學、物理學、化學、
地質學、地理學、生物六系；法學院設法律學、政治學和經濟學三
系；教育學院設教育學和心理學兩系，藝術、體育和衛生教育三科；
工學院設土木工程、機械工程、電機工程、化學工程和建築工程五
系；農學院設農藝、森林、畜牧獸醫、農業化學、園藝、蠶桑六系。
「將繁複之教育社會系等，從事歸併，而將較切於國家實際需要之學

16　〈院令解散中央大學〉，《申報》（1932年6月30日）。

系，如工學院之化工系，農學院之園藝蠶桑等系，予以恢復。」[17]改
變原來各院辦公、授課和研究地點較散的局面，集中各院地點，規定
中山院為文學院，科學館為理學院本部，東南院為法學院，南高院為
教育學院本部，新教室為工學院本部，三牌樓為農學院。

　　一九三五年增設醫學院，學科建制變成七院三十系科，見表8-1。

表8-1　一九三六年一月國立中央大學院系建制表

校名	校長	所設院（系）
國立中央大學	羅家倫	理（算學、物理、化學、生物、地質、地理） 工（土木，電機，機械，建築，化學工程） 法（法律，政治，經濟） 農（農藝，森林，畜牧獸醫，農業化學，蠶絲，園藝） 文（中國文，外國文，史學，哲學，社會學） 教育（教育，心理，體育，藝術，衛生教育） 醫。

資料來源：中國第二歷史檔案館編：《中華民國史檔案資料彙編·第五輯第一編教
　　　育（一）》（南京市：江蘇古籍出版社，1994年），頁300。

　　由於當時國家缺乏醫學人才，國民政府特令「該校應即添辦醫學
院，於下年度開始招生，以應國家急需。」[18]國立中央大學醫學院
「二十四年度開始招生正式成立，該院教室實驗室建築，亦以落
成。」[19]當時聘請中央醫學院內科主任戚壽南博士為院長。同年設立

17　〈兩年來之中央大學〉，《申報》（1934年6月23日），第4版。

18　〈教育部改進國立中央大學訓令與該校辦理情形呈〉（1935年5月10日），收入中國
　　第二歷史檔案館編：《中華民國史檔案資料彙編·第五輯第一編教育（一）》（南京
　　市：江蘇古籍出版社，1994年），頁206、209。

19　〈中央大學之最近四年（一）〉，《申報》（1936年9月7日），第4版。

牙醫專科學校，一九三六年下學期醫學院添設解剖學、生理學、生物化學、病理學、藥物學和細菌學等六個實驗室。「二十五年則奉部令將社會及蠶桑兩系裁併，則一部分課程則併入他系開設。」[20]社會學系裁併於哲學系。至此抗日戰爭爆發前，國立中央大學學科建制為七院二十八系、科。據國立中央大學建立十週年紀念報導，一九三七年時學科建制為：文學院分中國文學系、外國語文系、哲學系、史學系等四系；理學院分算學系、物理系、化學系、地質系、地理系、生物系等六系；法學院分法律系、政治系、經濟系等三系；教育學院分教育系、心理系及藝術科、體育科、衛生教育科等二系三科；農學院分農藝系、森林系、農業化學系、畜牧獸醫系、園藝系等五系；工學院分土木工程系、機械工程系、電機工程系、建築工程系、化學工程系等五系。

　　國立東南大學時期曾提議創辦大學研究院案，「欲求作育專門人才，則尚有待於研究院焉，」[21]初擬文、理、教育、農、商五科合立一研究院。一九二六年十一月十八日教授會修正通過〈研究院簡章〉，詳細規定了研究院機構設置、研究生入學條件、課程學習要求、考試考覈方式、學費標準以及學位授予等事項。事實上此時大學研究院未能正常運行，到了國立中央大學時期，研究機構的設置開始於一九三三年法學院經濟統計研究室。該研究室主要從事搜集中國經濟年史資料，著手編纂民國以來中國經濟年史。一九三四年二月創辦教育實驗所，出於研究需要，也「應各方之研究要求，決定在本年暑假招收研究生八名，在教授指導下，從事各種實驗研究，凡在國內各大學教育系或心理系畢業或其它各系畢業，而以教育或心理為輔系者

20　〈中央大學之最近四年（一）〉，《申報》（1936年9月7日），第4版。

21　南京大學校慶校史資料編輯組、學報編輯部編輯：《南京大學校史資料選輯》（南京市：南京大學印刷廠（內部發行），1982年），頁161。

均可應考。」[22]。一九三四年十月，奉令籌設研究所，十一月先設理科研究所算學部及農科研究所農藝部。「該兩研究所併未經政府特頒經費，完全由本校經常費內提供，理科研究所算學部已於二十四年度開始招生，農科研究所農藝部亦已籌備就緒，二十五年度即可正式開辦。」[23]

第二節　私立廈門大學的學科建制與發展

廈門大學由著名愛國華僑陳嘉庚先生於一九二一年創辦，民國時期經歷私立與國立兩個發展階段，形成自己的辦學特色，不僅為國家和民族培養了專門人才，還致力於科學研究與社會服務。「私立廈大的辦學歷程，是中國近代大學學科建設、學術發展與文化嬗變的一個歷史縮影，」[24]本文節選其私立大學時期學科建制演變歷史，以期與同一時期國立大學加以對比分析。

一　「部—科」建制的初創

一九二一年二月至三月，廈門大學在上海、廈門、福州、新加坡等地開始招生，四月一日，在廈門進行復試，共錄取新生一一二人，其中商學部二十八人，師範部八十四人。[25]「一九二一年四月六日，廈門大學在集美中學新校舍『即溫樓』舉行開校典禮，這標誌著私立

---

22 〈中大教育學院教育實驗所收研究生計劃〉，《申報》（1934年7月18日），第4版。

23 〈中央大學之最近四年（二）〉，《申報》（1936年9月8日），第4版。

24 張亞群：〈從西洋文化回歸儒學文化──林文慶大學教育思想解析〉，《高等教育研究》2010第1期（2010年），頁93。

25 洪永宏編著：《廈門大學校史（第一卷）》（廈門市：廈門大學出版社，1990年），頁14。

廈門大學的正式誕生，」[26]到校報到者九十八人。〈廈門大學大綱〉
（1921年3月）規定，大學分六學部：師範部、法制經濟學部、商學
部、工學部、農林學部和醫學部，每部分為若干科。實則廈門大學開
辦初期只設師範、商學兩部，師範部分文理兩科。

　　一九二一年五月，鄧萃英校長辭職，六月林文慶回國繼任，擴充
原有學科建制，設文、理、商、教育四學部。林文慶校長提出「本校
原設有師範學部，其目的在養成中等學校教師，以期發達本省之地方
教育。文理兩學部本校向無專科，僅於師範學部內附設之，殊為不
合。因改師範學部為教育學部，並增設文理兩學部，使與商學部等同
為獨立之學部，以期與國內外各大學編制相當。」[27]一九二一年十一
月「改師範部為教育學部，以隸屬師範部之文、理兩科分設文學、理
學兩部，」[28]一九二二年七月增設工學、新聞兩學部，學科門類增加
到文、理、教育、商、工、新聞等六大學科門類。

　　與民初〈私立大學法規〉規定的學科門類有所不同的是廈門大學
當時多設置了教育和新聞學部，超出大學學科設置範圍。一九一三年
一月十六日，北洋政府教育部公佈了〈私立大學規程〉是中國近代由
政府制定頒佈的關於私立大學的第一個專門法規。該法規明確規定，
私人或私法人設立大學，遵照〈大學令〉第三條有關大學學科設置的
標準和二十一條大學院生相關學位授予的規定。也就是說在大學學科
設置標準方面，國立大學和私立大學一樣分設文、理、法、商、醫、
農、工七科，或文、理二科並設或文科兼法、商二科或理科兼醫、

---

26 張亞群：《自強不息止於至善——廈門大學校長林文慶》（濟南市：山東教育出版
　　社，2012年），87。

27 黃宗實、鄭文正選編：《廈門大學校史資料（第一輯）》（廈門市：廈門大學出版
　　社，1987年），頁225-226。

28 〈廈門大學沿革〉，辛樹幟：《第一次中國教育年鑒・第二冊丙編教育概況上（民國
　　二十三年）》（臺北市：傳記文學出版社，1971年），頁429下欄。

農、工三科或二科或一科，要達到文理綜合或基礎學科與應用學科相結合的標準。當時廈門大學設置教育學科，「順應了我國教育變革和發展的迫切要求，也反映出陳嘉庚和林文慶對教育作用的深邃理解。」[29]

二 「科、系、院」的演變

一九二三年四月，學校評議會議決，改「學部」為「科」，全校設置文、理、教育、商、工、新聞六科及預科。一九二四年四月經歷第一次學潮，「受其影響，離校教師占教師總數的二分之一，而且理、工、商、教育等四個主要科系的主任（專任教授級）均離校，使廈大師資建設與辦學遭受嚴重挫折。為了應對危機，林文慶校長一面調整、合併學科，一面積極補充師資，力圖發展。」[30]一九二四年六月，學校學科建制進行一次大調整，教育科、商科、新聞科併入文科，工科併入理科，「是時大學本科惟設文、理二科，文科分系八，曰國文系、外國語言文學系、哲學系、歷史社會學系、政治經濟學系、教育學系、商學系、新聞學系；理科分系六，曰數學系、物理學系、化學系、植物學系、動物學系、工學學系。」[31]各科、系主任於一九二五年基本配齊，惟獨「新聞系因條件限制，系主任一職暫缺，

---

29 張亞群：《自強不息止於至善——廈門大學校長林文慶》（濟南市：山東教育出版社，2012年），頁169。

30 張亞群：《自強不息止於至善——廈門大學校長林文慶》（濟南市：山東教育出版社，2012年），頁194。

31 黃宗實、鄭文正選編；《廈門大學校史資料（第一輯）》（廈門市：廈門大學出版社，1987年），頁92。

一九二六年一月停辦，」[32]從而一九二二年增設的新聞部，經過一九二三年四月改為新聞科之後，一九二四年六月併入文科，最終在一九二六年被裁撤。

師資與經費的有力保障下，一九二六年八月，「將隸屬於文科的教育學系、商學系及隸屬於理科的工學系，仍改為獨立的科；並添設法科，以隸屬於文科的政治經濟學系併入之。」[33]至此廈門大學共設文、理、教育、商、工、法六大學科門類，下設十九個學系：文科內設國文、外國語言文學、哲學、歷史社會學四系；理科內設數學、物理學、化學、植物學、動物學五系；教育科內設教育學、心理學兩系；商科內設商業學、會計學兩系；工科內設土木工程、電氣工程、機械工程三系；法科內設法律學、政治學、經濟學三系。

對比一九二四年「科一系」建制，一九二六年學科建制不僅增加了科類，還增加了多個學系。具體而言文理兩科基礎上增加了教育、商、工、法科四個學科門類，學系調整方面，裁撤一系，增設六系。新聞系被裁撤，增設了教育科的心理學系、商科的會計學系、法科的法律學系，工科新設土木工程、電氣工程和機械工程三系，文科下設的政治經濟學系，此次改設在法科下，並分化為政治系與經濟系兩系。到了一九二六年「九月，地質學系正式成立，」[34]理科下設學系增加到六系。從教育、工、商、法科學科地位的提升以及增加相關學系情況看，這一時期學校加強了應用學科建設。

---

32 洪永宏編著：《廈門大學校史（第一卷）》（廈門市：廈門大學出版社，1990年），頁64。

33 洪永宏編著：《廈門大學校史（第一卷）》（廈門市：廈門大學出版社，1990年），頁69。

34 張亞群：《自強不息止於至善──廈門大學校長林文慶》（濟南市：山東教育出版社，2012年），頁192。

　　遺憾的是工科於一九二七年六月停辦。一九二七年九月理科增設天文學系。[35]按計劃一九二六年「擬以一百萬辦醫科，」[36]但在一九二八至一九二九年廈門大學組織系統圖中只有文、理、教育、法、商五科，沒有醫科建制。同樣在一九二八年後招生廣告中沒有出現醫科招生信息。陳嘉庚先生總結〈廈大之成績與財政之獨立〉一文中提到，醫農兩科，均可獨立創設，免用廈大名義，亦免附設於廈大……在理化科未設備之前，首兩年學生可在廈大肄業，至第三年然後入醫專學校。據相關文獻記載，醫科從一九二四年開始籌備，一九二九年停辦。[37]「至建校八週年，全校共設有文、理、教育、法、商五科及預科，其中，文科有四系，法科分為三系，理科設算學、天文、物理、化學、植物、動物、地質等七系，初步形成綜合性大學的學科體系。」[38]

　　國學研究院，從一九二五年冬開始籌備，一九二六年九月制定〈廈門大學國學研究院章程〉，十月完成各部機構的設置及職員配備，一九二六年十月十日舉行國學研究院成立大會。「廈門大學國學院的創辦，旨在研究和弘揚中國固有文化。它適應二十世紀二〇年代初中國傳統學術轉型的時代需要，是培養國學專門人才、復興傳統文化的一次重大實踐。」[39]國學研究院內設研究部、陳列部、圖書部、

---

35 陳營、陳旭華編：《廈門大學校史資料（第五輯）》（廈門市：廈門大學出版社，1990年），頁7。

36 黃宗實、鄭文正選編；《廈門大學校史資料（第一輯）》（廈門市：廈門大學出版社，1987年），頁336。

37 陳營、陳旭華編：《廈門大學校史資料（第五輯）》（廈門市：廈門大學出版社，1990年），頁8。

38 張亞群：《自強不息止於至善——廈門大學校長林文慶》（濟南市：山東教育出版社，2012年），頁172。

39 張亞群：《自強不息止於至善——廈門大學校長林文慶》（濟南市：山東教育出版社，2012年），頁272。

編輯部、造型部和出版部等六部，研究部下設語言文字學組、史學及考古學組、哲學組、文學組、美術音樂組等五組。國學研究院當時聘請到林語堂、沈兼士、顧頡剛、魯迅、陳萬里、張星烺、孫伏園等知名國學專家，提出「要以現代科學方法整理中國固有的文化。」[40]國學研究院成立後招收研究生，開創了廈門大學研究生教育的先河，「當時被招收從事研究者，有廈大應屆畢業生高興傅、鄭江濤二人，」[41]在教員指導下高興傅完成《太姥山》、鄭江濤完成《詩經中描寫之社會現象》的研究論文。同時國學研究院的林語堂、顧頡剛、魯迅、張星烺、丁山、陳萬里、江紹原等教員，自行開展國學研究，出版了相關研究成果。結合自己的研究，教員們廣泛開展學術講座，促進文化傳播。

　　「在創辦國學院過程中，同樣因為（林文慶校長）尊孔而與魯迅發生文化衝突，加之文理科辦學經費分配及人事糾紛，再次引發學潮，」[42]國學研究院也因此次學潮，一九二七年二月被迫停辦。〈顧頡剛就廈大第二次學潮致胡適函〉中透漏，兼任研究院秘書的林語堂與兼任大學秘書的劉樹杞之間的矛盾衝突，林語堂除了研究院內部的日常事務之外，不得過問預算、購置等事宜，「國學院中無論什麼事都以困於經費而不得進行，科學研究院（劉氏所立）卻正在籌備，而且在籌備期中，各教授已經支了薪水，」[43]文理科經費分配不均現象由此可見。

---

40 洪永宏編著：《廈門大學校史（第一卷）》（廈門市：廈門大學出版社，1990年），頁75。

41 洪永宏編著：《廈門大學校史（第一卷）》（廈門市：廈門大學出版社，1990年），頁76。

42 張亞群：〈「同歸而殊途　一致而百慮」——郭秉文與林文慶辦學理念之比較〉，《東南大學學報（哲學社會科學版）》2011年第6期（2011年），頁101。

43 黃宗實、鄭文正選編：《廈門大學校史資料（第一輯）》（廈門市：廈門大學出版社，1987），頁281。

　　恰逢一九二六年十二月，陳嘉庚實業經營不佳，核減廈門大學經費，「承諾給國學院的經費未能落實，而受聘廈大國學院的一些學人，如顧頡剛、沈兼士並未計劃久留……當國學研究經費無法到位，出版計劃落空之際，這些南下學者遂萌發去意。」[44]一九二七年二月十四日，代理大學秘書黃開宗遵照陳嘉庚及林文慶校長自新加坡來電，以公函通知國學研究院，自本年起停辦，該院職員計教授留用張星烺、顧頡剛二人，其餘均辭退。國學研究院雖停辦，但廈門大學科學研究工作仍繼續，「學校成立了教育學會、生物學會、化學學會等學術組織，定期舉辦學術演講報告，營造良好的學術研究氛圍；開展實地考察、調研、致力科學發明。」[45]

　　「一九二八年三月二十六日，國民政府大學院以私立廈門大學辦理與私立大學立案條例第三、第四條完全符合，批准立案。」[46]在全國私立大學中，廈門大學首先獲得國民政府大學院批准立案，成為合法的私立大學。一九三〇年三月，私立廈門大學遵照教育部大學組織法，改「科」為「學院」，設置文學院、理學院、法學院、教育學院、商學院五院十七學系，不久增至二十一學系[47]：文學院內設中國文學系、外國文學系、哲學系、社會學系、史學系五系；理學院內設數學系、物理學系、化學系、植物學系、動物學系、天文學系六系；法學院內設法律學系、政治學系、經濟學系三系；教育學院內設教育

44　張亞群：《自強不息止於至善——廈門大學校長林文慶》（濟南市：山東教育出版社，2012年），286。

45　張亞群：《自強不息止於至善——廈門大學校長林文慶》（濟南市：山東教育出版社，2012年），176。

46　張亞群：《自強不息止於至善——廈門大學校長林文慶》（濟南市：山東教育出版社，2012年），307。

47　張亞群：《自強不息止於至善——廈門大學校長林文慶》（濟南市：山東教育出版社，2012年），319.

原理學系、教育心理學系、教育行政學系、教育方法學系四系；商學院內設會計學系、銀行學系、工商管理學系三系。[48]原來的國文系改稱中國文學系，歷史社會學系分化為社會學系和史學系，教育學系分化為教育原理學系、教育行政學系、教育方法學系，增設工商管理系。至此學科建制基本穩定，一九三一年教育部統計私立廈門大學學科建制如表8-2。

表8-2　一九三一年私立廈門大學學科建制一覽表

院別	院長	科系	科、系主任	教員數		在校生數	
				各科系	全院	各科系	全校
文學院	徐聲金	中國文學系		5	20	32	89
		外國文學系	羅文柏	8		19	
		哲學系	陳丁謨	2		3	
		社會學系	徐聲金	3		21	
		史學系	薛永黍	3		14	
		語言學系	周辨明				
理學院	陳子英	算學系	張希陸	2	12	6	45
		物理學系	田淵添	2		6	
		化學系	區嘉煒	5		20	
		植物學系	段續川	2		4	
		動物學系	陳子英	2		9	
法學院	區兆榮	法律學系	沈家詥	6	12	42	150
		政治學系	區兆榮	3		75	
		經濟學系	曾天宇	3		33	
教育學院	孫貴定	教育原理學系	孫貴定	2	10	19	108
		教育心理學系	朱君毅	3		18	

---

48 洪永宏編著：《廈門大學校史（第一卷）》（廈門市：廈門大學出版社，1990年），頁97。

院別	院長	科系	科、系主任	教員數		在校生數	
				各科系	全院	各科系	全校
		教育行政學系	姜琦	3		65	
		教育方法學系	杜佐周	2		6	
商學院	陳德恒	會計學系	陳德恒	3	5	21	43
		銀行學系	鄭世察	2		19	
		工商管理學系	陳振驊	1		3	

資料來源：辛樹織：《第一次中國教育年鑒‧第二冊丙編教育概況上（民國二十三年）》（臺北市：傳記文學出版社，1971），頁430-431。

　　與一九三〇年學科建制相比較，一九三一年統計中缺少天文學系，據查證該系於一九三〇年九月停辦。[49]一九三二年四月十九日，中央司法行政部批准法學院特許設立。

三　院系的裁併

　　「一九三二年秋，裁併工商管理學系。一九三三年三月二日，校務會議決議：自一九三四年度起，文學院社會學系、歷史學系合併為歷史社會學系，徐聲金任系主任；理學院植物學系、動物學系合併為生物學系，林紹文任系主任；法學院政治學系、經濟學系合併為政治經濟學系，曾天宇任系主任；教育學院教育原理學系、教育方法學系合併為教育學系，教育學院院長孫貴定兼任系主任。」[50]

　　一九三四年六月二十五日，遵照部令裁撤哲學系，並將商學院各

---

49 陳營、陳旭華編：《廈門大學校史資料（第五輯）》（廈門市：廈門大學出版社，1990年），頁7。

50 張亞群：《自強不息止於至善——廈門大學校長林文慶》（濟南市：山東教育出版社，2012年），頁321。

學系合為商學系，併入法學院，改稱法商學院。[51]至此私立廈門大學學科建制調整為四院十二系：文學院下設中國文學系、外國文學系和歷史社會學系；理學院下設算學系、物理學系、化學系和生物學系；教育學院下設教育學系和教育心理學系；法商學院下設法律系、政治經濟系和商學系。

　　一九三六年四月二十八日，舉行校董事第二次會議，決議「自本年秋季起，教育學院併入文學院，成為教育學系；又文學院中國文學系及外國語文學系並為文學系；又理學院算學系及物理學系並為數理學系。」[52]六月校董事會還議決，因學生減少，經費困難，裁院併系。改辦國立前私立廈門大學學科建制縮減為文、理、法商三學院九系：文學院下設文學系、歷史社會系、教育學系；理學院下設數理學系、化學系和生物系；法商學院下設法律系、商業系和政經系。

　　隨著陳嘉庚先生南洋樹膠產業經營蕭條，廈門大學經費主要來源受阻，「經費危機始終困擾著林文慶校長，這也是廈大由私立改為國立的根本原因。」[53]陳嘉庚先生在〈廈大獻與政府〉一文中解釋，「民廿六年春，余念廈集二校雖可維持現狀，然無進展希望，而諸項添置亦付缺如未免誤及青年。若政府肯接受廈大，余得專力維持集美，豈不兩俱有益，此乃出於萬不得已之下策，乃修書閩省主席及南京教育部長告以自願無條件將廈門大學改為國立。」[54]學校經費一九三七年正式列入中央預算，經中央核定，由教育部決定自一九三七年七月一

51 黃宗實、鄭文正選編：《廈門大學校史資料（第一輯）》（廈門市：廈門大學出版社，1987年），頁93。

52 黃宗實、鄭文正選編：《廈門大學校史資料（第一輯）》（廈門市：廈門大學出版社，1987年），頁94。

53 張亞群：《自強不息止於至善——廈門大學校長林文慶》（濟南市：山東教育出版社，2012年），頁411。

54 黃宗實、鄭文正選編：《廈門大學校史資料（第一輯）》（廈門市：廈門大學出版社，1987年），340。

日起私立廈門大學改為國立廈門大學。改國立後，教育部補助二十九
萬，省府年補助六萬元，國立廈門大學年經費共計三十五萬，學生年
繳學雜費也從二百餘元減少，與其它國立大學相同。一九三七年七月
開始由國立清華大學物理學教授薩本棟充任校長，將法律系撤銷，法
商學院改名商學院，增辦土木工程系，按照教育部院系整頓意向，加
強了理工科建設。

第三節　兩校學科建制與發展的異同

　　作為民國中期國立大學與私立大學的典型代表，國立東南大學
（中央大學）與私立廈門大學在學科建制與發展方面既有相同的地
方，也有不同的一面。二者在大學多學科文理綜合性以及學理與應用
相結合的學科建制方面具有共性，而學科建制演變過程中表現出的相
對穩定性與波動性是兩校學科建制與發展方面的顯著差別。國立東南
大學（中央大學）與私立廈門大學在學科建制與發展方面的異同，歸
根到底與其不同的辦學主體和校長的學科建設思想息息相關。

一　多學科文理綜合的學科建制

　　國立東南大學（中央大學）與私立廈門大學在建校後的十多年
間，學科建制從初創、發展到調整，始終保持了多學科文理綜合性以
及學理與應用相結合的特徵。國立東南大學創辦時設置了文理、教育、
農、工、商五科，雖然文理合設一科，卻已具備文、理、教育、農、
工、商六大學科門類，在當時國立大學中以學科門類最齊全、文理綜
合、學理與應用並重為著稱。國立東南大學不僅注重文、理基礎學科
建設，在教育、農、商科方面具有相當規模，「可以說是一所最具規模

的現代化的大學。」[55]隨著大學區制大學的試行，第四中山大學合併
國立東南大學在內的八所院校，形成龐大的學科建制，設置了自然科
學院、社會科學院、文學院、哲學院、教育學院、醫學院、農學院、
工學院和商學院九學院，涉及理、法、文、哲、教育、醫、農、工、
商等九大學科門類。一九二八年八月，國立中央大學將自然科學院改
稱理學院，社會科學院改稱法學院，哲學院裁併於文學院，從而形成
文學院、理學院、法學院、教育學院、醫學院、農學院、工學院和商
學院等八院建制。即便在一九三二年十月，商學院和醫學院獨立出去，
一九三五年國立中央大學重新設置了醫學院，至抗戰前仍保持了文、
理、法、教育、工、農、醫七院二十七系建制。總體上看，國立東南
大學到國立中央大學，其學科建制中始終不變地保持著文、理、教育、
農科四大學科門類，文理綜合特色、基礎學科與應用學科的平衡以及
教育、農學優勢學科的堅守與發展成為其學科建制與發展的特色。

　　私立廈門大學從一九二一年六月林文慶長校後，始終保持了文、
理兩科主導地位，從起初的文、理、教育、商學部到一九二二年增設
工學、新聞兩學部，學科門類達到文、理、教育、工、商、新聞六大
類。一九二四年學潮後經歷短期的文、理兩科建制以外，直到改為國
立大學時期，學科門類數量沒有少於三門，最多的時候達到文、理、
教育、商、工、法六學院，最少的時候也有文、理、法商三學院。
文、理學科門類之外，相對保持時間較長的學科門類有教育學、商學
和法律。教育科從一九二一年建制到一九三六年歸併於文學院，共持
續十五年。商科從一九二一年建制到一九三四年歸併於法學院，共持
續十三年。法律科從一九二六年增設到一九三七年裁併為止，共持續
十一年。尤其是一九二六年增設心理學系、會計學系、法律學系，土

55 左惟、袁久紅、劉慶楚編：《大學之道：東南大學的一個世紀》（南京市：東南大學
　　出版社，2002年），頁211。

木工程系、電氣工程系、機械工程系，應用學科建設得到加強。「儘管受師資、經費等因素制約，新聞、工科先後停辦，醫科處於籌辦階段，但作為綜合性大學的主要學科，文、理、教育、法、商五科不斷發展，形成綜合性大學的重要基礎。」[56]因此私立廈門大學學科建制同樣保持了文理綜合性和基礎學科與應用學科的相對平衡性，與國立東南大學（中央大學）學科建制與發展的特徵基本相近。

二 學科建制演變的相對穩定性與波動性

國立東南大學與私立廈門大學學科建制演變歷程中前者具有相對穩定性，後者學科建制調整幅度和變化頻率較高，出現一定的波動性，見圖8-1。

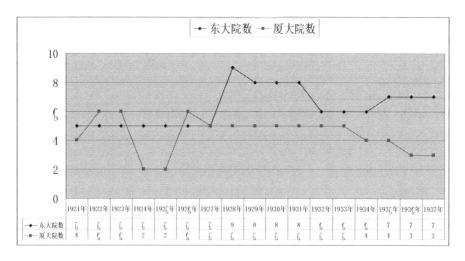

圖8-1 國立東南大學與私立廈門大學一九二一至一九三七年
院數變化曲線圖

---

56 張亞群：《自強不息止於至善——廈門大學校長林文慶》（濟南市：山東教育出版社，2012年），頁309。

　　如圖所示，私立廈門大學學科建制在一九二七年之前和一九三三年之後波動性較大，尤其是建校初期幾年中科數變化幅度較大，從一九二一年的四學部增加到一九二二年的六學部，一九二四年突然降到文、理兩科，一九二六年重新恢復到六科建制，學科門類的合併與分化頻率較高，學科地位的不穩定直接影響到學科發展的延續性。一九三四年後商學院歸併於法學院，一九三六年教育學院歸併於文學院，私立廈門大學在改辦國立之前僅設置了文、理、法商三學院，還不及建校初期文、理、教育、商四學部建制。相對而言，國立東南大學學科建制在一九二一年至一九三七年間，經歷了一段大學區制時期改動之外，其它時期基本保持了文、理、教育、農、商科建制，學院數量沒有低於五個。由於一九二七年後合併八所院校，成立大學區制大學，一九二八年出現了院數高峰，隨著取消大學區制，國立中央大學學科建制基本穩定在八學院，一九三二年的下滑是由於設在上海的商學院和醫學院分化出去變成獨立學院，一九三五年應國民政府要求，為了滿足首都所需醫學人才的需求，重新設置了醫學院。至抗戰前，國立中央大學學科建制是七院二十八系、科。從國立東南大學院數變化曲線圖看，其學院數量變動還是具有相對穩定性。

　　不僅二者的院數變化呈現出差異，系數變化方面選擇幾個代表性年代作一比較，國立東南大學系數在一九二二－一九三一年逐年增加，二十世紀三〇年代隨著國民政府大規模院系整頓，出現小幅下滑，系數與建校初期持平，見圖8-2。私立廈門大學系數變化同樣在一九三一年達到峰頂，隨後出現大幅度下滑，改辦國立大學時僅設置了八個系，比建校初期減少六個系，見圖8-3。從兩所大學學系總數看，二者差距較大，私立廈門大學學系數量最多時候也不過二十個系，而國立東南大學創建初期已設置二十七個系，之後的學系調整變化中也沒有低於二十七個系。

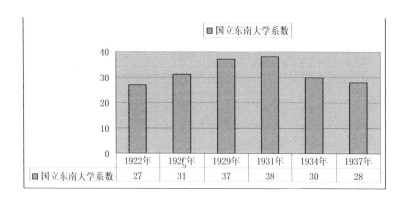

圖8-2國立東南大學系數變化表

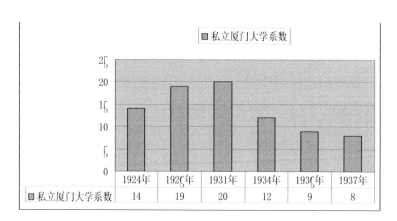

圖8-3私立廈門大學系數變化表

　　數量變化之外，具體院系調整方面，國立東南大學於一九二六年暫行停辦過工科。當時國立東南大學文理、教育、農、工、商科中工科實力確實最單薄，創辦之初僅有機械工程系，「十二年感於國內電機及建築人材之需要，添設電機工程系及土木工程系，」[57]本打算吸

---

57 南京大學校慶校史資料編輯組、學報編輯部編輯：《南京大學校史資料選輯》（南京市：南京大學印刷廠（內部發行），1982年），頁154。

收歐美國工程大學的辦學經驗，考慮本國實業現狀，建設工科之際，
一九二四年四月二十七日，校董事會提出關於工科之決議案：

> 工科雖有良好之教授，因公家經濟困難之故，尚未能臻于工科
> 大學應有之標準，欲期完善，自非大加擴充不可，然而公家財
> 力如此難商，斷難辦到。江蘇境內已辦有工科大學及工專等校
> 幾所，且有較為完備者，現在工科學生，數尚不多，而設備方
> 面，又不能有適應需要之擴張，如仍照常進行，不特發展難
> 期，仰恐貽誤學子。萬不得已，惟有暫行收束停辦，所有學生
> 由校設法轉學他校，或並酌予補助，以完成其學業。[58]

五月十四日常務校董會議討論校董會議暫行停辦工科案，一致主張維
持原案。最終因財力緊缺為由，國立東南大學裁撤工科。一九二七年
開始試行大學區制，國立東南大學併入第四中山大學，學科建制也隨
之擴建，經過短暫的九院建制後國立中央大學恢覆文、理、教育、
法、商、農、工、醫八院建制，至抗戰前保持了文、理、教育、法、
農、工、醫七院建制。

　　相較於國立東南大學，私立廈門大學院系調整比較頻繁：工科於
一九二二年七月設立，一九二七年六月停辦；新聞科於一九二年七月
設立，一九二六年一月停辦；天文學系於一九二七年九月增設，一九
三〇年九月停辦；政治經濟學系一九二六年八月，分化為政治系和經
濟系，一九三三年重新合併為政治經濟學系；歷史社會學系一九三〇
年二月，分化為史學系和社會學系，一九三三年重又合併為歷史社會
學系；教育學系一九三〇年二月，分化為教育原理學系、教育行政學

58　南京大學校慶校史資料編輯組、學報編輯部編輯：《南京大學校史資料選輯》（南
　　京市：南京大學印刷廠（內部發行），1982年），頁134。

系和教育方法學系，一九三三年再合併為教育學系。一九三四年後陸續裁撤哲學系，裁併商學院和教育學院，學科建制逐漸萎縮。各科系調整時間均不長，工科、新聞科辦學不到五年，天文學系辦學時間僅三年，各系分化合併周期也不過三－六年。如此短暫的時間段頻繁地進行科系調整，也從一定意義上說明私立廈門大學學科建制演變的波動性特點。

三　不同辦學主體對大學學科建制與發展的影響

國立大學與私立大學最大的區別就在於辦學主體的不同。國立大學顧名思義是國家投資辦理的大學，私立大學主要由私人或私法人創辦的大學。辦學主體的區分直接導致二者經費來源的巨大差異。以一九三一年大學經費來源統計為例，見表8-3。

表8-3　全國二十年度（1931）大學教育歲入之經費節選（國幣：元）

學校類別	總計	國庫款	省庫款	財產收入	捐助款	學生繳費	雜項收入
國立大學	13478760 （100%）	9451055 （70.14%）	1552850 （11.52%）	83485 （0.62%）	1954115 （14.48%）	320098 （2.37%）	117157 （0.87%）
省立大學	3438750 （100%）	--	3095379 （93.5%）	43732 （1.32%）	--	144126 （4.35%）	27533 （0.83%）
私立大學	7706535 （100%）	303000 （3.93%）	244792 （3.18%）	1033503 （13.4%）	3169693 （41.16%）	1718089 （22.28%）	1237458 （16.05%）

注明：（ ）為百分比
資料來源：辛樹幟：《第一次中國教育年鑒‧第四冊丁編學校教育統計（民國二十三年）》（臺北市：傳記文學出版社，1971年），頁1533。

如表所示，國立大學主要經費來源是國庫款，私立大學主要經費來源

是捐助款。一九三一年國立大學歲入經費的百分之七十來源於國庫款，而私立大學歲入經費中國庫款僅占百分之四，還不到國立大學國庫款總額的百分之六，私立大學的經營基本依靠私人捐助和學生所繳學費以及其它財產收入。

正因如此，在私立廈門大學學科建制演變中院系擴展時期往往是陳嘉庚先生實業興旺時期，相反科系裁併或合併時期往往是其實業蕭條而導致的辦學經費減縮時期。這是導致私立廈門大學學科建制演變波動性特徵的根本原因。具體而論，一九二五年陳嘉庚先生實業的鼎盛時期，廈門大學以強大的經濟實力作後盾，充實師資儲備，於一九二六年八月將隸屬於文科的教育學系、商學系以及隸屬於理科的工學系改為獨立一科，同時增設法科，在原來文、理兩科基礎上擴展為文、理、教育、商、工、法六科建制。二十世紀三〇年代陳嘉庚先生在南洋的實業受到世界經濟危機的衝擊，私立廈門大學辦學經費也隨之陷入困境，萬不得已裁併部分院系，以維持學校的繼續經營。可見一九三三年後出現的院系合併、裁併甚至裁撤現象實屬辦學經費不足而採取的一種應對措施。如一九三三至一九三六年間社會學系和史學系合併為歷史社會學系，教育原理學系、教育方法系、教育行政系合併為教育學系，動物學系和植物學系合併為生物學系，政治系與經濟系合併為政治經濟系，算學系和物理系合併為數理學系，同時商學院歸併於法學院，教育學院歸併於文學院，哲學系被裁撤。同樣國學研究院的創辦與停辦也是很大程度上受到當時學校辦學經費的影響。

國立東南大學辦學經費來源主要是江蘇財政收入中的國稅部分，「該校地處東南，每年經費均由江蘇、浙江、江西、安徽四省分派，自各該省國稅項下提出，數年以來江蘇一省提付該校每年預算三分之二，其餘三分之一由浙贛皖三省分派，但以該三省歷年經費困難，多

未實行。」[59]雖然也會面臨經費困難之時，相較於私立大學，國立大學的經費還是有一定的保障。正因為如此在兩所大學系數變化圖中看到，二者在數量上的差距，見圖8-4。

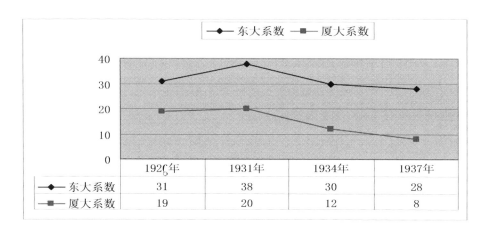

	1926年	1931年	1934年	1937年
东大系数	31	38	30	28
厦大系数	19	20	12	8

圖8-4　國立東南大學與私立廈門大學系數比較圖

　　由於是國立大學，其辦學宗旨必須符合國家政府的政策規定，不能任意發展，因此在國立東南大學（中央大學）學科建制演變中兩次大的變動，均與當時國民政府採取的大學改革政策密切相關。試行大學區制大學，國立東南大學在內的八所院校改組為第四中山大學，出現了龐大的學科建制。二十世紀三○年代出現的院系裁併現象，是應國家建設需要，按照國民政府教育部要求進行的大學院系整頓。因此同樣在二十世紀三○年代出現的國立東南大學學科建制調整，不完全屬於辦學經費導致的院系萎縮現象，是在國家政府鼓勵實類院系建設，適當限制文類院系發展的政策調控下的一次改動。這同樣能說明辦學主體的不同對大學學科建制與發展產生的影響。

---

59 唐鉞、朱經農、高覺敷：《教育大辭書》（上海市：商務印書館，1930年），頁965。

國立東南大學（中央大學）與私立廈門大學學科建制演變所經歷的初創、發展與調整的過程充分說明，前者的演變與發展更多受制於大學法規政策與應對社會發展需求採取的國家政府宏觀調控的影響，後者的演變與發展歷程主要受制於辦學經費的保障程度。表象的相似性隱含不同的動因與背景，而這種不同恰恰是兩所大學辦學主體的不同所導致的結果，進而證明不同辦學主體對大學學科建制與發展產生直接的影響。

四　校長的學科思想對大學學科建制與發展的影響

國立東南大學首任校長郭秉文，奠定了大學的多學科基礎，對後期國立中央大學學科發展產生了深遠影響。郭秉文字鴻聲，出生於江蘇江浦，具有中西文化教育背景，早年就讀於上海清心書院，後遊學美國，獲得哥倫比亞大學教育學碩士、哲學博士學位，回國後任南京高等師範學校和國立東南大學校長。大學區制大學雖合組八所院校，其文、理、教育、農、商等主要學科門類，基本以國立東南大學為基礎建立而成。因此，郭秉文的學科思想潛移默化地影響著國立東南大學學科發展以及國立中央大學學科建制的根基。

私立廈門大學時期，林文慶長校。林文慶，字夢琴，出生於新加波，自幼接受英文教育，獲得英國愛丁堡大學醫學學士和外科碩士學位，後應邀到劍橋大學從事研究工作。回新加坡後學習中國傳統文化，研讀經書，改信儒教。林文慶一九二一年六月出任廈門大學校長，「在長期辦學歷程中，林文慶致力於學科建設，締造研究型大學的優良學術傳統，不僅為其後廈門大學的發展奠定了根基，而且在中國現代大學史上產生積極的示範效應。私立時期廈大重點建設的教育學、生物學、化學、商學、國文（國學）、法學等學科，後來發展為

本校強勢學科，躋身國內學術研究前沿，為人才培養和科學、文化發展做出了重要貢獻。」[60]

「郭秉文、林文慶均依據綜合大學要求及本校辦學目標，規劃、調整學科設置。其治校舉措相同點在於：在學科結構上，強調多學科並舉，學與術並重；重視招攬人才，廣延海內外名師，提升學科建設水準；重視基礎研究與應用研究相結合，促進學術發展和服務社會；以學系為本位，實行選科制和學分制（績點制）。」[61]尤其是他們秉持的人文與科學相結合、注重師資儲備與養成的學科主張，很大程度上指引著學校學科發展的方向。

郭秉文校長與林文慶校長在多學科綜合性大學建設中均強調人文與科學的平衡問題。人們總結郭秉文校長的辦學思想時總會提到，通才與專才的平衡、人文與科學的平衡、師資與設備的平衡、國內與國際的平衡等四點。[62]其中人文與科學的平衡是郭秉文校長學科發展思路的重要體現，大學不僅強調傳統人文教育的價值，還要加強自然科學學科的建設，以期實現二者的平衡。事實上國立東南大學創辦時，合設文理科建制充分證明了該思想。郭秉文校長為了加強理科建設，先後聘請到數十位具有留學經歷的自然科學領域的教授學者，如中國科學社的發起人仁鴻雋、物理學家胡剛復、地理學家竺可楨、植物病理學家鄒秉文等。

同樣，林文慶校長「秉持科學與國學並重的辦學宗旨，注重中西

---

60 張亞群：《自強不息止於至善——廈門大學校長林文慶》（濟南市：山東教育出版社，2012年），頁433—434。

61 張亞群：〈「同歸而殊途　一致而百慮」——郭秉文與林文慶辦學理念之比較〉，《東南大學學報（哲學社會科學版）》2011年第6期（2011年），100。

62 劉正偉：〈國立東南大學與江蘇教育近代化〉，《東南大學學報（哲學社會科學版）》2002年第3期（2002年），頁27。

文化的融會貫通」，[63]不僅重視中國傳統文化，還注重科學知識的價值。正如他在〈文科之重要〉一文中所言，「中國將來之復興，全視乎畢業於文科之學子……故廈門大學重視國文、文學、哲學及文科各課程之重要，蓋吾人認為國家文化之進展，全視乎此等學術之研求，因其為一切法律、經濟、倫理及政治之基礎。其餘科學及近代學術亦皆為現代文化之不可缺者，廈門大學自當予以相當之注意。文科學生亦應有相當之科學知識，以便完全實現其所受教育之功用也。」[64]林文慶校長出於對中國傳統文化的熱衷，力主創辦了國學研究院，提倡傳統文化的研究與傳承，加強人文學科建設。即便在有限的辦學經費條件下，私立廈門大學同樣注重自然科學學科建設，在當時國內私立大學中以自然科學研究著稱。從廈門大學八週年紀念特刊記載的一段描述中可見一斑：「現在國內私立大學，在上海、北平等處，數目不可謂不多。但大抵偏重政治、經濟、文學、哲學等科目，在科學上有特殊的貢獻的，幾為鳳毛麟角。廈大的特色，便是特別注重自然科學的研究，為心理、物理、化學、植物、動物等，都設有實驗室。」[65]綜上所述，從文科之重要性的認識到文科學生具備相當的科學知識的要求，從國學研究院的創辦到自然科學實驗室的籌辦，種種跡象都詮釋了林文慶校長的人文與科學並重學科思想。

　　兩位校長在學科建設方面都很重視師資隊伍建設。郭秉文長校時期，網羅國內知名學者雲集東南大學，如文科的劉伯明、湯用彤、楊

63 張亞群：〈從西洋文化回歸儒學文化──林文慶大學教育思想解析〉，《高等教育研究》（2010年第1期（2010年），頁90。

64 黃宗實、鄭文正選編：《廈門大學校史資料（第一輯）》（廈門市：廈門大學出版社，1987年），頁235-236。

65 黃宗實、鄭文正選編：《廈門大學校史資料（第一輯）》（廈門市：廈門大學出版社，1987年），頁335。

杏佛、朱君毅等，理科的仁鴻雋、胡剛復、竺可楨、熊慶來等，教育
科的陶行知、陳鶴琴、孟憲承、廖世成等，農科的鄒秉文、秉志、胡
先驌、陳煥鏞等，工科的茅以升、沈祖瑋等，商科的孫本文、李道
南、潘序倫等，外籍教師中有美國、德國等國心理學、物理學、生物
學和哲學領域的諸多專家，「該校教師均為中外積學之士、一時人材
濟濟、實為該校學子學業前途無量之幸福。」[66]司徒雷登高度讚譽郭
秉文校長的辦學業績時也提到，「秉文先生延攬了五十位留學生，每
一位都精通他自己所教的學科，」[67]他們更是以美國大學的傳統把大
學的人才培養、科學研究與社會服務職能整合為一體，在本土大學學
科建設中開創了一代新風。

　　同樣在一九二五年陳嘉庚實業的鼎盛時期，私立廈門大學在以強
大的經濟實力作後盾，林文慶校長採取重金聘請師資策略，恰逢一九
二六年第一次國內革命戰爭時期，多所國立大學經費無著，應聘來廈
門大學的教授增多。一九二六年三至十二月應聘來校的教授學者包括
國學大師林語堂、沈兼士、魯迅，歷史學家張星烺、顧頡剛、丁山，
考古學家陳萬里，語言學家羅常培，翻譯家潘家洵，哲學家張頤，人
類學家史祿國，生物學家秉志，數學家姜立夫，物理學家胡剛復、朱
志滌，地質學家諶湛溪，教育家孫貴定、雷通群、莊澤宣，法學家區
兆榮，會計學家陳德恒等。[68]他們的到來，為私立廈門大學的學科發
展注入了新的活力，成為當時文、理、教育、法、商等各學科建設的
重要推動力。即便在廈門大學辦學經費困難時期，「林文慶校長仍不

66 〈東南大學之新氣象〉，《申報》（1922年10月1日），第3版。

67 左惟、袁久紅、劉慶楚編：《大學之道：東南大學的一個世紀》（南京市：東南大學
　　出版社，2002年），頁211。

68 張亞群：《自強不息止於至善——廈門大學校長林文慶》（濟南市：山東教育出版
　　社，2012年），頁201-210。

斷擴充師資，其中不乏名師。著者據《廈大周刊》的不完全統計，一九三〇年三月至一九三七年三月間，廈大陸續聘新教員一三三人（含留學返校及辭職再聘者三人），其中教授五十七人，副教授六人，二者合計六十三人，占新聘教員總數的百分之四十七點四；其它為本校畢業留校或外校畢業的助教或講師等。」[69]

　　郭秉文校長與林文慶校長不僅注重文、理基礎學科建設及其平衡發展，還關照地方需要與自身特色，注重發展優勢學科，在中國近代大學中形成了自己學科特色。如國立東南大學的教育科與農科，私立廈門大學的商科與教育科都是它們的優勢學科或特色學科。以教育科為例，國立東南大學是以南京高等師範學校為基礎建立的綜合性大學，郭秉文校長「創議並主張施行寓師範於大學的體制」，[70]開創了國立大學中設置教育科系的先河，教育學科也因此成為國立東南大學的特色學科之一。

　　林文慶校長曾強調，「我國目下師資及教育專門人才甚為缺乏，故對於教育學科特加注意，以期養成良好師資及教育界領袖，因以提高一般教育之程度。」[71]私立廈門大學社會科學研究方面，教育科較為突出，據廈門大學校史記載，一九二六年四、五月間，教育科二十一名四年級學生，在陳芝梅老師的帶領下前往上海、蘇州、無錫、南京、杭州、福州等地組織考察，參觀大、中、小學五十餘所，瞭解各地辦學情況。一九二六年秋季開始，教育科附設實驗小學，實行新的

69　張亞群：《自強不息止於至善——廈門大學校長林文慶》（濟南市：山東教育出版社，2012年），頁329。

70　劉正偉：〈國立東南大學與江蘇教育近代化〉，《東南大學學報（哲學社會科學版）》2002年第3期（2002年），頁26。

71　洪永宏編著：《廈門大學校史（第一卷）》（廈門市：廈門大學出版社，1990頁），頁26。

教學法和教學組織形式（道爾頓制），積累了豐富的教學經驗。「一九
二七年莊澤宣教授指導第二次教育科畢業生七人赴上海，參觀滬江大
學、中華職業學校等名校。其後，第三屆、第四屆部分畢業生在指導
老師姜伯韓、孫貴定教授等帶領下，先後參觀考察江蘇、上海、杭州
等地學校教育。」[72]一九三〇年時在教育學院執教的國內知名學者有
雷通群、孫貴定、鍾魯齋、杜佐周、姜琦、朱君毅、吳家鎮、鍾道贊
等人。一九三一年中英庚款補助私立廈門大學教育學院舉辦實驗教育
講座，開展教育科學研究與實驗心理學的研究等等。由此可見，在當
時教育學界，私立廈門大學教育學院具有一定的地位與影響力。

---

72 張亞群：《自強不息止於至善──廈門大學校長林文慶》（濟南市：山東教育出版社，
2012年），頁311。

第九章
中國近代國立大學學科發展演變的理論探討

　　中國近代國立大學學科在與社會文化教育的密切聯繫與時代巨變的遙相呼應中，得以建制、演變與發展。作為中國高等教育近代化的重要組成部分，國立大學學科建制與發展歷程，同樣具有外來性與本土化[1]並存的特徵。一方面隨著西學東漸與科舉革廢，經、史、子、集「四部之學」轉型為西方科學知識體系，中國近代大學學科體系按照西方的分科立學原則得以制度化。另一方面，隨著學科的發展，大學從經世致用人才的培養到高深學術的研究以及開展社會服務活動，知識的傳播、擴展和應用過程反過來推動學科知識的本土化。因此，中國近代國立大學學科建制與發展歷程不是全盤西化，辦學者在「矯正過分西化而做出的文化自救」[2]的嘗試與努力是值得肯定的。探索中國近代國立大學學科建制與發展歷程的目的，在於認識和駕馭學科發展的客觀規律。本章結合高等教育理論與學科理論，探討中國近代國立大學學科建制演變的特點，揭示中國近代國立大學學科發展的規律，以史為鑒對當今大學學科建設提出幾點啟示。

1　張亞群：《科舉革廢與近代中國高等教育的轉型》（武漢市：華中師範大學出版社，2005年），頁237。

2　張亞群：《自強不息止於至善——廈門大學校長林文慶》（濟南市：山東教育出版社，2012年），頁272。

第一節　中國近代國立大學學科建制演變的特點

　　從清末到民國中期，中國近代國立大學學科建制經歷了從「科—門」、「科—系」到「院—系」、「研究院—所—部」等發展歷程。這段曲折的構建過程是不斷削弱中國傳統文化的影響而引進西方科學思想的過程，也是從人才培養到逐步發展大學的科學研究與社會服務職能的過程。大學學科建製作為按學科編制編成的大學學術組織及其隸屬關係，其演變過程中必然涉及到大學學科制度、學科設置和學科組織的問題。因此，從大學學科發生機制、大學學科制度、大學學科設置和大學學科組織的角度，審視中國近代國立大學的學科建制演變，呈現出如下四個特點。

一　中國近代國立大學學科建制沒有繼承性

　　學科作為學問的科目門類，中國自古就有「六藝」、「五經」、「四部」之分。中國古代高等學校的主要任務是培養各級行政官吏。科舉考試作為文官選拔制度，必然影響到學校教育的主要方向，學問的範圍不可能超越科舉考試科目的範圍，儒家經學的正統地位神聖不可侵犯。「在〈奏定學堂章程〉正式實施之前，在科舉選士的巨大影響下，傳統學科制度在國內教育中始終占主導地位，西學分科並不普及。」[3]不同於西方近代科學，中國傳統學科探討的是倫理道德問題，相較於人與自然的關係，更多關注人與社會的關係，物質運動的研究遠不及對人自身的研究。因此中國傳統學科集中於人文學科領域，人們對個

3　張亞群：〈文化視域中的高等教育變革——中國高等教育近代化模式再認識〉，《中國地質大學學報（社會科學版）》2011年第1期（2011年），頁96。

人道德修養的重視程度遠遠高於對客觀世界的探索需求，社會科學和自然科學學科即使有萌芽也不能演進為中國近代科學。

以晚清西學東漸與科舉革廢為動因，經、史、子、集「四部之學」為代表的傳統學科向西方科學知識體系轉型，促進了中國近代大學學術分科思想的產生與發展。受此影響，中國近代國立大學學科建制並沒有繼承，太學、國子監、書院等中國傳統高等教育機構的學科模式，而是移植了西方大學學科模式。「就外來性而言，中國近代高等教育制度是從西方移植而來，與傳統高等教育制度沒有直接的繼承關係，」[4]從而中國近代國立大學學科建制，同樣與傳統高等教育之間沒有繼承性，清末民初國立大學學科建制基本移植和仿傚了國外大學的學科建制。

天津中西學堂頭等學堂設置了法律學、礦學、工程學和機器學門，是中國近代新式大學的最早學科建制。這裏看不到經、史、子、集「四部之學」的痕跡，從法科、工科學科門類看，全部是西方學科的移植。京師大學堂一九一〇年開辦分科大學，具體設置了經科、法政科、文科、格致科、農科、工科和商科大學，從學科門類規定看，經科屬於中國傳統學科門類，文科中中國文學也屬於傳統學科範疇。法政科的法律和政治、文科的外國文學，格致科的化學和地質學，農科的農學，工科的土木工學和採礦及冶金學，商科的銀行保險學等「科一門」，均屬於西方學科範疇，是為獲得西方科學、技術以及可能帶來的社會經濟利益而設置的學科建制。

由於秉持「中體西用」思想，京師大學堂分科大學學科建制中，堅持了中國傳統學科的基礎地位，試圖對中國傳統學科有所繼承，但從學科數量上來看，西學佔據主導地位。況且不到兩年的時間，辛亥

4　張亞群；《科舉革廢與近代中國高等教育的轉型》（武漢市：華中師範大學出版社，2005年），頁237。

革命爆發，中華民國成立，京師大學堂改稱國立北京大學，取消經學科建制，格致科改稱理科。蔡元培長校後，學科建制變成文、理、法、工四科十四門。其中中國文學門、中國史學門、哲學門中適當地保留了中國傳統學科內容之外，其餘十一個學門均為西方學科。因此，京師大學堂學科建制也沒能繼承傳統高等教育的知識體系。山西大學堂本科教育僅設置了法律學、採礦冶金學、格致學和土木工程學門，學科建制以法、工、格致（理科）為主，依然沒有傳統學科建制。

民初與國立北京大學齊名的國立東南大學，由於郭秉文校長為首的多數教員都有美國著名大學學歷背景，其學科建制一開始採納美國大學模式，初設文理、教育、農、工、商五科二十七個學系，從學科設置、課程講授到論文寫作的人才培養基本環節上，充分體現了西方學科的影響。

可見，清末民初國立大學學科建制，與傳統高等教育之間沒有直接的繼承關係。從清末三所國立大學學科建制來看，它們分別移植了美、英、日大學模式，天津中西學堂按照美國大學模式，頭等學堂設置專門學，而山西大學堂採納英國大學模式，西學專齋採用「科—門」建制，京師大學堂按照〈奏定大學堂章程〉，採用日本大學模式設置分科大學「科—門」建制，從其根源上來說，主要還是間接模仿了德國大學學科建制。民初兩所綜合性國立大學，分別仿傚了日、德、美等國家的大學學科建制。

二 構建以西學為基礎的大學學科體系

中國近代國立大學學科建制演變離不開大學學科制度的政策引導。一九〇四年一月十三日頒佈的〈奏定大學堂章程〉，第一次從國家層面規定了近代國立大學學科編制的具體「科—門」，以經學科為

首的「八科分學」，釐定了京師大學堂「科—門」建制的輪廓。民國元年〈大學令〉，確立了文、理、法、商、醫、農、工「七科之學」，奠定了中國近代大學學科體系的根基。相較於清末大學學科制度，民初大學學科體系從「中學」治西學的思想指導轉向西學統領「中學」的局面，大學學科結構從重應用轉向重學理，基本定位了中國近代大學的學科特點。

　　〈奏定大學堂章程〉「八科分學」最大的特色在於經學科排在諸學科之首，顯示出「四部之學」在西方學科混雜的大學學科體系中得到一定的重視與保存，體現了「中體西用」思想。在中西學科關係上，經學科為主的中國傳統學科不可改變，西方學科只能用來鞏固中學。畢竟此時還未完全停止科舉考試，經史之學不論在舉子眼中還是在重臣心目中都具有不可替代性，是選拔人才的標準。

　　此外，〈奏定大學堂章程〉的學科規定還呈現出功利主義色彩。〈奏定大學堂章程〉的八科四十六門中，文學科、格致科和政法科中的政治門屬於基礎學科，共計十六門。醫、工、農、商科和政法科中的法律學屬於與社會職業分工密切聯繫的應用學科，共計十九門。由於經學科主張致用、實用，也屬於應用學科範疇。因此，學科數量上，基礎學科十六門，占學門總數的百分之三十五；應用學科三十門，占學門總數的百分之六十五，體現了重應用、輕學理的學科特點。

　　清末民初大學學科制度的最大不同在於，人們對傳統學科的態度轉變。若說〈奏定大學堂章程〉的制定者，秉持「中體西用」思想，對經、史、子、集「四部之學」加以保留與發展的話，民初〈大學令〉、〈大學規程〉的制定者，卻以西學改造「中學」，「中國傳統的學科分類已為西方學科制度所取代。」[5]

5　張亞群：〈文化視域中的高等教育變革——中國高等教育近代化模式再認識〉，《中國地質大學學報（社會科學版）》2011年第1期（2011年），頁96。

　　民初大學學科體系中，經學科的廢除與哲學的獨立設置，格致科改稱理科到學科編排法則遵循科學發展的內在邏輯，種種跡象都在說明，用西學改造「中學」已成定局，西方學科開始佔據主導地位。中國近代大學學科將按照國際通行的學科體系運行，學科的正當性也要以西方學術分科為標準。一九一二年〈大學令〉取消經學科獨立學科地位與蔡元培先生不論「忠君、尊孔」的主張不無關係。同理，大學學科體系中哲學獲得獨立學科地位，不僅與王國維的建議不謀而合，也與蔡元培先生的遊學經歷密不可分。

　　以學科編排法則為例，民初〈大學令〉中學科編排從基礎學科到應用學科的順序，突破了〈奏定大學堂章程〉中從「中學」到西學的順序，開始遵循科學發展的內在邏輯。因為從科學發展的角度看，基礎科學在先，應用科學在後，應用科學是運用基礎理論科學的研究成果為社會現實服務的，必須以基礎科學為前提。實際上民國時期大學學科編排法則基本上沒有超越科學發展的內在邏輯。如一九一七年〈修正大學令〉規定的大學學科編排順序是文、理、法、商、醫、農、工科，一九二四年〈國立大學校條例〉規定的大學學科編排順序是文、理、法、商、醫、農、工科，一九二九年〈大學組織法〉規定的大學學科編排順序是文、理、法、教育、工、農、商、醫科，一九四八年〈大學法〉規定的大學學科編排順序是文、理、法、醫、工、農、商科。上述大學法規中，學科門類的編排順序均以文、理基礎學科為先，隨後才是法、醫、農、工、商、教育等應用學科門類，遵循了科學發展的內在邏輯。與此同時，上述學科編排順序，充分體現了大學的重學理、兼應用的學科特點。

三　確立科學學科在大學中的統領地位

科學學科進入大學課堂到統領大學學科體系，離不開西學東漸帶來的西方科學主義思潮的影響，根本上卻與傳統學科在社會變革中無法承載的使命有關聯。以經史之學為主要考覈內容的科舉考試，選拔不出晚清社會所需的經世致用之才，科舉革廢在所難免。面對社會政治、經濟、文化的大震動，學科不得不從其只關心「人事」的人文性，轉向廣泛關注社會和自然界的科學性。

傳統學科是經、史、子、集「四部之學」為代表的經史之學，近代學科是相對獨立系統化的科學知識體系。通過清末民初大學學科制度，清晰地看到傳統學科的隱退與消融歷程。知識分類標準從研究主體，導向研究客體，學科從不同師門派別的知識系統，轉向有自己獨特研究對象與方法的科學分支。「近代文化的核心是什麼？用四個字概括：民主、科學。」[6]民主和科學作為口號是在「五．四」運動之後提出的，但在鴉片戰爭後，晚清社會有識之士已有學習西方民主和科學的意願與行動。維新變法運動是一次主張民主、科學的改革，雖然以失敗告終，卻某種意義上推動了中國社會的民主化與科學化。在大學層面上理解中國近代文化的核心，民主更多體現在大學的規章制度與管理中，科學則主要表現在大學學科設置與課程實施中。

京師大學堂分科大學開辦初期，設置了經科大學，下設毛詩學、周禮學、春秋左傳學等三門，卻不到〈奏定大學堂章程〉規定的經學科學門總數的四分之一。可見，科舉廢止，直接影響到清末學子學習經學的積極性，從而影響到經科大學的建設，削弱了傳統學科在學校教育中的影響範圍。各分科大學學科構成比例中，經科的毛詩學、周

---

66 龔書鐸：《社會變革與文化趨同：中國近代文化研究（北京市：北京師範大學出版社，2005年）頁，39。

禮學、春秋左傳學和文科的中國文學等四門屬於中國傳統學科範疇之外，其它「科一門」基本屬於西方科學學科範疇。

民國成立後，國立北京大學，取締經學科，將經學附屬在文科中，經學從此失去其大學中的學科建制。據中國哲學門第二班學生馮友蘭在《北大懷舊記》中的記載，「我們的學門，既然是中國哲學門，所以功課以中國哲學為主。主要的功課是經學、中國哲學史、諸子哲學、宋學（即宋明哲學）。」[7]一九一七年從中國文學門內分出一部分教員，及國史編撰處一部分編纂員，組織中國史學門。至此經學被分解在中國文學、中國哲學、中國史學等一級學科中。「時至二十世紀二〇年代，近代經學終於在『科學』、『民主』的新文化潮流衝擊下，完成了向近代的根本轉向，持續兩千餘年的經學時代自此也就退出了歷史舞臺。」[8]雖然一九二一年國立北京大學成立國學門研究所，致力於整理和保存中國傳統學科，但文史哲不分家的經史之學被西方的學術分科方法進一步分解到諸多學科之中，西方近代科學學科開始佔據大學學科領地。

正所謂「科學在學問系統和知識傳授中的地位，是進入現代化的一項基本標準，」[9]隨著民國時期國立大學取消經學科，廣泛設立文、理、法、農、工、商、醫等學科門類為基礎的「科」或學院，西方科學在國立大學學科體系中佔據主導地位，人們認識到科學對社會發展、經濟繁榮和人類自身進步所產生的不可替代作用。二十世紀三

---

7 馮友蘭：〈北大懷舊記〉，收入吳相湘、劉紹唐：《國立北京大學紀念刊第三冊（民國十八年卅一週年、民國卅七年五十週年紀念刊）》（臺北市：傳記文學出版社，1971年），頁251。

8 麻天祥：《中國近代學術史》（武漢市：武漢大學出版社，2007年），頁64。

9 〔法〕巴斯蒂：〈京師大學堂的科學教育〉，《歷史研究》1998年第5期（1998年），頁47。

○年代後，通過國立大學院系整頓，實類院系得到加強，使理、工、農、醫等自然科學學科得到大力發展，促進了國立大學的近代化。

清末到民初大學學科設置中傳統學科的示弱是由西學東漸與科舉革廢綜合作用導致的結果，那麼，民國時期國立大學學科設置中西方科學學科的統領地位的確立離不開留學教育的推動作用。僅以二十世紀二○年代國立東南大學師資儲備為例，當時郭秉文校長在內的諸多教師均有美國著名大學學歷背景，據孫宏安在《中國近現代科學教育史》中統計的二十世紀二○年代任教於國立東南大學的留美學生，有十一人畢業於哥倫比亞大學師範學院，九人畢業於哈佛大學，七人畢業於康奈爾大學，五人畢業於麻省理工學院，四人畢業於伊利諾伊大學，三人畢業於芝加哥大學，三人畢業於西北大學，還有十三人分別畢業於紐約州立大學、布朗大學、華盛頓大學、加利福尼亞大學、密歇根大學、佛吉尼亞大學、賓夕法尼亞大學、裏海大學、艾奧瓦大學和明尼蘇達大學等著名學府。充分說明「當時的中國大學師資已在資歷上達到了現代科學教育先行國的科學教育師資水準，即從校長和教員的角度看，中國大學的科學教育已轉化為現代科學教育了。」[10]他們中有哲學、文學、政治學、工程學、電機學、土木學、理學、機械工程學、農學、化學、光學等眾多學科的博士、碩士、學士。他們為當時國立東南大學文理、教育、農、工、商多學科發展做出了重大貢獻，尤其在理、工、農等自然科學領域的貢獻突出。

一九二一年國立北京大學國學門研究所的創辦開啟了中國近代國立大學科學研究的先河。一九三一年國民政府教育部「通令全國國立各大學酌設研究所，推廣科學研究」，大學的科學研究職能正式提出來。一九三四年〈大學研究院暫行組織規程〉的頒佈為契機，教育部

---

10 孫宏安：《中國近現代科學教育史》（瀋陽市：遼寧出版社，2006年），頁387。

大力支持大學研究院建設，不僅加強高深學術研究，也規範了研究生教育。至此大學不僅傳播西方科學學科知識，也開始採用西方的科學研究方法創造知識、推廣知識，西方科學在大學學科中的統領地位不可動搖。

四　開創大學學術組織的學科邏輯模式

中國近代國立大學學科建制經歷了從「科一門」、「科一系」到「院一系」建制的發展歷程，學系成為大學基層學術組織，直到當今多學科綜合性大學大多采行學院制。從學科門類為基礎設立「科」建制到一級學科為基礎建立「系」建制，「院一系」建制延續了以學科分類為基礎建立學科組織的傳統，開創了近代大學學科組織的學科邏輯模式。「學科邏輯模式是根據知識的學科分類來設立基層學術組織的模式。」[11]其特點是根據現有學科分類建立學科組織，認同學科現有發展狀況，在此基礎上通過知識傳播、擴展與應用，促進學科的縱深發展與橫向交涉。

一個合格的大學基層學術組織不僅是知識傳播陣地，而且是以知識傳授、擴展與應用為目標，承擔大學教學、科研、社會服務職能的組織。中國近代國立大學學科建制從非學術性組織到集教學、研究、服務為一體的學術組織，也經歷了從混亂無序到逐步有序的演變過程。清末大學堂由於是開創之舉，移植模仿不同國家大學模式，導致其學科建制的混亂與無序局面。以學科門類為基礎建立的分科大學，雖具有專門管理人員和正副教員，在其草創之時，對學科功能的體

---

11 史秋衡、吳雪：〈大學基層學術組織制度建設的內在邏輯〉，《復旦教育論壇》2009年第5期（2009年），頁29。

現，僅局限於知識傳承，沒有知識的創新與推廣，學科組織的學術性無從談起。

一九一九年國立北京大學蔡元培校長大膽改革「科─門」建制，廢學長，打通文理分科，突破學科門類限制，「門」改設學系，設系主任綜合管理學科事務，建立了以一級學科為基礎的大學學科組織形式──學系。學系是歐美等國大學廣泛採用的學科建制的移植。改設學系後取消各科教務處，設立校一級教務管理機構，統一領導全校教學事務，組織協調各系教學工作。學系成為基層學科組織，各系成立教授會，規劃本系教學工作，教學也具有相對獨立性，從而有利於學科的分化與縱深發展。改設學系後國立北京大學形成學校─學系二級教學管理模式，大學真正意義上實現統管教學工作，人才培養進入統一規劃階段。

一九二一年國立東南大學採用「科─系」建制。學科門類基礎上設置「科」，一級學科基礎上設置「學系」，科的設立相當於相關學系的聯合體，總體負責其行政事務，學系的設立使得教學具有相對獨立性。全校設置專門的教務部，設主任一人，管理全校教學工作，各科總負責本學科門類的教育行政，學系具體負責本學科教學管理工作，應該說國立東南大學「科─系」建制在當時是獨創的。

「院─系」建制萌芽於國立中山大學，一九二九年〈大學組織法〉規定了學院為大學學科組織形式，「院─系」建製成為大學學科建制主體。各學院設院長一人，由校長聘任，綜理院務，各系設主任一人，主要辦理本系教務工作。學院在學校組織中發揮承上啟下的作用，院一級組織在當時沒有多少實權，它只是介乎校長與系主任之間的一個轉承與協商的機構。學系作為大學基層學術組織，直接面對教學、科研等學術活動。各學院由院長、系主任、事務主任組成院務會

議，計劃本院學術事宜和審議全院一切事宜。同樣各系設系教務會議，由全係教員組成，系主任為主席，計劃本系學術設備事宜。

「院－系」建制延續到中華人民共和國成立後院系調整時期，改革開放後多學科綜合性大學重新恢復學院制，但在新的歷史條件下學院制出現多樣化發展趨勢。目前中國研究型大學的學科建制，「按照學科門類、一級學科或學科群設置學院（學系），按照二級學科設置學系或者研究所等基層學術組織的做法十分常見。」[12]比較而言，中國近代國立大學「院－系」建制與當今大學學院制的顯著差別在於當時學院是建立在學科門類基礎上，學系建立在一級學科基礎上，相對比較簡單統一。按照實踐經驗，「院－系」建制的學科層級越高，越容易拓寬人才培養口徑，有助於學科門類下一級學科的發展以及一級學科下二級學科的發展。

第二節　中國近代國立大學學科發展的規律

學科發展不僅包括學科知識的增長，也包括學科組織從無序到有序的演進過程。「學科的發展從根本上說取決於生產力的發展程度、科學技術的總體水準、思維能力的演進階段和知識的集約化水準。」[13]中國近代高等教育轉型的「後發突變型」[14]模式說明，中國近代國立大學學科從無到有，從產生到發展，很大程度上受到傳入中國的西方科學知識和當時社會發展程度的制約與影響。因此，有必要從學科

---

12 鄭曉齊、王綻蕊：〈我國研究型大學基層學術組織的邏輯基礎〉，《教育研究》2008年第3期（2008年），頁57。

13 陳燮君：《學科學導論》（上海市：三聯書店出版社，1991年），頁18。

14 張亞群：《科舉革廢與近代中國高等教育的轉型》（武漢市：華中師範大學出版社，2005），頁231。

建制的變遷動因、學科發展歷程、學科功能的發揮以及學科建制的地位入手，揭示中國近代國立大學學科發展的規律。

一　中國近代國立大學從清末民初的「科─門」建制，到上世紀二十年代末的「院─系」建制，反映了西方大學模式的影響。

　　京師大學堂分科大學是，清末以學科門類為基礎建立的最早的大學學科組織，開創了培養人才為基本職能的大學學科組織的先河。其「科─門」建制是中國近代國立大學學科建制雛形，「科─門」建制為特徵，大學形成了由學科門類和一級學科組成的學科體系。京師大學堂「科─門」建制是按照〈奏定大學堂章程〉規定而設置，從制度參照的藍本看，「科─門」建制參照了日本大學的學科建制，而明治維新後，日本的學校教育制度主要仿傚了德國學制，因此，京師大學堂「科─門」建制，間接模仿了德國大學模式。

　　蔡元培先生大膽改革「科─門」建制，打通文理分科，突破學科門類限制，「門」改設學系，建立了以一級學科為基礎的大學學科組織形式──學系。學系簡稱系，是高等學校按照學科設置的教學單位，起源於中世紀大學。現代大學產生後，「美國大學根據德國講座制的概念建立了系的體制，大學的學術工作根據學科來劃分。這種改革產生了以學科為基礎的新學科組織形式─學系。學系於一八二五年首先出現在哈佛學院。」[15]到十九世紀末期，美國大學普遍設立學系，隨著高等教育文化交流的推進，世界多個國家的大學開始採納了以一級學科為基礎設立的學系建制。「系建制的建立，在中國近代高

---

15 龐青山：《大學學科論》（廣州市：廣東教育出版社，2006年），頁151-152。

等教育發展史上同樣具有重要的意義。它標誌著中國古代『門館之學』、『門闌之學』在高等教育領域的終結，標誌著中國近代大學從基礎建制上對西方現代大學模式的高度認同，也標誌著中國高等教育開始步入近代化階段。」[16]

　　國立北京大學採用學系建制之後，國立東南大學採用了「科─系」建制，一九二四年〈國立大學校條例〉第四條規定「國立大學校各科分設各學系。」[17]學系建制的採用很大程度上受到大學辦學者的影響，國立北京大學蔡元培校長，數次赴德國、法國留學，考察過歐洲國家的大學。國立東南大學郭秉文校長，留學美國，獲得美國哥倫比亞大學教育學碩士、哲學博士學位，對美國大學教育有深入瞭解。兩校長在民國初期，在各自職掌的大學採用學系建制，必然與其留學經歷密切相關。正是在蔡元培、郭秉文等廣泛接觸西方大學教育的校長的努力下，中國近代國立大學引進了學系建制，從而一九二四年〈國立大學校條例〉中，從制度層面上確立了國立大學的學系建制。因此，中國近代國立大學突破「科─門」建制，採用學系建制，實質上還是對西方大學學科建制的移植，只是這一次並沒有採用日本、德國大學模式，而是直接採用歐美大學模式。

　　〈大學組織法〉的頒佈實施不僅區分出大學與獨立學院的界限，還規範了大學的「院─系」建制，學院正式成為大學的學科組織機構，下設各學系，構成學院制。產生於中世紀大學的「學院」，一開始不是作為教學的機構，而只是為貧困學生提供的住宿場所。在英國

---

16 周川：〈中國近代大學建制發展分析〉，《北京大學教育評論》2004年第3期（2004年），頁90。

17 教育部公佈：〈國立大學校條例令〉（1924年2月23日），收入中國第二歷史檔案館編：《中華民國史檔案資料彙編・第三輯教育》（南京市：江蘇古籍出版社，1991年），頁174。

和德國，學院發展成為大學最基本的教學行政單位。在美國，「學院制的實行主要是源於研究型大學的興起。」[18]一八七六年建立的霍普金斯大學開創了美國研究型大學的先河，它的成功，促進了哈佛、哥倫比亞、耶魯等傳統大學向研究型大學的轉變，並紛紛開始採用學院制。

一九二九年〈大學組織法〉頒佈之前，蔣夢麟就曾提出過大學的學院建制，「一九二三年，蔣夢麟在代表杭州大學董事會擬就的〈杭州大學章程〉中，就曾設計了一個非常清晰的『校、院、系』組織體系。該章程較多地借鑒了美國高等教育的模式，是近代中國較早對『校－院－系』建制進行建構的嘗試。」[19]一九二八年十月，南京國民政府改大學院為教育部，十四日任命蔣夢麟為教育部長，統籌管理全國教育事務。顯然，在大學制度中「科－系」建制改為「院－系」建制，「學院」替代「科」，蔣夢麟起到重要作用。從學院建制源起看，同樣受到西方大學模式的影響。

二　中國近代國立大學學科發展是辦學者的主觀願望與培養人才的客觀需求相互作用的結果

中國近代最早頒佈實施的〈奏定大學堂章程〉是以日本大學模式為藍本，民初〈大學令〉和〈大學規程〉延續了日本大學模式，而一九二二年新學制和一九二九年〈大學規程〉主要以美國大學模式為藍本。從大學法規的參照藍本而論，中國近代大學學科制度一開始就是

---

18 曹貴權、吳建秀：〈模式與道路──關於學院制的歷史、運行機制和我國大學的學院制改革〉，《中國高教研究》1997年第2期（1997年），頁80。

19 周川：〈中國近代大學建制發展分析〉，《北京大學教育評論》2004年第3期（2004年），頁90。

舶來品。〈奏定大學堂章程〉頒佈之前就已設置的天津中西學堂和山西大學堂學科建制分別是按照美國大學模式和英國大學模式創設的。因此，中國近代大學起初的學科設置標準，基本上照搬歐美大學模式，是當時條件下不得已的選擇，體現的是人才培養的客觀需求。

隨著實踐的深入，人們反思到當時經濟條件下，建立多學科綜合性大學的難度，一九一七年〈修正大學令〉降低大學學科設置標準，至少體現出辦學者對大學發展與大學學科編制的關注與探索，這應該是大學學科發展中制度層面上的一次主觀適應過程。一九二二年新學制，確立大學學科設置的單科多科並存的標準後，大量專門學校和高等師範學校升格為大學，大學數量驟增，高等教育品質面臨嚴峻的挑戰。為了制止大學發展的混亂局勢，國民政府在一九二九年明確規定大學以研究高深學術，養成專門人材的培養目標，大學分設文、理、法、教育、農、工、商、醫各學院，凡具備三學院以上才能稱為大學，不到三學院的稱為獨立學院。此次規定突破了一九一七年〈修正大學令〉、一九二二年〈學校系統改革案〉以及一九二四年〈國立大學校條例〉中大學設數科或一科均可的規定，提高了大學學科設置標準，再次強調了大學的多學科性。

國民政府教育部規定大學的多學科性，它不是簡單意義上對民初〈大學令〉中多科制的回歸，也是一次主觀適應過程。它的提出是在三民主義教育宗旨頒佈之後，本土化趨勢多於外來性的歷史條件下對大學學科設置標準的反思，是新的歷史條件下的發展。強調大學多學科性的同時，注重實用科學的發展，遵循了以充實人民生活，扶植社會生存，發展國民生計，延續民主生命為教育目的的三民主義教育宗旨。

中國近代大學制度均以西方大學制度為藍本，這是西學東漸的社會背景中大學制度的客觀發展過程。但從大學制度的修正和完善中表

現出的相對穩定性和延續性看，不得不說是制度制定者對大學發展的思考與探索，體現的是一種主觀適應歷程。

中國近代國立大學學科建制演變中同樣看到，學科發展是客觀需求與主觀願望相融合的過程。中國近代國立大學「科—門」建制、「科—系」建制、「院—系」建制從源頭上看是對國外大學學科建制的模仿，而國立大學每一次新的學科建制均在制度頒佈之前就有萌芽與有效的嘗試。分科大學的規定在〈奏定大學堂章程〉中出現，但一八九五年天津中西學堂最先嘗試分科教學，成為分科大學雛形。學系的規定在一九二四年〈國立大學校條例〉中出現，但一九一九年國立北京北大就率先撤門改系，一九二一年創辦的國立東南大學採用「科—系」建制。系的建立，在中國近代大學發展史上具有重要意義，標誌著中國近代大學從基礎建制上對西方現代大學模式的高度認同，標誌著中國國立大學開始步入近代化階段。學院建制的規定在一九二九年〈大學規程〉中出現，但一九二五年國立中山大學就採用「院—系」建制，國立中央大學還採用了「院—系、科」建制。可見，國立大學學科建制改革與嘗試為制度層面上大學學科建制的規定提供寶貴的經驗與堅實的實踐基礎。

中國近代國立大學學科發展的主觀適應過程還表現在大學的科學研究與社會服務職能中。大學研究院、研究所的建立，某種意義上有助於實現學科研究與發展的本土化。作為研究機構，要以本國、本土社會的現實問題為先導，採用或借鑒國外相關學科的研究方法，逐步建構自己的概念體系、理論體系。國立北京大學國學門研究所就是典型案例，它不僅開創中國近代國立大學科學研究的先河，還對中國傳統文化進行多學科的研究，試圖建立中國傳統學科的概念框架和理論體系，「復興國學是二十世紀二〇年代國人矯正過分西化的文化自

救，」[20]充分體現出學科發展中辦學者主觀願望與訴求。從國立東南大學集教學、研究與服務為一體的「科一系」建制開始，中國近代國立大學的社會服務職能開始萌芽，以一九二四年〈國立大學校條例〉的頒佈為契機，大學設立推廣部，拓展大學的社會服務職能寫進官方檔中，對國立大學具有廣泛的政策指導作用。國民政府成立後在國立中央大學為首的一批國立大學中繼續發展大學的社會服務職能，開展知識的應用與推廣活動，在大學學科發展的本土化方面做出了積極的努力，較好地詮釋了中國近代國立大學學科發展的主觀適應歷程。

總之，作為中國高等教育近代化的重要組成部分，國立大學學科建制與發展歷程，同樣具有外來性與本土化並存的特徵。中國近代國立大學學科發展不僅受制約於社會現實需求、政府宏觀調控和大學法規政策的約束，還受到學科知識的發展成熟、大學自身傳統以及辦學者學科思想指導下主觀願望的引導。因此，中國近代國立大學學科建制與發展是人才培養的客觀需求與辦學者主觀願望相互作用的結果。

三 中國近代國立大學學科發展始終以人才培養為重心，在有限的條件下拓展科學研究與社會服務職能

隨著中等教育的發展，中國近代國立大學真正意義上變成中學後教育，具備了高等教育所強調的中學教育基礎上專業教育的特點，高級人才培養成為大學的基本職能。大學辦學宗旨在清末、民初和國民政府時期明顯不同。清末大學堂強調培養「通才」，是通達中外治學，推行新政的人才，因為這一時期的教育宗旨是「忠君、尊孔、尚

20 張亞群：《自強不息止於至善——廈門大學校長林文慶》（濟南市：山東教育出版社，2012年），頁272。

公、尚武、尚實」[21]，核心是「中學為體，西學為用」，培養的人才必然要學貫中西，尤其以封建倫理道德的認同和身體力行為重，維護清朝統治而服務。天津中西學堂的創辦開創了中國近代國立大學的先河，盛宣懷主張培養社會實用人才，傳授西方的科學技術，在清末就培養出一批工科、法科領域的高級人才。如著名法學家王寵惠，著名礦冶專家王寵祐，著名教育家張祐巡，著名經濟學家馬寅初，醫學家劉瑞恒，數學家秦汾，銀行金融家錢永銘，冶金學家溫宗禹、蔡遠澤，法學家趙天麟、馮熙運，師範教育家李建勳、齊國梁等。[22]京師大學堂分科大學的設立正是滿足當時「通才」培養目標，設置了經科、法政科、文科、格致科、農科、工科和商科等七科大學。既要學習中國傳統經史之學，還要加強格致、農、工、商等西方學科知識，培養經世致用之才。

民國時期大學宗旨中「教授高深學術」貫穿始終，〈大學令〉強調大學要養成碩學閎材，區別於專門學校的專門人才的培養目標。前者體現的是一種「全才」思想，「這種人才不僅需要有健壯的體魄、近代科學知識，而且必須具有高尚的品德和情操，換言之，也就是德、智、體、美諸方面全面而和諧發展的共和國的建設者和捍衛者。」[23]這番通俗的解釋，完全體現了當時「注重道德教育，以實利教育、軍國民教育輔之，更以美感教育完成其道德」[24]的教育宗旨。

21　〈學部奏請宣示教育宗旨折〉（光緒三十二年（1906）），收入舒新城：《中國近代教育史資料・上》（北京市：人民教育出版社，1981年），頁217。

22　王杰、韓雲芳：《百年教育思想與人物》（天津市：天津大學出版社，2010年），頁55。

23　田正平：《中國教育史研究・近代分卷》（上海市：華東師範大學出版社，2009年），頁295。

24　教育部公佈：〈教育宗旨〉（1912年9月2日），收入舒新城：《中國近代教育史資料・上》（北京市：人民教育出版社，1981年），頁223。

大學學科也隨之取締經學科，設置文、理、法、商、醫、農、工七科，國立北京大學率先廢「科—門」建制，改設學系，打通文理科界限，致力於文理兼通全面發展人才的培養。

國民政府時期，按照三民主義教育宗旨，〈大學組織法〉明確規定大學養成專門人才為培養目標。大學必須強調實用科學，培養的專門人才要「養成專門知識技能，並切實陶融為國家社會服務之健全品格。」[25]從其精神實質上看，同樣體現了德、智、體諸方面發展，只是更強調實用科學，加重了人才培養的功利主義色彩。國立大學採用「院—系」建制，根據學科門類和知識體系，將大學分成若干個代表不同學科的院、系，學校以學系為單位進行教學、科研管理。這有助於學校人才培養目標的完成。還通過二十世紀三〇年代大規模院系整頓，增強理、工、農、醫學院建設，加大力度培養國家所需工業、農業建設人才，滿足了當時社會所需國防建設人才的需求。

如果說清末「通才」的培養是出於教育救國的迫切需要，更多體現了社會本位教育價值觀的話，民國時期全面發展人才和專門人才的培養開始關注個體的知識技能和人格品質，體現了個人本位的教育價值觀。相對於大學的人才培養只考慮社會價值取向而言，關注個體價值本身是一次教育價值觀的重大發展。

中國近代國立大學以學科為基礎建立學科組織，在知識的傳播、擴展與應用推廣過程中大學的人才培養、科學發展與為當時當地社會服務職能得以充實和發展。京師大學堂分科大學的建立，使大學成為傳播知識的主要陣地，注重學科知識的經世致用價值，培養「新政」所需的懂得學理，並會實用，應以治事、救世之才。相較於培養經世

---

25 〈中華民國教育宗旨及其實施方針〉，收入顧明遠：《中國教育大系（修訂版）20世紀中國教育（一）》（武漢市：湖北教育出版社，2004年），頁15。

致用人才為單一職能的分科大學時期，民初國立北京大學通過「科—門」改制，設立學系，培養文理兼通人才，同時以學科為基礎設置研究所，發展了大學的研究職能。

國立東南大學「科—系」建制，按照美國大學傳統，將大學的人才培養、科學研究和社會服務職能整合為一體，在本土大學學科建設中開創了一代新風。卓越的師資隊伍，不僅使學生掌握紮實的專業基礎知識，還引領學生瞭解學科前沿動態，培養其科學研究興趣與能力。「科—系」為學科組織單位，開展了科學研究工作和知識推廣活動。如英文系結合自己語言學科優勢，籌辦函授學校，提高國人的外語水準；教育科不僅籌辦學校，還為教育部培養心理測驗人員；農科籌辦棉植專科，培養專門人材，解決農業方面遇到的現實問題；商科設立夜校，加強商業知識的推廣，便於工商界人士參與研究，共同解決中國工商業發展面臨的現實問題等等。

二十世紀三○年代，國民政府教育部開展大規模院系整頓，一方面，裁併和裁撤同一區域重複設置並超出社會需要的文、法科院系，適當控製法政人才的培養，另一方面，增設農、工、醫科院系，充實理科院系，增加國家急需工、農業領域建設人才和醫學人才，加強國防建設。微觀層面上充實學科內容，形成學科帶頭人，編訂大學課程與設備標準，致力於高等教育品質的提升，保證國家培養人才的品質。

一九三四年國民政府教育部頒佈〈大學研究院暫行組織規程〉，以學科為基礎建立「研究院—研究所—研究部」。國民政府鼓勵和資助國立大學建設研究院，截止到一九三六年，十三所國立大學中五所設立研究院，共設十三個研究所，二十五個研究學部。學科門類涉及文、理、法、教育、工、農六科，在中國文學、外國文學、哲學、史學、經濟學、物理學、化學、算學、生物學、教育學、教育心理學、農林植物學、土壤學、土木工程等多學科領域開展系統深入的研究，

推動上述學科知識的創新與發展。一九三五年四月二十二日國民政府
頒佈〈學位授予法〉，標誌著以學科分類為基礎的學位制度的正式建
立，中國近代大學研究生教育進入制度化發展階段。

隨著知識的傳播、創新，知識的應用與推廣得到加強，最終確立
了大學為當時當地社會需要服務的職能，在抗日戰爭特殊歷史時期最
大限度地發揮了大學的社會服務職能。中國近代國立大學學科發展與
大學的人才培養、科學發展與社會服務職能之間有內在聯繫，學科發
展圍繞人才培養這一核心職能，並在有限的條件下拓展了大學的科學
研究與社會服務職能，推動了國立大學的近代化。

四　中國近代國立大學學科建制是學科發展的重要組織基礎

對中國近代學科發展而言，相較於學會組織、學術研究機構，大
學學科建制是推動學科發展最有利的保障與基礎。通過大學學科建
制，為學科的存在與發展提供了經費、設備等方面的物質資源，同時
通過院、系、研究所建制培養學科的接班人，為學科發展提供人員儲
備，通過學科共同體的合作交流，創新學科知識，促進學科內在觀念
構建，實現學科的發展。

大學學科建製作為按學科編制編成的大學學術組織及其隸屬關
係，是學科發展的基本組織基礎。大學學科建制以學科獲得獨立地位
為前提，以學科組織的形成為標誌，它是學科組織在職、責、權方面
的動態體系，是為了實現學科組織目標而採取的一種分工協作體系。

以學科為基礎建立的科、門、學系、學院以及研究院、研究所、
研究學部等基層學術組織是大學學科建制特有的範疇。學科建制不僅
能說明大學學科構成問題，還可以折射出學科發展的歷程。大學學科

建制往往能見證一門學科的成與敗，因為大學制度中學科設置並不代表學科的成熟與完善，它只是學科產生的初始標誌，只有經過學科建制，學科發展才具備基本的物質條件、人員儲備和組織基礎。通常人們把大學的成立、學會組織的佈局、學術研究機構的設置看成是一門學科能否成立、能否被學術界承認的三大主要尺規。

〈奏定大學堂章程〉規定的學科編制為八科四十六門，實際上京師大學堂一九一〇年分科大學學科建制只有七科十三門，包括經學、法政、文、格致、農、工、商學等七科和毛詩學、周禮學、春秋左傳學、法律、政治、中國文學、外國文學、化學、地質學、農學、土木工學、採礦及冶金學、銀行保險學等十三門，一九一二年時雖然增加到七科十七門，但比起章程規定，還是很多學科沒有獲得大學學科建制。醫科雖然在大學堂章程中有學科編制，但在京師大學堂中沒有學科建制，學科發展也就難以實現。制度層面上的大學學科編制與京師大學堂分科大學學科建制之間的差距充分驗證了盛宣懷在擬設天津中西學堂章程時所言：「創舉之事，空言易，實行難，立法易，收效難」[26]。同理，國立北京大學學科建制中經學科失去獨立學科地位，直接影響其系統傳承與發展問題。因此，大學學科發展的根本在於學科建制，學科設置可以是制度層面上的規定，學科建制意味著學科組織結構的確立，是實踐層面上學科地位的確立問題。

學科建製作為學科組織實體，學科發展離不開構成組織主體的學術人員。「人（從事學科研究、知識生產、社會活動的人）是學科產生與發展的核心、根本，[27]一支優秀的學科群體是學科發展不可多得的資源。中國近代國立大學確立「院一係」建制後，其文、理基礎學

---

26 盛宣懷：〈擬設天津中西學堂章程稟（附章程、功課）〉，收入舒新城：《中國近代教育史資料・上》（北京市：人民教育出版社，1981年），頁136。

27 廖益：《大學學科專業評價研究》（廈門市：廈門大學教育研究院，2007年），頁23。

科建制完備而全面，奠定了中國大學基礎學科的堅實基礎。當時各國立大學文學院的主要負責人中，國立中央大學的汪東是中國近代著名文學家、書法家和詞學家；國立北京大學的胡適是中國新文化運動的領袖之一、著名學者、歷史家、文學家和哲學家；國立清華大學的馮友蘭是現代新儒家，為中國哲學史學科建設做出了重大貢獻；國立北平師範大學的黎錦熙是著名語言文字學家、詞典編纂家、文字改革家；國立暨南大學的陳鍾凡是中國文學批評史學科的奠基人；國立武漢大學的陳源是著名文學評論家和翻譯家；國立青島大學的聞一多是著名學者、詩人，新月派代表詩人；國立四川大學的向楚是著名史學家，其著作《巴縣志》是研究蜀地風俗歷史的必讀文獻。同樣，各國立大學理學院的主要負責人中，國立中山大學的陳宗南為著名化學家、教育家；國立中央大學的李學清是地質學家、礦物學家、地質教育家；國立北京大學的劉樹杞是著名科學家，化學教育家；國立清華大學的葉企孫是卓越的物理學家，中國物理學界一代宗師；國立四川大學的周太玄是著名生物學家、教育家；國立武漢大學的王星拱是著名化學家、哲學家、教育家；國立青島大學的黃際遇是數學家、教育家；國立交通大學科學學院的裴維裕是物理學家、教育家。可想而知，在如此卓越的學科專家帶領下必然形成一支高素質的學科教學團隊、科學研究團隊，他們不僅是各自學科領域的佼佼者，同樣也是各學科教育家，培養了一批批學科繼承人，為學科發展後繼有人做出了卓越貢獻。國立大學文理基礎學科建設得到充分發展，為後續大學應用學科的加強與發展奠定了堅實的理論基礎。

可見，學科在大學中獲得建制意味著學科獲得社會的認可，確立自己的合法地位。學科建制為學科知識的成熟發展提供了基本的組織基礎、人員儲備和物質條件，是學科發展的必備資源基礎。尤其是當大學學科發展成為一個社會科學發展的重要推動力時，或者說學會、

研究機構、圖書中心、學科的專門出版機構等都依靠大學院、系、研究所開展工作時，我們必須承認大學學科建制是學科發展的最重要的組織基礎。大學學科建制區別於其它學科建制的最重要特點就是它以人才培養為重心，培養學科的接班人，延續著學科的發展，人才培養是其基本職能，研究與服務職能是其衍生職能，而學會、專門研究機構的重心往往不是人才培養，是研究職能或是服務職能。因此，通過學科接班人的培養，促進學科的成熟發展方面，大學學科建制具有不可替代性。

第三節　中國近代國立大學學科建制與發展的啟示

中國近代國立大學學科建制經歷了無序到有序的艱難歷程，最終形成了「院—系」建制。以大學學科建制為組織基礎，學科發展從高深知識的傳播、創新到應用，逐漸完善了大學的人才培養、科學研究與社會服務職能。探究中國近代國立大學學科建制演變的特點與學科發展的規律，對當今中國大學學科設置標準、學科建設的側重點以及學科建制改進等方面具有一定的參考價值與借鑒意義。

一　大學要注重多學科文理綜合發展

中國近代國立大學學科建制與發展歷程，並非遵循單科到多科的發展路線，其學科發展一開始就強調多學科性，從本質上看「大學這一組織形式，首要的特徵就是它的多學科性。」[28]〈奏定大學堂章程〉明確規定，經學科、政法科、文學科、醫科、格致科、農科、工

---

28 周川：〈高等學校建制的組織學詮釋〉，《教育研究》2002年第6期（2002年），頁69。

科和商科大學，在京師大學堂務須全設，將來外省設立大學時，可不必全設，但至少設置三科，以符合學制規定。

民初〈大學令〉首次提出大學學科設置標準，「大學以文、理二科為主；須合於下列各款之一，方得名為大學：一、文、理二科並設者；二、文科兼法、商二科者；三、理科兼醫、農、工三科或二科或一科者。」[29]相較於清末大學堂分科大學的多科要求，大學學科設置開始出現多學科、文理綜合特徵。若要符合大學的稱謂，或文理綜合或基礎學科與應用學科並行，可以是文科與法科、商科綜合，也可以是理科與農科、工科、醫科綜合，強調了文理二科對其它學科的基礎作用，確立了文理基礎學科在大學中的主導地位。清末民初對大學的多學科、文理綜合性問題是有明確意識的。

一九一七年〈修正大學令〉、一九二二年新學制和一九二四年〈國立大學校條例〉，把國立大學學科設置標準降低到設數科或一科均可的程度。二十世紀二〇年代曾出現短期的單科大學興起與由此導致的大學數量驟增現象。事實證明只有數量增加而沒有品質提升的大學的虛無發展不能滿足社會發展對人才的需求。面對單科大學興起產生的大學教育品質下滑現象，國民政府教育部於一九二九年頒佈〈大學組織法〉，規定大學分文、理、法、教育、農、工、商、醫各學院，凡具備三學院以上者，始得稱為大學。不到三學院的稱為獨立學院，得分兩科。此項規定是重新反思大學學科標準的理性結論，再次確認大學的多學科、文理綜合性。

至此國立大學「院—系」建制基本呈現出多學科性，並且文理基礎學科建制得到普遍加強。通過大規模院系整頓，使發展不均衡的應用學科院系得到快速發展，國立大學恢復了多學科、文理綜合性特

---

29 教育部公佈：〈大學令〉（1912年10月24日部令第17號），收入潘懋元、劉海峰：《中國近代教育史資料彙編‧高等教育》（上海市：上海教育出版社，2007年），頁367。

徵。總之，文、理兩科是大學的重心，其它應用學科的設置，以堅實的文、理基礎學科為基礎。抗戰勝利後，一九四六年國民政府教育部的檔中，為何會出現建設國內一流大學和世界一流大學的提法呢，這恐怕與二十世紀三〇年代奠定的國立大學文理學科基礎分不開。

大學在本質上是多學科兼文理綜合大學，單科不能稱其為大學。這一點提醒人們在新的歷史條件下，高等院校定位分類還未完全明確之前，不應盲目追求大學的稱謂，要在理性層面上充分認識到大學的本質，尊重大學的多學科、文理綜合性特徵。只有建立在文理基礎學科基礎上的多學科發展，才能保證大學高級專門人才培養的品質與高深學術研究的水準，也才能在高深知識的傳播與創新基礎上實現知識的推廣應用，保障大學直接為社會服務的品質。

二　大學應加強傳統人文學科建設

自從民初〈大學令〉確立「七科之學」以來，中國近代大學學科體系基本定型，而其秉持的按照西方學術分科確立學科體系的傳統對中國大學學科設置影響深遠。「西方學科制度的盛行，削弱了中國學術文化傳統。」[30]雖然一九二一年國立北京大學創辦國學門研究所，整理中國傳統學科方面做出一定的努力，二十世紀三〇年代圍繞大學院系整頓進行的學科均衡發展的早期嘗試，體現了對大學學科發展的一種理性思考，但根本上沒有動搖大學學科傳統。

二十世紀三〇年代增設國立大學理、工、農、醫學院，加強實類學科的建設力度，補充社會急需建設人才到一九五〇年中央人民政府教育部統一領導國立大學（正式取締「國立」二字），對其進行了大

---

30 張亞群：〈文化視域中的高等教育變革——中國高等教育近代化模式再認識〉，《中國地質大學學報（社會科學版）》2011年第1期（2011年），頁97。

學院系調整，加大工科大學建設。再到一九七七年高考恢復後國家同樣重點支持理、工、農、醫學科門類建設。幾次大的院系調整過程中始終沒有重視傳統人文學科的發展問題。

應該說近代中國形成的大學學科傳統始終在發揮著作用。那就是按照西方的學術分科思想，看待學科的正當性，而近代傳入中國的西方學科從根源上看，深受科學主義思潮影響，傾向於功利主義，忽視人文主義。正如「李文遜認為，近代中國的發展基本上在反應西方的挑戰；然而由於無法有效回應來自帶有擴張主義企圖的西方挑戰，中國最終是屈辱地被迫放棄它自認具有普世價值的文化主義，從而接受『工具理性』意義上的『現代化』。此一轉變，是中國由作為『絕對性』象徵的儒家世界大同主義，轉向『相對性』的西方實用主義價值。」[31]發展至今。我們看到的仍舊是工具理性意義上的現代化，中國大學學科教育中「重科學，輕人文」或「重功利，輕理性」的傾向仍長期存在。「在極端功利化、工具化的辦學理念誤導下，中文等傳統文化學科受到不同程度的衝擊。人文教育雖有課程，而無『市場』，大學校園文化生態嚴重失衡。」[32]為了實現科學與人文的平衡，功利與理性的兼顧，當今大學需要加強傳統人文學科建設。

相較於自然科學與社會科學學科，「人文學科是以人的觀念、精神、情感和價值，即以人的主觀精神世界及其所沉澱的精神文化為研究對象的領域，」[33]大學加強傳統人文學科建設的目的在於建設大學文化，塑造大學人文精神，有助於通識人才的培養。目前，國內大學

---

31 丘為君：《戴震學的形成：知識論述在近代中國的誕生》（北京市：新星出版社，2006年），頁2。

32 張亞群：《自強不息止於至善——廈門大學校長林文慶》（濟南市：山東教育出版社，2012年），頁483。

33 教育部社會科學委員會學風建設委員會組編：《高校人文社會科學學術規範指南》（北京市：高等教育出版社，2009年），頁1。

出現的「國學研究院的再現和書院式教學改革的嘗試，這些並非學術界一時興致所至，而是對傳統文化教育的再認識與創造性轉化使然，在一定程度上反映了培育通識人才的現實需要。」[34]為此需要打破文理分家的局面、拓寬專業口徑，在課程計劃中保證傳統人文學科的教學要求，根本上改善大學人文學科教育。文史哲不分家，社會科學自然科學相融合是中國傳統學科的最大特色，在新的歷史條件下，值得思考「學科的正當性是否必須與傳入中國的近代西方學術分科接軌」[35]的問題。

三　大學學科建設要把人才培養放在首位

　　學科建設作為學科的屬概念，含括了學科發展的所有方面，縱向包括一門學科的產生、發展和完善的過程，橫向包括學科文化、學科制度以及學科建制的發展過程，似乎與學科相關的任何一個概念都可以是它的種概念。因此，大學的學科建設包括學科體系、學科規劃、學科方向、學科帶頭人、學術隊伍、人才培養、學科群、學科基地、學科專案、重點學科等諸多方面的建設，然而「大學中的學科建設，從根本上說是為承擔大學職能服務的，而不能只關注學科自身的發展。促進學科的發展，是大學學科建設的重要甚至是首要的目標，但決不是它惟一的目標和任務。」[36]

　　大學的三大職能中，人才培養是基本職能，發展科學是重要職

34 張亞群：〈文化視域中的高等教育變革——中國高等教育近代化模式再認識〉，《中國地質大學學報（社會科學版）》2011年第1期（2011年），頁98。

35 羅志田：〈西學衝擊下近代中國學術分科的演變〉，《社會科學研究》2003年第1期（2003年），頁113。

36 馮向東：〈學科、專業建設與人才培養〉，《高等教育研究》2002年第3期（2002年），頁68。

能，直接為社會服務是拓展職能。回顧世界高等教育史，大學職能的演變經歷了從基本職能向重要職能和拓展職能的遞進過程。「後發外生型」的中國近代大學，其職能的發展同樣經歷了從人才培養向科學研究和為社會服務職能的完善過程。不論時代如何變遷，大學的三大職能中人才培養是始終不可替代的職能。

努力建設世界一流大學的今天，研究型大學的學科建設成為中國大學發展研究的焦點。然而受到大學功利主義思想的影響，大學的學科建設基本以科研為重心，某種意義上學科建設成為，申請高水準的科研專案，申請國家重點學科，增加博士點數，爭取更多的科研經費的活動。重科研、輕教學已成為目前大學學科建設中的普遍現象。人才培養的主要途徑是教學，忽略教學意味著人才培養得不到應有的重視，從長遠利益看，違背了學科建設的初衷。因此，大學辦學者在學科建設導向上把人才培養放在首位，加強本科生教育教學品質，在此基礎上加強大學的科學研究與社會服務職能。保證教學品質的前提下鼓勵教師們，教學與科研相結合，開展學科教學研究和學科知識的科學研究，進一步提升教師的教學能力，從而實現教學與科研的良性互動。

四　新的歷史條件下學院制需要創新

二十世紀五〇年代，我國通過新一輪大學院系調整，滿足國家重工業發展需求，建立了大量單科院校，大學分為文理大學、單科性大學和單科學院。中國近代大學採用的「院—系」建制被「系—教研室」建製取代，系變成按學科門類設置的具有教學、科研、社會服務職能的行政教學組織，教研室是直接承擔、計劃和組織教學、科研工作的基層組織。

　　隨著一九八五年中央教育體制改革，大學的「系─教研室」建制改為「院─系」建制，大學學科建制改革進入多樣化發展階段。近年來我國常見的幾種大學學科建制有，「院─系」建制、「系─研究所、研究室」建制、「系／系級研究所─研究室」建制、「院─系─教研室」建制、「院／系／研究所─研究室／教研室」建制等。其中「院─系─教研室」建制，造成學科層次過多，各級職能不明確，甚至重疊設置院系，導致了學院下設學院，系中有系的混亂局面。根本在於目前還未建立大學學科建制方面的明確章程或法規，造成大學學科建制無章可循的局面。學院制的恢復，實質在於如何突破原來的「系─教研室」建制形成的校級集權管理模式，擴大學院和學系的學術自主權。歸根到底是淡化行政權力，加強學術權力，促進學科的發展問題。

　　由於「現行的院系所（室）建制一般只反映同一領域各學科之間的源流關係，未能反映不同領域學科間耦合互動的要求，」[37]因此，面對學科不斷分化和高度綜合趨勢，原來高度專業化的「院─系、研究所」建制，造成人為的學科壁壘與隔閡，阻礙交叉學科的形成與學科的綜合發展。「校長直接領導下設置系科，同時再設若干中心的組織結構越來越成為發展趨勢……可以發揮高等學校多學科、綜合性的優勢。」[38]

　　按照該思路，大學學科建制可以嘗試採用「中心／學院─學系／研究所/推廣部」建制。學科建設分工方面，學院主要負責一級學科點建設，為學科分化發展提供物質條件、財力保障和人員儲備，學院並行設立以問題為中心建立純粹的研究機構──中心，可以組合全校

37 潘雲鶴、顧建民：〈大學學科的發展與重構〉，《高等工程教育研究》1999年第3期（1999年），頁11。

38 薛天祥：《高等教育管理學》（上海市：華東師範大學出版社，1997年），頁213。

人力資源，致力於跨學科研究，隨著研究問題的變化，中心人員重新進行組合。從組織結構角度看，這是典型的矩陣結構，中心的人員由各院系抽選出來，他們既歸中心負責人領導，又屬於原來院系領導，能最大限度地利用有限的人力資源。學院下設學系和研究所，致力於二級學科的教學與研究工作，實現學科的人才培養、科學研究職能。學系與研究所在人員上可以共用，在學科關係上是可以融合滲透，它們之間的關係應該是平等協作的關係。學系、研究所並行設立推廣部，專負責社會服務事務。

通常而言，大學組織層次不宜超過三級，這樣有利於信息的及時溝通和學術團隊的建設，同時採用縱向分工與橫向聯繫的組織結構，有利於組織人員的分工與協作。學院下設學系體現了縱向的分工，而中心的建立與推廣部的設置體現了橫向聯繫。按照上述學科建制，形成縱向教學分級管理，橫向教學與科研、服務相結合，學科為重心實現大學的人才培養、科學發展與社會服務職能，既有利於學科的縱向深入發展，也有利於學科的橫向綜合發展，符合學科發展的基本規律。

總之，沒有適合於任何大學的學科建制，學科建制變革應採取長期逐步建立的方法，需要一個慢慢適應過程。既要考慮大學的外部環境與內部條件，又要充分認識自己學校長期形成的學科傳統，避免學科建制的隨意加設、裁撤、合併等做法，從長遠考慮學科發展的空間。

主要參考文獻

一　史料

學堂紀事　申報　1899年1月17日（第九千二百五十五號）

北京電　申報　1920年12月16日　第3版

國立東南大學緣起　申報　1920年12月25日　第2版

東南大學組織大綱之議定　申報　1921年2年12日　第3版

國立東南大學大綱草案　申報　1921年3月25日　第3版

東南大學發展消息（二）　申報　1921年10月29日

北大設立大學院之先聲　申報　1921年12月23日　第2版

東大農科蠶桑系進行近況　申報　1922年1月22日　第2版

郭秉文　東南大學農科改良全國棉作事業述要　申報　1922年1月22
　　　　日（增刊）

北大國學研究所之發展申報　1922年2月25日　第3版

東大調查農事　申報　1922年3月6日　第3版

續紀北大之國學研究所　申報　1922年3月9日　第3版

東南大學進行近訊　申報　1922年3月12日　第2版

東南大學之新氣象申報　1922-10-1　第3版

東大農科棉作展覽會紀　申報　1922年10月23日　第3版

國立東南大學校董會志申報　1922年12月11日　第4版

國立東南大學校董會志（續）　申報　1922年12月22日　第4版

最近之國立法大　申報　1924年3月2日　第3版

北京工業學校改為大學　申報　1924年3月4日　第2版

清華之現在與將來　申報　1924年3月27日　第3版

國立大學聯合會之發起申報　1924年7月1日　第3版

廣東大學五科之內容　申報　1924年7月15日　第3版

廣東大學最新消息　申報　1924年9月29日　第2版

自治學院改稱國立政治大學　申報　1925年10月4日　第3版

東大農科推廣養蠶之進行　申報　1926年5月20日　第3版

東大農科概況之報告　申報　1926年5月20日　第3版

廣大改辦中山大學　申報　1926年6月26日　第3版

廣大改辦中山大學之進行　申報　1926年7月21日　第3版

蔡元培　十五年來我國大學教育之進步　申報　1926年10月10日　第3版

漢口專電　申報　1926年12月15日　第2版

粵中山大學研究科學之進行　申報　1926年12月24日　第3版

教部承認成都大學為國立　申報　1926年12月29日　第2版

清華教授王國維自盡記　申報　1927年6月12日　第3版

中央政會紀要　申報　1927年7月6日

第四中山大學各部院長聘定　申報　1927年7月6日　第2版

北京電　申報　1927年7月21日

中山大學將依省份改名　申報　1927年11月28日　第2版

大學分科設校之概要　申報　1928年9月13日　第5版

暨大修正各學院名稱　申報　1928年9月27日　第3版

北平大學組織之一斑　申報　1928年11月39日　第3版

最近中央大學概況　申報　1929年1月1日　第6版

交大學生請求添辦土木工程學院　申報　1929年6月18日　第3版

清華大學擴充研究院　申報　1929年8月29日　第3版

國私立大學之調查　申報　1930年1月8日　第3版

證書載入學士字樣　申報　1930年1月19日　第5版

勞動大學改組　申報　1930年6月6日　第2版

交大將增設研究所　申報　1930年8月13日　第2版

交大自然科學院成立　申報　1930年9月4日增刊

青島大學近日開學　申報　1930年9月20日　第3版

暨大教育系參觀黃渡鄉師　申報　1930年12月3日　第3版

教部令整頓平大師大　申報　1931年2月12日　第4版

暨大各院添設研究室　申報　1931年2月23日　第3版

武漢大學籌設研究院　申報　1931年6月16日　第3版

中央與國府紀念周　申報　1931年9月1日　第4版

編制大學課程的意見　申報　1931年9月9日　第3版

教部函請各科專家起草大學課程及設備標準申報　1931年10月16日
　　　第3版

大學課程及設備標準起草時應注意之事項　申報　1931年10月16日
　　　第3版

大學課程標準起草步驟　申報　1931年10月18日　第3版

教部令清華停辦法律系申報　1932年5月17日　第2版

院令解散中央大學　申報　1932年6月30日

全國高等教育問題談論會第一日　申報　1932年07月15日　第3版

朱家驊對政府整理大學辦法之說明　申報　1932年7月25日　第2版

青大改為山東大學　申報　1932年7月27日　第3版

暨南大學之新發展申報　1932年10月27日　第3版

暨南大學最近之發展申報　1932年12月2日　第4版

國立暨南大學董事會　申報　1932年12月20日　第4版

教部訓令平各大學不得添設文法學院　申報　1933年5月8日　第3版

暨大戰後一年來概況　申報　1933年6月11日　第4版

暨大戰後一年來概況（三）　申報　1933年6月16日　第4版

教部第二次整頓平大令　申報　1933年7月6日　第4版

全國國立省立大學之沿革　申報　1934年2月19日　第4版

中央大學教育實驗所工作近況　申報　1934年4月20日　第4版

教部將撥英美庚款　申報　1934年4月20日　第4版

山東大學設農學院　申報　1934年5月4日　第4版

教部令三大學增設研究所　申報　1934年5月20日　第4版

兩年來之中央大學　申報　1934年6月23日　第4版

兩年來之中央大學　申報　1934年6月25日　第4版

教部準中大南開辦研究所　申報　1934年11月19日　第3版

中山大學設立鄉村教育實驗區　申報　1934年12月25日　第4版

教部著手編訂大學課程綱目　申報　1935年2月13日　第4版

教部限制招收研究生　申報　1935年6月3日　第4版

清華大學積極在湘設校　申報　1936年4月2日　第4版

各大學招收新生教部通令限制申報　1936年4月18日　第4版

中大教育學院心理學系近況　申報　1936年6月17日　第4版

浙大農學院改進　申報　1936年7月13日　第4版

最近五年度全國高教錄取新生之科別　申報　1936年7月14日　第4版

全國高等教育趨勢及歷年畢業生人數　申報　1936年8月23日　第4版

各大學增設研究所學部　申報　1936年8月26日　第4版

中央大學之最近四年　申報　1936年9月7日　第4版

中央大學之最近四年（六）　申報　1936年9月12日　第4版

北洋大學、天津大學校史編輯室　北洋大學、天津大學校史（第一
　　　卷）　天津市　天津大學出版社　1990年

北京大學、中國第一歷史檔案館　京師大學堂檔案選編　北京市　北
　　京大學出版社　2001年

吳相湘，劉紹唐　國立北京大學紀念刊第一冊（民國六年廿週年紀念
　　冊上）　臺北市　傳記文學出版社　1971年

吳相湘，劉紹唐　國立北京大學紀念刊第二冊（民國六年廿週年紀念
　　冊）　臺北市　傳記文學出版社　1971年

吳相湘，劉紹唐　國立北京大學紀念刊第三冊（民國十八年卅一週
　　年、國卅七年五十週年紀念刊）　臺北市　傳記文學出版社
　　1971年

蕭超然，沙健孫，周承恩，梁柱　北京大學校史　上海市　上海教育
　　出版社　1981年

學府紀聞・國立北京大學　臺北市　南京出版公司　1981年

王學珍等　北京大學紀事：1898-1997　北京市　北京大學出版社
　　1998年

王學珍，郭建榮　北京大學史料第二卷（1912-1937）中冊　北京市
　　北京大學出版社　2000年

南京大學校慶校史資料編輯組，學報編輯部編輯　南京大學校史資料
　　選輯　南京市　南京大學印刷廠（內部發行）　1982年

國立中山大學現況（民國二十四年）　臺北市　傳記文學出版社
　　1971年

梁山，李堅，張克謨主編　中山大學校史　上海市　上海教育出版社
　　1983年

吳定宇主編　中山大學校史（1924-2004）　廣州市　中山大學出版
　　社　2006年

王振乾，丘琴，姜克夫　東北大學史稿　吉林市　東北師範大學出版
　　社　1988年

西北大學校史編寫組　西北大學校史稿　西安市　西北大學出版社
　　　　1987年

清華大學校史編寫組　清華大學校史稿　北京市　中華書局　1981年

學府紀聞・國立清華大學　臺北市　南京出版有限公司　1981年

國立武漢大學一覽（民國二十四年）　臺北市　傳記文學出版社
　　　　1971年

學府紀聞・國立武漢大學　臺北市　南京出版公司　1981年

王玉芝，羅衛東主編　浙江大學校史簡本　杭州市　浙江大學出版社
　　　　2010年

學府紀聞・國立交通大學　臺北市　南京出版有限公司　1981年

四川大學校史編寫組　四川大學史稿　成都市　四川大學出版社
　　　　1985年

國立中山大學研究院教育研究所　本所研究事業十年　1937年　廈門
　　　　大學特色文獻資來源資料庫　http：//210.34.4.53/zt/index.jsp

黃宗實，鄭文正選編　廈門大學校史資料（第一輯）　廈門市　廈門
　　　　大學出版社　1987年

洪永宏編著　廈門大學校史（第一卷）　廈門市　廈門大學出版社
　　　　1990年

陳營，陳旭華編　廈門大學校史資料（第五輯）　廈門市　廈門大學
　　　　出版社　1990年

陳翊林　最近三十年中國教育史　上海市　上海太平洋書店　1930年

一九三三年之上海教育　上海市　上海新聞社　1934年

申報年鑒社　第三次申報年鑒　上海市　美華書館　1935年

吳惠齡　北京高等教育史料第一集（近現代部分）　北京市　北京師
　　　　範大學出版社　1992年

陳學恂　中國近代教育大事記　上海市　上海教育出版社　1981年

陳學恂　中國近代教育史教學參考資料　北京市　人民教育出版社　1986年

朱有瓛　中國近代學制史料・第二輯上冊　上海市　華東師大出版社　1987年

李桂林　中國現代教育史教學參考資料　北京市　人民教育出版社　1987年

辛樹織　第一次中國教育年鑒・第二冊丙編教育概況上（民國二十三年）　臺北市　傳記文學出版社　1971年

辛樹織　第一次中國教育年鑒・第四冊丁編學校教育統計（民國二十年）　臺北市　傳記文學出版社　1971年

中國第二歷史檔案館編　中華民國史檔案資料彙編・第三輯教育　南京市　江蘇古籍出版社　1991年

中國第二歷史檔案館編　中華民國史檔案資料彙編・第五輯第一編教育（一）　南京市　江蘇古籍出版社　1994年

中國第二歷史檔案館編　中華民國史檔案資料彙編・第五輯第二編教育（一）　南京市　江蘇古籍出版社　1997年

教育部教育年鑒編纂委員會　第五次中華民國教育年鑒　臺北市　正中書局　1985年

教育部法規委員會　教育法規彙編　臺北市　正中書局　1975年

舒新城　中國近代教育史資料・上、中、下冊　北京市　人民教育出版社　1981年

潘懋元，劉海峰　中國近代教育史資料彙編・高等教育　上海市　上海教育出版社　2007年

璩鑫奎，唐良炎　中國近代教育史資料彙編・學制演變　上海市　上海教育出版社　2007年

湯志鈞，陳祖恩，湯仁澤　中國近代教育史資料彙編・戊戌時期教育

上海市　上海教育出版社　2007年

璩鑫奎，童富勇　中國近代教育史資料彙編‧教育思想　上海市　上海教育出版社　2007年

孫常煒　蔡元培先生全集　臺北市　臺灣商務印書館　1977年11月

顧明遠　中國教育大系‧20世紀中國教育（一）　武漢市　湖北教育出版社　2004年

唐鉞，朱經農，高覺敷　教育大辭書　上海市　商務印書館　1930年

胡行之外來語詞典　上海市　上海天馬書店　1936年

辭源（修訂本）　北京市　商務印書館　1979年

辭海（教育學‧心理學分冊）　上海市　上海辭書出版社　1987年

教育大辭典（第10卷）‧中國近現代教育史　上海市　上海教育出版社　1991年

教育大辭典（第3卷）‧高等教育　上海市　上海教育出版社　1991年

陳旭麓，李華興　中華民國史辭典　上海市　上海人民出版社　1991年

黃河清編著　近現代辭源　上海市　上海辭書出版社　2010年

二　論著

左玉河　從四部之學到七科之學：學術分科與近代中國知識系統之創建　上海市　上海書店出版社　2004年

張國剛，喬治忠　中國學術史　上海市　東方出版中心　2006年

麻天祥　中國近代學術史　武漢市　武漢大學出版社　2007年

錢穆等　中國學術史論集（三）　臺北市　中華文化出版事業社　1956年

包遵彭，李定一，吳相湘　中國近代史論叢‧第一輯第二冊　中西文化交流　臺北市　正中書局　1956年

劉海峰　科舉學導論　武漢市　華中師範大學出版社　2005年

劉海峰，史靜寰　高等教育史　北京市　高等教育出版社　2010年

張亞群　科舉革廢與近代中國高等教育的轉型　武漢市　華中師範大學出版社　2005年

張亞群　自強不息止於至善──廈門大學校長林文慶　濟南市　山東教育出版社　2012年

田正平　中國教育史研究・近代分卷　上海市　華東師範大學出版社　2009年

高奇　中國高等教育思想史　北京市　人民教育出版社　2001年

董寶良　中國近現代高等教育史　武漢市　華中科技大學出版社　2007年

王李金　中國近代大學創立和發展的路徑──從山西大學堂到山西大學（1902-1937）的考察　北京市　人民出版社　2007年

蘇雲峰從清華學堂到清華大學1928-1937　北京市　生活・讀書・新知三聯書店　2001年

方增泉　近代中國大學（1898-1937）與社會現代化　北京市　北京師範大學出版社　2006年

曲士培　中國大學教育發展史　北京市　北京大學出版社　2006年

金以林　近代中國大學研究：1895-1949　北京市　中央文獻出版社　2000年

〔加〕許美德，許潔英譯　中國大學1895-1995：一個文化衝突的世紀　北京市　教育科學出版社　1999年

蔣廷黻　中國近代史　上海市　上海古籍出版社　2004年

〔美〕費正清等，中國社會科學院歷史研究所編譯室譯　劍橋中國晚清史（1800-1911）上下卷　北京市　中國社會科學出版社　1985年

〔美〕費正清，楊品泉等譯　劍橋中華民國史（1912-1949）上卷　北京市　中國社會科學出版社　1994年

〔美〕費正清，楊品泉等譯　劍橋中華民國史（1912-1949）下卷　北京市　中國社會科學出版社　1994年

陳寶泉　中國近代學制變遷史　北京市　北京文化學社　1927年

樂嗣炳　近代中國教育實況　上海市　世界書局　1935年

周予同中國現代教育史　福州市　福建教育出版社　2007年（1934年原版）

陳景磐　中國近代教育史　北京市　人民教育出版社　1983年

錢曼倩、金林祥　中國近代學制比較研究　廣州市　廣東教育出版社　1996年

龔書鐸　社會變革與文化趨同：中國近代文化研究　北京市　北京師範大學出版社　2005年

吳剛　知識演化與社會控制──中國教育知識史的比較社會學分析　北京市　教育科學出版社　2002年

歐力同　孔德及其實證主義　上海市　上海社會科學院出版社　1987年

昌家立　關於知識的本體論研究：本質、結構、形態　成都市　巴蜀書社　2004年

〔美〕華勒斯坦等，劉健芝等編譯　學科‧知識‧權力　北京市　生活‧讀書‧新知三聯書店　1999年

〔美〕華勒斯坦等，劉鋒譯　開放社會科學：重建社會科學報告書　北京市　生活‧讀書‧新知三聯書店　1997年

〔英〕比徹，特羅勒爾，唐躍勤、蒲茂華、陳洪捷譯　學術部落及其領地：知識探索與學科文化　北京市　北京大學出版社　2008年

〔美〕朱麗‧湯普森‧克萊恩，姜智芹譯　跨越邊界──知識學科學
　　　科互涉　南京市　南京大學出版社　2005年

〔美〕愛德華‧希爾斯，李家永譯　學術的秩序──當代大學論文集
　　　北京市　商務印書館　2007年

紀寶成　中國大學學科專業設置研究　北京市　中國人民大學出版社
　　　2006年

方文　學科制度和社會認同　北京市　中國人民大學出版社　2008年

龐青山　大學學科論　廣州市　廣東教育出版社　2006年

宣勇　大學變革的邏輯　北京市　人民出版社　2009年

陳燮君　學科學導論　上海市　三聯書店出版社　1991年

李鐵君　大學學科建設與發展論綱　北京市　中國社會科學出版社
　　　2004年

陶本一　學科教育學　北京市　人民教育出版社　2001年

陳平原　中國現代學術之建立：以章太炎、胡適之為中心　北京市
　　　北京大學出版社　1998年

劉龍心　學術與制度學科體制與現代中國史學的建立　北京市　新星
　　　出版社　2007年

丘為君　戴震學的形成：知識論述在近代中國的誕生　北京市　新星
　　　出版社　2006年

丁雅嫻　學科分類研究與應用　北京市　中國標準出版社　1994年

茹寧　大學的政治邏輯──大學與國家關係的哲學分析　哈爾濱市
　　　黑龍江人民出版社　2008年

黃濟　教育哲學通論　太原市　山西教育出版社　1998年

張建偉　近代化細節　長沙市　湖南人民出版社　2008年

鍾啟泉　現代課程論　上海市　上海教育出版社　2003年

王家通　日本教育制度──現況趨勢與特徵高雄市　高雄復文圖書出

版社　2003年

王杰，韓雲芳　百年教育思想與人物　天津市　天津大學出版社　2010年

孫宏安　中國近現代科學教育史　瀋陽市　遼寧出版社　2006年

〔美〕小摩裏斯.N.李克特，顧昕、張小天譯　科學是一種文化過程　北京市　生活・讀書・新知三聯書店　1989年

三　論文

樊洪業　從科舉到科學：中國本世紀初的教育革命　自然辯證法通訊　1998年第1期

樊洪業　北京大學生物系正式成立於1926年　中國科技史料　1999年第2期

周川　高等學校建制的組織學詮釋　教育研究　2002年第6期

周川　中國近代大學建制發展分析　北京大學教育評論　2004年第3期

羅志田西學衝擊下近代中國學術分科的演變　社會科學研究　2003年第1期

潘懋元，劉海峰　高教歷史與高教研究　高等教育研究　1992年第1期

劉海峰　傳統文化與中國古代高等教育特點　機械工業高教研究　1994年第4期

張亞群　廢科舉與學術轉型——論清末科學教育的發展東南學術　2005年第4期

張亞群　從探索規律到闡釋文化——教育史研究的新路徑　華南師範大學學報（社會科學版）　2008年第5期

張亞群　文化視域中的高等教育變革——中國高等教育近代化模式再

認識　中國地質大學學報（社會科學版）　2011年第1期

張亞群　「同歸而殊途　一致而百慮」──郭秉文與林文慶辦學理念
　　　　之比較　東南大學學報（哲學社會科學版）　2011年第6期

張亞群，虞寧寧　會通中西教澤群賢──陳垣高等教育思想特色辨析
　　　　福建師範大學學報（哲學社會科學版）　2012年第1期

蕭朗　中國近代大學學科體系的形成──從「四部之學」到「七科之
　　　　學」的轉型　高等教育研究　2001年第11期

蕭朗，項建英　近代教會大學教育學科的建立與發展高等教育研究
　　　　2005年第4期

蕭朗，項建英　近代高等師範學校教育學科的建立與發展──以北高
　　　　南師為中心　華東師範大學學報（教育科學版）　2006年第
　　　　1期

蕭朗　明清之際西方大學學科體系的傳入及其影響　浙江大學學報
　　　　（人文社會科學版　2009年第1期

蕭朗，項建英　學術史視野中的近代中國大學教育學科　社會科學戰
　　　　線　2009年第9期

劉劍虹　蔡元培的大學學科建設理論及特點　師資培訓研究　2001年
　　　　第3期

劉劍虹　梅貽琦的大學學科建設思想初論　高等師範教育研究　2001
　　　　年第1期

苟德敏　竺可楨大學學科建設思想研究　華中師範大學研究生報
　　　　2010年第1期

鄧岳敏，張亞群　探析民國時期大學設置標準的演變　交通高教研究
　　　　2003年第6期

方增泉　略論20世紀二三十年代中國大學的學科調整──從大學教育
　　　　與經濟現代化的關係的角度看　北京師範大學學報（社會科

學版） 2005年第5期

〔法〕巴斯蒂 京師大學堂的科學教育 歷史研究 1998年第5期

王天根 嚴復與近代學科 清史研究 2007年第1期

田正平，劉保兒 教會大學中國籍教師與中國近代大學的學科建
設——以燕京大學社會學系為個案 陝西師範大學學報（哲
學社會科學版） 2007年第2期

周谷平，趙師紅 農學留學生與近代中國高等農學學科的發展浙江大
學學報（人文社會科學版） 2009年第10期

項建英 民國時期綜合性大學教育學科論略——以中央大學、北京大
學為個案 高教探索 2006年第5期

項建英 近代中國私立大學教育學科的建立與發展高教探索 2007年
第2期

項建英 論近代學制與大學教育學科的發展江蘇高教 2007年第3期

項建英 論近代中國大學教育學科設置模式嬗變 江蘇高教 2009年
第3期

項建英 教育「科學化」運動與近代中國大學教育學科的發展現代大
學教育 2009年第5期

侯懷銀，李豔莉 民國時期教育系科 的分佈及其特徵高等教育研究
2011年第10期

胡延峰 學科規訓視野中近代中國心理學學科的發展——以中央大學
心理學系為例 心理學探新 2009第5期

尚小明 民國時期大學哲學科系的「熱」與「冷」 北京大學教育評
論 2010年第3期

張紹磊 黃炎培與國立暨南學校規復初期的學科建設（1917-
1923）——以商科建設為例 暨南學報（哲學社會科學版）
2006第6期

徐曼　留美生與中國近代自然科學學科的建立和發展學術論壇　2005年第4期

劉正偉　國立東南大學與江蘇教育近代化　東南大學學報（哲學社會科學版）　2002年第3期

張雪蓉　國立東南大學辦學思想和辦學實踐的啟示　高等工程教育研究　2003年第2期

易漢文　國民政府是何時下令改國立廣東大學為國立中山大學的　廣東史志1999年第2期

周興樑，胡耿　中國教育科學研究與人才培養的開拓者——國立中山大學教育研究所（1927-1949）探析　中山大學學報（社會科學版）　2009年第2期

劉小強　關於高等教育研究的「學科模式」的反思　高教探索　2011年第5期

陳學東　近代學科規訓制度的中國本土化　山西師大學報（社會科學版）　2004年第2期

潘雲鶴，顧建民　大學學科的發展與重構　高等工程教育研究　1999年第3期

馮向東　張力下的動態平衡：大學中的學科發展機制現代大學教育　2002年第2期

馮向東　學科、專業建設與人才培養　高等教育研究　2002年第3期

龐青山，薛天祥　世界一流大學學科結構特徵及其啟示　學位與研究生教育，2004年第12期

龐青山，王樂　世界一流大學學科組織特徵研究　理工高教研究　2005年第2期

龐青山，薛天祥　大學學科結構的演進及其特點　教師教育研究　2005年第5期

李化樹　論大學學科建設　教育研究　2006年第4期

宣勇，淩健　「學科」考辨　高等教育研究　2006年第4期

宣勇　大學學科組織化研究：多學科的審視　教育發展研究　2009年
　　　第5期

宣勇，淩健　大學學科組織化建設：價值與路徑　教育研究　2009年
　　　第8期

錢穎一　談大學學科佈局清華大學教育研究　2003年第6期

王建華　學科、學科制度、學科建制與學科建設　江蘇高教　2003年
　　　第3期

翟亞軍，王戰軍　理念與模式——關於世界一流大學學科建設的解讀
　　　清華大學教育研究　2009年第1期

〔芬蘭〕塔皮奧‧瓦瑞斯，馮典譯　知識社會中的全球大學　教育研
　　　究　2009年第1期

楊素萍　大學學科的演變　認識論的視角　中國高教研究　2009年第
　　　6期

崔躍峰　西學東漸與中國高等教育中近代學科的設立　鄭州市　河南
　　　大學歷史文化學院　2002年

陳學東　近代科學學科規訓制度的生成與演化　太原市　山西大學科
　　　學技術哲學研究中心　2004年

趙靈芝　西方學科分類在中國的引入——以張之洞的「八科分學」為
　　　例　大連市　大連理工大學　2007年

鮑嶸　高深學問與國家治理：1949-1954中國大學課程政策與學科建
　　　制研究　廈門市　廈門大學教育研究院　2004年

龐振超　1949-1998中國大學人文學科變革研究　廈門市　廈門大學
　　　教育研究院　2006年

廖益　大學學科專業評價研究　廈門市　廈門大學教育研究院　2007

年

馮典　大學模式變遷研究：知識生產的視角　廈門市　廈門大學教育
研究院　2009年

賈莉莉　基於學科的大學學術組織研究　上海市　華東師範大學教育
科學學院　2008年

王東傑　政治、社會與文化視野下的大學「國立化」：以四川大學為
例（1925-1939）　成都市　四川大學歷史文化學院　2002
年

張雪蓉　以美國模式為取向：中國大學變革研究（1915-1927）——
國立東南大學為個案　上海市　華東師範大學　2004年

許小青　從東南大學到中央大學——以國家、政黨與社會為視角的考
察（1919-1937）　武漢市　華中師範大學中國近代史研究
所　2004年

李金奇　被學科規訓限制的大學人文教育——一種學科規訓制度的視
角　武漢市　華中科技大學中國近代史研究所　2005年

後記

　　看著圖書館「書」字玻璃牆，有種想哭的衝動，想起了無數次面對它排隊進入圖書館的場景，一切歷歷在目，彷彿是昨天。求學的經歷自有心酸與痛楚的時候，但「痛並快樂」的感受又是何等的珍貴。備考到讀博的整個過程我都是很享受的，精神的滿足讓我時刻感到充實與自信。駐足回首這一段心路歷程，有過辛酸、有過甘苦，但更多的是心中的那份感激與留戀。

　　本文從選題到寫作的每一步都是在導師的悉心指導下完成的，傾注了導師大量的心血，在此衷心的感謝我的導師張亞群教授。他那淵博的專業知識、嚴謹的治學態度、精益求精的研究作風和誨人不倦的高尚師德是我學習的榜樣與努力的方向。論文的順利完成，同樣離不開教育研究院各位老師、同學的關心與幫助。尤其在課程學習過程中得到潘懋元先生的直接教導與寬宏包容，每每想起心裏洋溢著敬佩與暖意。聆聽劉海峰教授精彩的科舉學講授，領略其卓越的學術造詣，始終是我學習的強大動力。鄭若玲教授是我心目中全能型教師，教學、科研、文體樣樣拿得出手，一直很羨慕和喜歡，羨慕其年輕有為，喜歡其率真的個性。當然，教育研究院這個大家庭中每位老師都是那麼盡職盡責，使我受益匪淺，再次表達我的敬意。在論文寫作過程中，我深深體會到親人、同學、朋友給予的無私的關懷、支持與幫助，在這裏請接受我誠摯的謝意。

　　有幸得到廈門大學教育研究院周密的課程訓導，在嚴謹、開明、前沿的學術氛圍中討論、學習和探索，我感到很幸運。相信這不是學習的終點，是人生的新起點，我還會在路上，繼續向前走。

2012年4月於廈門大學圖書館

出版後記

　　三年前的今天我參加博士學位論文答辯，答辯委員會諸位專家對論文的修改提出了寶貴的意見和忠懇的建議。認真聆聽專家學者的建議，有幸把博士論文修訂成書，這裏向他們致以最崇高的敬意和最誠摯的謝意。學術研究的經歷自有心酸與痛楚的時候，但「痛並快樂」的感受又是何等的珍貴，精神的滿足讓我時刻感到充實與自信。駐足回首這一段心路歷程，有過辛酸、有過甘苦，但更多的是心中的那份感激。

　　有幸得到廈門大學教育研究院周密的課程訓導，在嚴謹、開明、前沿的學術氛圍中討論、學習和探索，我感到很幸運。從選題到論文寫作的每一步都是在導師悉心指導下完成的，傾注了導師大量的心血，在此衷心地感謝恩師張亞群教授。他那淵博的專業知識、嚴謹的治學態度、精益求精的研究作風和誨人不倦的高尚師德是我學習的榜樣和努力進取的方向。論文的順利完成，同樣離不開廈門大學教育研究院各位老師、同學的關心與幫助。尤其在課程學習過程中得到潘懋元先生的直接教導與寬宏包容，每每想起心裏洋溢著敬佩與暖意。聆聽劉海峰教授精彩的科舉學講授，領略其卓越的學術造詣，始終是我學習的強大動力。

　　從論文寫做到修改成書的整個過程中，我深深體會到親人、同事、朋友給予的無私關懷、支持與幫助，在這裏請接受我忠誠的感謝。首先感謝父母、愛人和孩子，他們是我堅實的後盾，不曾讓我有後顧之憂，使得我在實現理想的路上奮力進取。其次，感謝我的老

師、領導在我困惑迷茫之時給予的鼓勵與開導。特別感謝德高望重的
絮巴教授的勉勵與鞭策，讓我時刻記住自己的責任和使命。感謝七十
三院長的大力支持，讓我在工作和學習之間找到平衡，減輕我的工作
壓力，使我一心一意投入到學習和研究中。同時感謝我的班主任老師
蒙古族教育史研究專家王風雷教授的鼓勵以及娜布其老師、阿娜老
師、滿達老師的開導，教會我在面對困惑壓力時如何調節自己、認清
自己和引導自己。最後，由衷地感謝為拙著的順利出版付出辛勤勞作
的我的學生朱維和中國社會科學出版社的喻苗編輯，她們的專業素養
和敬業精神令人欽佩。

　　儘管得到諸多專家、學者、老師的幫助提攜，但由於個人能力所
限，書中難免疏漏和偏駁，敬請讀者批評指正。

斯日古楞

2015年6月7日　寫於浙大紫金港圖書館

中華文化思想叢書　A0100027

中國近代國立大學學科建制與發展研究（1895-1937）　下冊

作　　　者	斯日古楞
責任編輯	蔡雅如
發 行 人	陳滿銘
總 經 理	梁錦興
總 編 輯	陳滿銘
副總編輯	張晏瑞
編 輯 所	萬卷樓圖書股份有限公司
排　　版	林曉敏
印　　刷	百通科技股份有限公司
封面設計	斐類設計工作室

出　　版　昌明文化有限公司

桃園市龜山區中原街 32 號

電話 (02)23216565

發　　行　萬卷樓圖書股份有限公司

臺北市羅斯福路二段 41 號 6 樓之 3

電話 (02)23216565

傳真 (02)23218698

電郵 SERVICE@WANJUAN.COM.TW

大陸經銷

廈門外圖臺灣書店有限公司

　電郵 JKB188@188.COM

ISBN 978-986-92915-3-8

2016 年 5 月初版

定價：新臺幣 380 元

如何購買本書：

1. 劃撥購書，請透過以下郵政劃撥帳號：

　帳號：15624015

　戶名：萬卷樓圖書股份有限公司

2. 轉帳購書，請透過以下帳戶

　合作金庫銀行 古亭分行

　戶名：萬卷樓圖書股份有限公司

　帳號：0877717092596

3. 網路購書，請透過萬卷樓網站

　網址 WWW.WANJUAN.COM.TW

大量購書，請直接聯繫我們，將有專人為您

服務。客服：(02)23216565 分機 10

如有缺頁、破損或裝訂錯誤，請寄回更換

版權所有·翻印必究

Copyright©2016 by WanJuanLou Books CO., Ltd.

All Right Reserved　　**Printed in Taiwan**

國家圖書館出版品預行編目資料

中國近代國立大學學科建制與發展研究

(1895-1937) / 斯日古楞著.-- 初版.-- 桃園

市：昌明文化出版；臺北市：萬卷樓發行，

2016.05　冊 ；　公分.-- (中華文化思想叢書)

ISBN 978-986-92915-3-8(下冊：平裝)

1.高等教育 2.教育史 3.中國

525.92　　　　　　　　　　　105006538